机动车发动机冷却液

万书晓　Roberto Ghini
向晖　叶少林　刘金龙　编著

中国石化出版社

内 容 简 介

本书对常见的冷却液的问题给予详细解答，包括发动机冷却液技术的发展历程，无机盐轻负荷、无机盐重负荷和有机酸型发动机冷却液研发、生产、质量管理，欧洲、美国、日本、中国冷却液的标准体系，以及冷却液的选择、使用及维护。本书目的在于向司乘人员、汽配维修人员普及发动机冷却液的知识，引导冷却液生产、研发、销售人员在市场推广环保、长效、低毒的冷却液，指导广大消费者合理选择使用和维护发动机冷却液。

本书可供大专院校的相关专业的教师和学生参考使用，也可作为冷却液生产企业及汽修专业技术人员的指导书。

图书在版编目(CIP)数据

机动车发动机冷却液／万书晓等编著．—北京：中国石化出版社，2014.8
ISBN 978-7-5114-2914-8

Ⅰ.①机… Ⅱ.①万… Ⅲ.①汽车-发动机-冷却液-问题解答 Ⅳ.①U473.7-44

中国版本图书馆 CIP 数据核字(2014)第 186423 号

中国石化出版社出版发行
地址:北京市东城区安定门外大街 58 号
邮编:100011　电话:(010)84271850
读者服务部电话:(010)84289974
http://www.sinopec-press.com
E-mail:press@sinopec.com
北京科信印刷有限公司印刷
全国各地新华书店经销
*
850×1168 毫米 32 开本 8.75 印张 222 千字
2014 年 9 月第 1 版　2014 年 9 月第 1 次印刷
定价:48.00 元

"Knowledge is the son of experience"

——Leonardo da Vinci

"Those who know do not talk"

——Lao Tzu

I spent 40 years of my professional life in researching and developing engine coolant technology; in a major multinational company till the end of the 80's and then in the laboratories of Tecnofluid srl, a global player in the field.

During this long time I had the chance to observe engine coolants formulations, evolving from relatively simple blends of chemical commodities into always more complex and performing chemical specialties.

These developments strictly followed the advances in automotive mechanical engineering and involved a multilevel communication/cooperation process between OEMs, chemical manufacturers and standardization bodies.

The rise of the world economy has added another factor of complexity to engine coolant technology, that gradually turned from a USA/EU centered art into a globalized branch of chemical knowledge where different technical approaches merge and sometimes clash.

Understanding engine coolant technology nowadays and even more its future developments truly require an "historical" and a "geographical" perspective I tried to transfer to my two young technical heirs and authors of this book.

Actually Mr Shuxiao Wan and Mr. Roberto Ghini, tellingly review the evolution of engine coolant chemistry and testing by catching both global trends and regional distinctive features. The authors do not forget to review manufacturing and maintenance issues, making the book a precious instrument for technicians at every stage of coolants' life cycle: research and development, quality control, production process, and vehicles maintenance. However, the simplicity of the language and the clarity of the arguments make the book valuable also for the informed consumer.

I consider this book as one of the most comprehensive works on engine coolants technology ever written.

Castallanza (Italy), 17th Jane, 2014

Ivo Ghini *

* Mr. Ivo Ghini has been Senior Researcher and European Manager of R&D and Technical Assistance for EO/PO Derivatatives at Enichem spa. Since 1989 he is Technical Manager at Tecnofluid srl.

知识是经验之子——莱昂纳多·达芬奇

知者不言——老子

我用了40年的时间专业从事发动机冷却液技术的研发，先是在跨国公司工作到20世纪80年代末，然后又在冷却液行业的翘楚特科多公司的实验室工作多年。

在我多年的工作中，我观察到发动机冷却液配方从比较简单的几种化学产品的组合，发展到非常复杂的功能性化学产品。

发动机冷却液技术的发展与机动车机械工程的发展紧密相关，以及与OEM厂家，化学品制造商以及标准组织之间多层次的沟通、合作紧密相关。

世界经济的增长增加了发动机冷却液技术的复杂性，即逐渐从以欧美为中心的艺术，发展到全球性的化学知识的一个分支，出现了不同的技术趋势，有时是冲突。

正确理解现在的发动机冷却液技术及其未来的发展确实需要分别从“历史”和“地理”的角度来看。过去几年中，我一直试图把这个观点传达给我的两个年轻的继承人，也就是本书的作者。

实际上，万书晓和罗伯特·吉尼生动地从全球趋势和地区特色两个方面回顾了发动机冷却液化学及测试方法。作者也没有忘记论述制造和维修问题，使得本书成为在冷却液使用过程中各个级别技术人员的精确工具书，如研发，质量控制，生产，以及机动车维修等。但是，简洁的语言和清晰的论据使得本书对于见多识广的消费者也大有益处。

我认为本书是到目前为止论述发动机冷却液技术的最全面的书之一。

卡斯特兰扎(意大利)

2014年6月17日

依夫·吉尼

依夫·吉尼先生曾担任安尼化学的高级研究员和欧洲研发经理及EO/PO衍生物技术助理。自1989年开始担任特科多公司研发经理。

序

本人从事石化和润滑油行业，为汽车提供流体服务二十余年。在与汽车、汽车人的交流之中，大家都非常重视汽车的燃油、润滑油，而很少提到冷却液；但是，只要你与司机、特别是商用车司机交谈就会发现，真正发生麻烦最多的汽车流体就是发动机冷却液。

孔夫子说“名不正、言不顺、事不成”。在中国，直到现在很多人(包括不少专业人士)都叫发动机冷却液为防冻液，这并不是一个简单的学名和别名问题，而是对冷却液作用和价值的认识问题。防冻液的概念来源于我们还是儿童的时代，那时汽车夏季都直接加自然水冷却，只有在冬季为了防止结冰、冻裂水缸才使用防冻液，当时的发动机热负荷以及对汽车和水箱寿命的预期都与现在不可同日而语。现在，无论商用车还是轿车都需要使用符合严格标准要求的冷却液，其目的是在实现冷却的同时保护整个水系不至于结垢、腐蚀锈蚀、开锅等等，从而保持好的冷却效果并延长发动机寿命。可以说，现代发动机冷却液是与润滑油一样的发动机保护神，需要汽车、发动机生产营销者和用户高度重视。

本书为读者系统介绍了发动机冷却液的历史、品种和标准、选择和维护、以及常见问题甄别等知识与经验，对于已经步入汽车社会的中国来说非常及时，不仅可以作为相关行业技术和营销人员的指导，也可以为每一个汽车驾驶人提供参考。在信息爆炸、只有成功学等快销书可以赚钱的今天，很多边缘学科的基础性知识经验却面临断档失传的风险；万书晓先生很年轻，能够在从事商务的同时、潜心技术积累付出心血编撰出版技术书籍，确实是一件难能可贵而有益于社会的事情；Roberto Ghini先生作为一个外国人，到中国不完全是为了卖产品，还分享自己和家族的知识经验，值得我们尊重和学习。

有感于此而为之序，并向他们表示感谢，就冷却液而言他们是我的老师。

杨俊杰

2014. 06. 10

前　言

发动机冷却液，俗称防冻液，是发动机正常运转的主要液体配件之一，与润滑油同样重要。发动机冷却液性能的好坏，直接影响到发动机的正常运转与使用寿命。中国发动机冷却液的研究、生产和销售开始于20世纪80年代初。但是30余年来，中国国内市场上对发动机冷却液质量水平认知度仍旧很低。2013年9月18日，中国国家发动机冷却液新标准GB 29743—2013颁布，做为第一部发动机冷却液的强制执行标准，在2014年5月1日执行后，必将推动发动机冷却液质量水平的提升。

发动机冷却液的技术水平受到发动机和汽车原厂制造商（OEM）的影响巨大。欧洲、美国和日本是世界上公认的汽车技术研究创新地区，低排放、低油耗、高性能等要求，推动了汽车技术的飞速发展。轻金属、陶瓷材料、增压技术、电控燃烧、混合动力等一系列新材料新技术在发动机上普遍应用。发动机的热负荷和长寿命要求发动机冷却液技术快速进步。现在，欧洲、美国、日本OEM都纷纷更新冷却液配方规格，开始使用终身寿命的S－OAT和LP－OAT技术冷却液。低毒、环保、长寿命是冷却液的发展趋势。

中国国内的汽车技术来自欧、美、日各个知名品牌企业，车辆初装和售后配套的冷却液，都是各个企业配套规格要求的产品，技术质量水平与欧美日市场相近。但是，零售市场的产品质量水平参差不齐。车辆驾驶员、维修人员、管理人员、以及汽配产品的销售人员、生产人员、甚至研发人员对于发动机冷却液的知识贫乏，导致发动机冷却系统问题层出不穷。向司乘人员、汽配维修人员普及发动机冷却液的知识，引导冷却液生产、研发、销售人员在市场推广环保、长效、低毒的冷却液，指导广大消费者合理选择使用和维护发动机冷却液，可以避免发动机冷却事故，提高发动机功效，延长车辆寿命。

本书对各个市场上常见的冷却液的问题给予详细解答，包括发动机冷却液技术的发展历程，无机盐轻负荷、无机盐重负荷和有机酸型发动机冷却液研发、生产、质量管理，欧洲、美国、日本和中国冷却液的标准体系，以及冷却液的选择、使用及维护等。

本书基于泽华公司推广意大利 Tecnofluid 公司冷却液添加剂的技术和市场经验，部分章节是对本书作者之前的一些专题文章的修订，旨在更加详细具体的介绍发动机冷却液的技术现状，腐蚀试验中常见的问题、测试技术关键、欧洲最新测试方法以及冷却液开发的最新方向。书中列出了国内外一些行车试验的数据，以增进对发动机冷却液使用状态和性能的了解。

本书引述较多的国内外标准和检测方法，包括 ASTM、SAE、JISK、SH、GB 等国家标准，以及 VW、MAN、GM、Chrysler 等 OEM 规范，作者无意侵犯这些标准和规范的知识产权，基于对这些标准体系的尊重，希望通过详细介绍这些标准的内容，引导和加深国内读者对发动机冷却液技术的理解，从而正确选择、使用和维护发动机冷却液。对于原版标准的引述中，可能存在曲解、误解或者专业错误，都恳请大家指正。

本书在编写过程中得到了泽华公司黄国良老师的精心指导，泽华公司的同事以及国内很多发动机冷却液的生产厂家都给予大力支持。Tecnofluid 公司的同事提供了很多专业技术资料，刘金龙老师审校了全书内容，对中国冷却液国家标准解读一章的内容提出了很多修改意见。Tecnofluid 公司技术经理 Ivo Ghini 和中国石油昆仑润滑油公司总工程师杨俊杰分别给本书做了序，泽华公司任宝东老师翻译了 Ivo Ghini 的序言，在此一并感谢！

目　　录

第 1 章　发动机冷却液的发展 …………………………（1）
1.1　发动机 ………………………………………………（1）
1.2　发动机的冷却 ……………………………………（1）
1.3　发动机冷却液 ……………………………………（2）
1.4　发动机冷却液的发展 ……………………………（3）
1.5　冷却液最新发展 …………………………………（13）
第 2 章　重负荷发动机冷却液 …………………………（15）
2.1　重负荷发动机及冷却系统 ………………………（15）
2.2　重负荷发动机冷却液技术标准及规格的发展历程………………………………………………………（16）
2.3　重负荷发动机冷却液的类型 ……………………（17）
2.4　重负荷发动机冷却液的技术发展历程 …………（18）
2.5　现代重负荷发动机的技术进步与冷却液的发展 …（25）
2.6　湿式缸瓦与气缸衬里气穴腐蚀 …………………（30）
2.7　重负荷发动机冷却系统其他问题 ………………（33）
2.8　重负荷发动机冷却系统的发展趋势 ……………（36）
第 3 章　发动机冷却液的组成 …………………………（39）
3.1　水 …………………………………………………（39）
3.2　乙二醇………………………………………………（46）
3.3　MPG 丙二醇 ………………………………………（59）
3.4　丙三醇………………………………………………（71）
3.5　二甲亚砜……………………………………………（74）

3.6 二乙二醇 ………………………………………………… (77)
3.7 二丙二醇 ………………………………………………… (79)
3.8 缓冲剂 …………………………………………………… (80)
3.9 缓蚀剂 …………………………………………………… (83)
3.10 阻垢分散剂 ……………………………………………… (95)
3.11 消泡剂 …………………………………………………… (96)
3.12 染色剂 …………………………………………………… (96)
第4章 水乙二醇无机盐型(IAT)发动机冷却液 ………… (98)
4.1 发动机冷却液的性能要求 ……………………………… (98)
4.2 发动机冷却液实验室评定项目及要求 ………………… (99)
4.3 环保型无机盐发动机冷却液开发举例 ……………… (106)
4.4 硅酸盐稳定剂 ………………………………………… (112)
4.5 冷却液行车试验 ……………………………………… (115)
第5章 无机盐型重负荷发动机冷却液 ………………… (120)
5.1 重负荷发动机的穴蚀问题 …………………………… (120)
5.2 重负荷发动机冷却穴蚀评定方法 …………………… (124)
5.3 影响穴蚀的因素 ……………………………………… (125)
5.4 重负荷冷却液中缓蚀剂在使用中的消耗 …………… (132)
5.5 重负荷发动机冷却液与补充化学添加剂(SCA)配方举例 ……………………………………………………………… (133)
5.6 重负荷发动机冷却液的不足 ………………………… (135)
第6章 OAT有机酸型发动机冷却液技术 ……………… (138)
6.1 有机羧酸 ……………………………………………… (138)
6.2 有机羧酸在发动机冷却液中的应用 ………………… (139)
6.3 有机酸技术OAT在发动机冷却液中的使用 ………… (150)
6.4 OAT在重负荷发动机冷却液中的使用 ……………… (153)
6.5 OEM标准要求变化趋势 ……………………………… (155)
第7章 发动机冷却系统的金属腐蚀及试验方法 ……… (158)
7.1 冷却系统腐蚀的主要因素 …………………………… (158)
7.2 接触腐蚀及试验方法 ………………………………… (159)
7.3 温度及试验方法 ……………………………………… (164)

7.4 高温稳定性及试验方法 ……………………… (165)
7.5 气穴腐蚀及试验方法 ……………………… (166)
7.6 点蚀和隙间裂蚀及试验方法…………………… (177)
7.7 冲蚀及试验方法 …………………………… (179)
7.8 模拟实验 ASTM D2570 发动机冷却液模拟腐蚀试验 ……
………………………………………………… (181)
7.9 测功机试验和发动机台架试验………………… (181)
7.10 ASTM D2847 车辆及机械发动机冷却液道路测试方法…
………………………………………………… (183)
第 8 章 发动机冷却液的 pH 值与储备碱度 ……………… (184)
8.1 发动机冷却系统金属的布拜图……………………… (184)
8.2 导致发动机冷却液 pH 值降低的因素 ……………… (188)
8.3 储备碱度 RA ………………………………… (189)
8.4 合适的 pH 值与 RA 范围 ………………………… (192)
第 9 章 美洲、欧洲、亚洲 OEM 对发动机冷却液要求 ………
………………………………………………… (193)
9.1 美国发动机冷却液标准 ……………………… (194)
9.2 欧洲发动机冷却液标准 ……………………… (202)
9.3 日本冷却液标准 …………………………… (217)
第 10 章 解读中国国家发动机冷却液标准 ……………… (221)
10.1 GB 29743—2013《车辆发动机冷却液》标准 …… (221)
10.2 NB/SH/T 0521—2010《乙二醇和丙二醇型发动机冷却液》 ……………………………………… (232)
10.3 GB 29743—2013 和 NB/SH/T 0521—2010 的比较 ……
………………………………………………… (232)
10.4 补充化学添加剂 SCA ……………………… (235)
10.5 含甘油的二元醇冷却液 ……………………… (235)
第 11 章 发动机冷却液的生产与管理 …………………… (237)
11.1 原材料的质量要求 ………………………… (237)
11.2 冷却液的生产 ……………………………… (248)
11.3 冷却液的储存与运输 ……………………… (249)

11.4 发动机冷却液的回收和循环使用 ……………… (249)
第12章 发动机冷却液的选择与使用 ……………… (250)
12.1 发动机冷却液的颜色 ……………………………… (250)
12.2 发动机冷却液的使用与维护(SAE J814 发动机冷却液标准) …………………………………………………… (251)
12.3 重负荷发动机冷却液的使用指导 ……………… (262)
12.4 OAT 冷却液的使用指导 ………………………… (263)
12.5 丙二醇冷却液的使用指导 ……………………… (263)
12.6 发动机冷却液的使用过程维护 ………………… (264)
参考文献 ………………………………………………… (265)

第1章　发动机冷却液的发展

1.1　发动机

将内能转化成动能的机构称之为发动机，汽车发动机的形式主要是以气缸和活塞作为能量转换机构的内燃机。根据燃料以及点火形式的不同可分为汽油机或柴油机，或有以氢气、天然气、石油气为燃料的发动机，其燃烧形式与汽油机差异较小。根据工作循环与活塞冲程特性划分，又可分为两冲程与四冲程发动机。

1.2　发动机的冷却

发动机工作时，气缸内的气体温度可高达1727～2527℃，若不及时冷却，将造成发动机零部件温度过高，尤其是直接与高温气体接触的零件，会因受热膨胀影响正常的配合间隙，导致运动件受阻甚至卡死。此外，高温还会造成发动机零部件的机械强度下降，使润滑油失去作用等。

发动机的热效率一般不超过50%，燃料热能不到一半转化为机械能，如图1－1所示，大部分燃料热能被冷却系统、排气系统和制动系统带走。冷却系统把受热零件吸收的部分热量及时散发出去，保证发动机在最适宜的温度状态下工作。

冷却系统按照冷却介质不同可以分为风冷和水冷。如果把发动机中高温零件的热量直接散入大气而进行冷却的装置称为风冷系统。而把这些热量先传给冷却水，然后再散入大气而进行冷却的装置称为水冷系统。由于水冷系统冷却均匀，效果好，而且发动机运转噪音小，目前汽车发动机上广泛采用的是水冷系统。

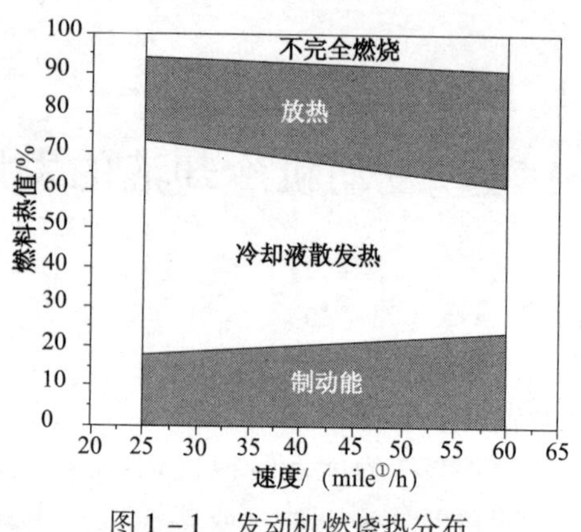

图 1－1　发动机燃烧热分布

①1 mile＝1609m，下同

1.3　发动机冷却液

在国内很多区域，发动机冷却液被称为防冻液。之所以被称为防冻液，原因在于最早用作发动机冷却液的水是优良的冷却介质，但是水的冰点 0℃，沸点 100℃，不能充分满足发动机在低温和高温环境的使用要求，降低冰点的发动机冷却液的高性能冷却液得到广泛使用。在南方冬天不结冰的区域，发动机冷却液，也被称为水箱宝，或者防锈水。

把发动机冷却液称为防冻液或者水箱宝、防锈水，都是不全面的，容易产生歧义。比如南方区域就会认为天气不冷，车辆不需要使用发动机冷却液。但事实上，采用含有降冰点的二元醇基冷却液，冷却液的沸点较高，改善了冷却液的防锈蚀能力，在南方区域，高沸点的发动机冷却液对于防止发动机开锅非常重要。

从发动机冷却液的防冻性能考虑，甲醇和乙醇被较早用作发动机冷却液防冻剂，但是由于沸点偏低，以及甲醇的毒性，逐渐被沸点较高且不容易挥发的乙二醇或者丙二醇型防冻剂所替代，乙二醇型和丙二醇型发动机冷却液成为当前国际上通用的发动机冷却液品种。

汽车冷却液是汽车发动机正常运转不可缺少的换热介质，

直接影响汽车的发动机的工作性能和使用寿命。乙二醇和丙二醇水溶液在发动机中，在高温的情况下会逐渐氧化生成强酸性的有机酸，从而腐蚀发动机冷却系统，而且，由于发动机燃烧生成的酸性废气也会被发动机冷却液吸收，从而造成发动机冷却液的酸性增强，以及司机在行车途中补加的冷却水中的氯离子、硫酸根离子以及钙镁等离子会与发动机冷却系统的金属发生反应，加剧发动机金属的腐蚀。发动机冷却液中必须添加各种腐蚀抑制剂、碱保持剂、抗泡剂等，来保护汽车冷却系统不被侵蚀。

由于节能、环保的需要，要求发动机制造商不断地减少汽车重量、提高燃油效率、减少排放，而导致的轻金属例如铝、镁等合金和功能塑料的大量采用，OEM 为了满足车辆冷却系统的保护要求，持续升级发动机冷却液的规格，对发动机冷却液的功能不断提出新的要求，大大推动了发动机冷却液的技术发展。

1.4 发动机冷却液的发展

1.4.1 全球冷却液的技术发展趋势图

自发动机冷却液出现到现在，发动机冷却液使用的防冻剂发生了很大变化，见图 1－2。

无机盐能够明显降低冰点，提升沸点，例如氯化钙、三氯化铁、氯化镁、氯化钠等。氯离子对金属腐蚀严重，很少在发动机冷却液中使用。

有机低碳醇，尤其是甲醇和乙醇降低冰点效果最好，但由于甲醇毒性大，而且甲醇与乙醇的沸点低、易挥发，闪点低、易着火，带来不安全因素，在车用冷却液中使用越来越少。

乙二醇、丙二醇的沸点高，黏度适中，毒性低，热稳定性高，在发动机冷却液中使用最为普遍。近年来，由于环保意识的加强，北欧一些国家要求进一步降低冷却液的毒性，丙二醇型冷却液的使用在逐步增加。

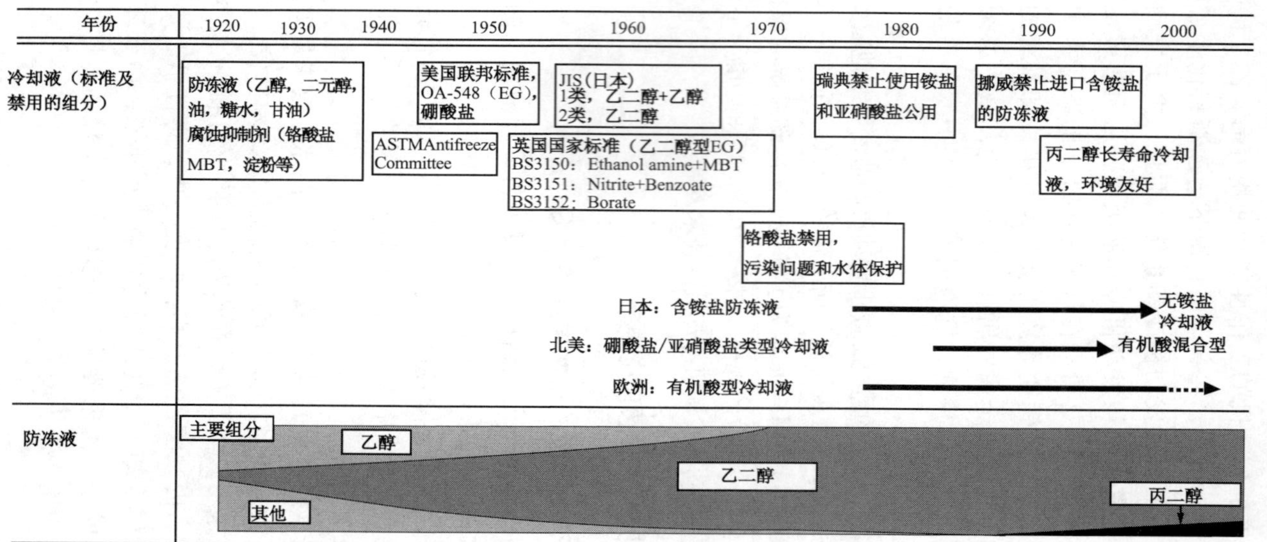

图1-2　全球发动机冷却液的发展

甘油(丙三醇)、作为生物柴油的副产物，也有很好的降低冰点的作用，但是黏度大，受热易分解，产生酸性物质，但是基本无毒，在冷却液中的使用也越加普遍。例如 ASTM D3306—2011 就增加了第Ⅴ和Ⅵ类冷却液，为乙二醇基含甘油的冷却液。对使用的乙二醇和甘油的质量要求满足 ASTM E1177 。

发动机冷却液的标准发展，是发动机制造商受到环保和节能要求驱动下，发动机材质和使用条件的快速变化，带来的限制或者禁止某些使用化学品的发展历程。

1970 年禁止使用铬酸盐，防止污染和水体保护；1977 年，瑞典禁止使用亚硝酸盐和铵盐；1987 年，挪威禁止进口销售含有铵盐的冷却液配方；20 世纪 90 年代，德国大众公司要求使用长寿命冷却液等，是发动机冷却液发展历程最为重要的限定性标准，这些标准推动了冷却液技术的飞跃式的变化。

1.4.2 20 世纪 70 年代后，冷却液缓蚀技术的变化

20 世纪 60 年代，欧美使用二元醇基冷却液，由于发动机主要是铸铁或者含铁材质，因此硼酸盐是主要的腐蚀抑制剂。同一时期，日本使用乙醇胺和磷酸盐，原因在于磷酸盐和乙醇胺对于铝合金的保护能力更好。

自 20 世纪 70 年代后，世界发动机冷却液腐蚀抑制剂的发展趋势见图 1 – 3。

从图 1 – 3 可以看出，欧美的体系相似，无机盐配方以硅酸盐/硼酸盐为主，由于欧洲水质较硬，因此不使用磷酸盐，美国则没有限定磷酸盐的使用。

日本无机盐以铵盐、亚硝酸盐配方体系转化为有机酸体系，由于担心硼酸盐对铝的腐蚀，以及硅酸盐的析出问题，没有采用硅酸盐和硼酸盐，更多使用含有磷酸盐的配方。

1.4.3 欧美冷却液技术发展

1.4.3.1 NAP 配方

一直到 20 世纪 70 年代中期，国际上通用的发动机冷却液配

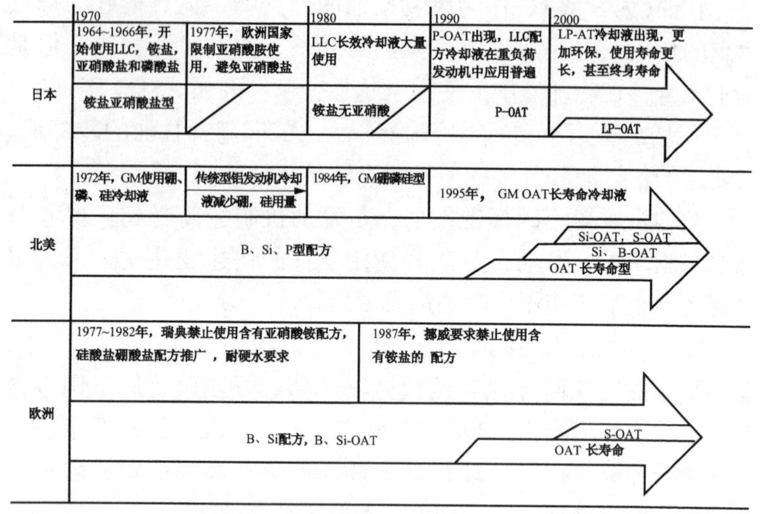

图 1－3　世界发动机冷却液腐蚀抑制剂的发展趋势

方是含有亚硝酸盐(Nitrite)、铵盐(Amine)和磷酸盐(phosphate)的配方(简称 NAP 配方)，优点是原料易得，成本低廉，对铁、钢、铜和焊锡等的腐蚀抑制效果好。

NAP 配方的缺点也非常突出：

亚硝酸盐的毒性非常强，尤其是与铵盐在发动机冷却系统中，在系统高温下形成亚硝酸铵，是强致癌物质，对可能接触到发动机冷却液的修车工、工程人员的人身安全形成极大威胁。另外，磷酸盐与水中的钙镁离子反应生成沉淀，含磷的发动机冷却液是水体的污染物。在水硬度比较大的欧洲地区，磷酸盐的使用受到极大限制。

1.4.3.2　传统 NAP－free 环保配方

随着人们对发动机 OEM 与 NAP 配方的缺点的认识加深，以及铸铝缸盖、铝质水箱和水泵的大量应用，很多 OEM 的发动机冷却液规格开始要求使用不含亚硝酸盐、铵盐和磷酸盐(NAP－Free)配方。发动机冷却液生产厂开始选择新型的腐蚀抑制剂。硼酸盐对铁、钢等金属的腐蚀抑制效果好，硅酸盐是非常有效的铝腐蚀抑制剂，这样在20世纪的70年代到90年代，欧洲较多使用硅硼类型的发动机冷却液配方。德国大众公司的TL 774C对应G48，即是这种含硼和低硅含量的发动机冷却液。

美国和日本的水硬度没有欧洲大，因而磷酸盐的使用没有受到太多限制。尤其是日本的汽车厂家，由于担心对发动机冷却液的维护不好，硅酸盐消耗、硅酸盐的结胶析出以及发动机冷却液酸值的增加后，硼酸盐的腐蚀性得不到有效控制，会带来硼酸盐的腐蚀问题。因此，日本发动机冷却液中大量使用磷酸盐，而不是硅酸盐。

传统的硅硼类型发动机冷却液的优点是：

- 对铸铝的腐蚀抑制效果好；
- 成本低廉，几乎和NAP配方相当；
- 环保、对人身安全，硬水稳定性好。

缺点是：

- 需要不断消耗腐蚀抑制剂，来在金属表面形成保护膜，从而使得发动机冷却液的使用寿命有限；
- 硅酸盐容易结成大分子，结胶后腐蚀抑制效果变差，且会堵塞冷却系统，导致发动机事故；
- 硼酸盐的对铝的腐蚀性强，一旦铝腐蚀抑制剂的消耗不足以形成有效保护膜，就容易形成铸铝的传热腐蚀和气穴腐蚀。

使用硅酸盐稳定剂，可以很好的解决硅的结胶析出问题。但是，一般硅酸盐稳定剂的成本较高，增加冷却液制造成本。传统的硅硼类型的发动机冷却液一般使用周期在2年或者100000千米，到期就应及时更换。

1.4.3.3 OAT配方

进入20世纪90年代中叶，发动机OEM大量使用轻质金属合金，例如铝锰合金、铝镁硅合金等，发动机轻质合金的比例从70年代的30%不到，提高到80%以上，有些甚至采用全轻质合金技术，以求最大限度的减少车身重量，减少能耗。

发动机的功率和压缩比不断提升，发动机的温度进一步提高，为了改善热效率和减少排放，对发动机冷却液的传热效率和热稳定性要求进一步提高。

在欧洲，发动机 OEM 更是对润滑油和发动机冷却液提出延长使用周期的要求，进而出现"终身寿命"的概念，即没有系统损坏情况下，发动机出厂时装入的冷却液，要使用 5 年以上或者 160000 千米以上。

针对这些新的市场需求，发动机冷却液制造厂开发出了有机酸腐蚀抑制剂技术（Organic Acid Technology，OAT）。有机酸腐蚀抑制剂对金属的保护方式，区别与无机型腐蚀抑制剂的氧化或者物理沉积的外部成膜技术，而是激发金属在其表面形成一层氧化物保护膜的金属自膜保护技术。因此腐蚀抑制剂的消耗微乎其微，从而使长周期保护成为可能。

OAT 发动机冷却液的优点比较明显：

- 腐蚀抑制剂消耗少；
- 使用时间超长，250000～500000km；
- 对各种轻质合金都有很好的保护，适合于铝质缸盖和换热器的车辆；
- 热稳定性好；
- 生物降解性好。

使用 OAT 技术的有 Havoline® XLC、GM's Dex－Cool®，VW TL 774D/F 规格对应的是 G30。

OAT 发动机冷却液对铸铁和钢同样具有优异的保护能力，从而被用于重负荷车辆。但是对铜、黄铜和焊锡的保护并不出色，需要和铜腐蚀抑制剂一起使用。

1.4.3.4　第二代的高储备碱度 OAT 冷却液

近几年来，大众 TDI 柴油轿车发动机和宝马（BMW）镁合金直列六缸发动机的成为新式发动机技术的代表，丰田、奔驰、标志和福特等也都在积极开发这些发动机。这类发动机对发动机冷却液形成新的要求：

- 冷却系统尺寸缩小，工作温度提升，发动机冷却液的热稳定性要更好；

- 对镁合金的保护能力强；
- 终身使用寿命。

为应对新的发动机的冷却要求，发动机冷却液在向两个路线发展，一个发展方向，是优化 OAT，提高配方的储碱值和热稳定性：

- 提高有机酸的含量，提高储碱值，从 5 提高到 10 以上；
- 选用特种有机酸，改善热稳定性；
- 优选多种有机酸，扩大保护合金的种类。

满足 PSA 715 000 的配方，例如 Glysantin G33，储备碱度大于 10 。

1.4.3.5 HOAT 混合有机酸冷却液

为应对新的发动机的冷却要求，发动机冷却液的另一个方向是在优化 OAT 配方的同时，在 OAT 中加入硅酸盐、磷酸盐、亚硝酸盐等无机盐腐蚀抑制剂，结合两类腐蚀抑制剂的优点，为金属提供更好保护。

对于重负荷发动机冷却液，加入亚硝酸盐的 OAT 配方，被称为 N－OAT，比较典型如卡特皮勒 ELC 型冷却液。

对于含有硅酸盐的 OAT 配方，一般称为 Si－OAT，含有硼酸盐和硅酸盐的 OAT，称为 B－Si－OAT，在美国应用较多；含有磷酸盐的配方，称为 P－OAT，在日本应用较多。

Si－OAT、B－Si－OAT、N－OAT、P－OAT 统称为 HOAT，国际上较新一代的 OAT 配方，大多采用 HOAT 技术。欧洲的 BMW，Volvo 和奔驰，美国 Ford 和 Chrysler 等开始使用混合型 OAT 类型的发动机冷却液，例如 ZEREX G－05 就是 HTC 类型的发动机冷却液。

1.4.3.6 SOAT 配方

2010 年以后，BASF 与德国大众、意大利 Tecnofluid 等都推出了最新一代的冷却液技术：在 OAT 中加入硅酸盐与机硅烷/硅酮的聚合物，结合最新型 OAT 技术和硅氧化合物两类腐蚀抑制剂的优点，为金属提供更好保护。例如大众的纯硅烷化 OAT 技术，满足 VW TL 774G 规格的配方。另一个例子 MAN 将于 2011 颁布的新规格。优点在与强化了对铝和轻金属合金的保护，改善了与含硅酸盐配方的相溶性。图 1－4 给出了硅烷化聚合物与铝表面的腐蚀抑制保护的示意图。

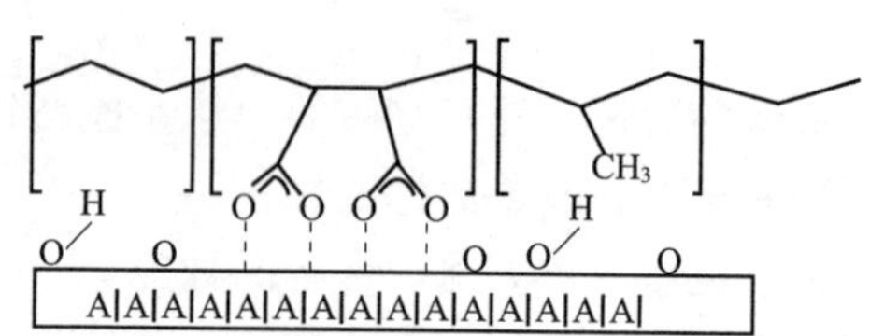

图 1－4　硅烷化聚合物与铝表面的反应示意图

1.4.4　亚洲冷却液技术发展

1.4.4.1　日本

根据日本冷却液标准 JIS K2234—2006，发动机冷却液分为 AF 和 LLC 两类。AF 只是在冬季使用，LLC 为全年使用。20 世纪 70 年代，欧美更多使用硅酸盐，以保护越来越多的铝合金系统，而日本则避免使用硅酸盐，认为硅酸盐会造成水泵机械密封问题，以及凝胶析出带来的稳定性问题。磷酸盐、铵盐是日本冷却液主要的腐蚀抑制剂，导致了欧美和日本的发动机冷却液的不同发展方向。20 世纪 70 年代后期，受到瑞典（北欧）对亚硝酸铵的使用限制，日本停止使用含有亚硝酸盐的冷却液，P－OAT 配方开发出来：5 年以上的使用期，可用于轿车和卡车。20 世纪 90 年代，欧美开发 OAT 配方冷却液，延长了冷却液使用期限，日本同期也大力发展 OAT 配方。2000 年后，日本冷却液的主流是低磷酸盐长寿命冷却液（LP－OAT）。

日本冷却液技术发展，得益于日本冷却液供应商、汽车制造商和零配件供应商间的紧密合作，发动机冷却液技术的发展动力：

- 发动机技术革新，主要是新材料的使用；
- 发动机小型化；

• 快速热机技术，发动机启动后快速达到工作温度；

• 更低的油耗；

• 更少的排放。

1. P－OAT 技术

P－OAT 技术是 20 世纪 90 年代为了满足无胺化配方要求及重负荷卡车制造商延长使用周期的要求发展起来的。使用有机酸盐和磷酸盐配方，使得无胺配方长周期使用变成可能。随着发动机部件和换热器部件铝合金成分的增加，发动机冷却液配方不断改进，以提升在更高温度下对铝合金的有效保护。

Honda 和 Toyota 的 OAT 发动机冷却液一般含有异辛酸 2－EHA、癸二酸，以及其他有机酸，不含硅酸盐和磷酸盐。但是，Honda 有一款墨绿色的长寿命 OAT 发动机冷却液不含异辛酸，而另一款粉色的发动机冷却液却含有磷酸盐。

2. LP－OAT 技术

2000 年后，随着冷却液技术的发展，使得磷酸盐为主的腐蚀抑制剂体系转变为以有机酸盐为腐蚀抑制剂主体，磷酸盐为辅助抑制剂的配方体系，也就是 LP－OAT 配方。市场使用证明，这种配方体系可以充分满足 5 年以上的长寿命使用要求，Toyota 采用了添加磷酸盐的 HTC 配方。

这种类型的发动机冷却液的优点是：

• 具有 OAT 的热稳定性和长效性；

• 能够快速对铝表面提供保护；

• 能够修复水泵气穴腐蚀的表面。

1.4.4.2 韩国

韩国采用了来自欧、美、日各国的汽车技术，冷却液有日本技术的 P－OAT、OAT、也有欧美的硅硼冷却液技术。

1.4.4.3 东南亚地区

20 世纪 80～90 年代，由于东南亚地区气候温暖，发动机使用的是纯水基的防锈液，而不使用发动机冷却液，但是防腐蚀性能不如发动机冷却液，腐蚀问题突出。20 世纪 90 年代，由于发动机铝合金换热器的使用增加，逐渐由防锈液向发动机冷却液转换，以确保对铝合金的腐蚀保护。欧、美、日的发动机冷却液都在本区域使用，为确保达到发动机厂商的冷却液稀释要求、以及稀释用水的质量，市场上的预稀释冷却液销售量不断增加。

1.4.4.4 中国

与韩国相似，中国汽车制造商涵盖欧、美、日独资与合资公司，因此冷却液配方冗杂了欧、美、日各个体系。20 世纪 90 年代中期，中国国内发动机冷却液存在有两个行业标准，即交通行业标准 JT 225—1996“汽车发动机冷却液安全使用技术条件”。和石油化工行业标准 SH/T 0521—1999“汽车及轻负荷发动机用乙二醇型冷却液”。

SH/T 0521—1999 基本上是等效采用美国 ASTM D3306—1994《轿车及轻型卡车用乙二醇型发动机冷却液》标准，对乙二醇型发动机冷却液产品的质量指标进行了全面的规定，包括浓缩液和 -25 号、-30 号、-35 号、-40 号、-45 号及 -50 号六个冷却液产品。该标准于 2010 年修订，参照了 ASTM D 3306—2009 和 ASTM D 6210—2008，增加了重负荷冷却液和丙二醇型冷却液。

JT 225—1996 是根据汽车运输行业对汽车安全运行的要求而提出的强制性标准，它从发动机冷却液如何保证汽车安全运行的角度出发，提出关键性的技术要求，是冷却液生产企业应达到的的最低要求，标准中将发动机冷却液分为 -25 号、-35 号和 -45 号三个牌号。

国家质量监督检验检疫总局于 2006 年将发动机冷却液产品纳入工业产品生产许可证的管理，许可证产品的检验应依据国家强制性标准，标准应涵盖对各种类别、各种型号的发动机冷却液的评价。2013 年 9 月 18 日，发布了国家标准 GB 29743—2013，并于 2014 年 5 月 1 日开始执行。

随着私家车拥有比例的增加，以及车辆养护知识的普及，发动机冷却液的质量一定会随着发动机润滑油质量的提高而更加得到重视。目前，中石油、中石化等大公司，和大量的中小规模的调和商，一方面按照新国标要求，区分轻负荷与重负荷冷却液的供应，另一方面，依照市场差异化要求，OAT 和更高档的 S - OAT、LP - OAT 配方，以及低毒的丙二醇冷却液，无水冷却液都在市场上销售。今后，中国的冷却液技术必将会与国际上先进技术同步。

1.5 冷却液最新发展

1.5.1 极地地区冷却液

纯二甲基亚砜的冰点是 18.45℃，含水 40% 的二甲基亚砜 -60℃不冻，而且二甲基亚砜与水、雪混合时放热，为做汽车发动机冷却液、刹车油、液压液组分提供了方便。乙二醇发动机冷却液在超过 -40℃低温时已不适用，而且比二甲基亚砜沸点低，有毒，易产生气阻。二甲基亚砜发动机冷却液在北部严寒地区用于汽车、战车中，并可以随时以雪代水补充。

1.5.2 无水冷却液

目前看到的无水冷却液主要是以丙二醇为基础的冷却液，也有使用醇醚混合型的冷却液。以丙二醇为基础液的无水冷却液，得益于丙二醇宽泛的温度特性，冰点 -60℃，沸点 185℃，蒸发少。由于评定无水冷却液的试验方法很少，目前的评定方法都是基于含水冷却液，国外开发无水冷却液时，采用无稀释水、不鼓空气、提高试验温度的手段，通过了玻璃器皿腐蚀试验、铸铝传热腐蚀试验和模拟腐蚀试验、测功机试验以及行车试验等。

行车试验中得出纯丙二醇冷却液可以在发动机冷却系统中使用。重负荷冷却系统使用无水冷却液后，湿式气缸衬里点蚀，铝泵气穴腐蚀等问题完全消除，因此，无水冷却液被认为更适用于重负荷发动机。

1.5.3 纳米流体冷却液

纳米流体是由纳米尺寸的固体颗粒和基液形成的一种新型的、导热性能优异的传热介质。流体中悬浮的金属或非金属纳米颗粒改变了基液的传输性质和导热性能。国外已经有研究小组将纳米尺寸的金属或氧化物颗粒分散于水、乙二醇和机油等常规传热介质中，形成了一种新型的、导热性能极佳的传热介质，并提出了“纳米流体”的概念。在发动机冷却液中加入纳米颗粒可以显著提高其冷却效率，减小冷却系统的体积，减轻散热器重量，从而减小风阻和燃料消耗，这对汽车各方面的性能都很有帮助。目前对纳米流体的研究还停留在实验室阶段，将来需要解决纳米颗粒在悬浮体系中的稳定性以及大规模工业化制备工艺和成本问题。

1.5.4 离子液体冷却液

离子液体(Ionic liquid，IL)指液态时的离子化合物。所有可熔融而不分解或气化的盐类都可作离子液体，如高温下的氯化钠，其中就含有钠离子和氯离子。离子液体在冷却时一般生成离子性固体，可能是结晶或无定形的。

离子键一般比普通液体中的分子间范德华力要强，所以常见盐类的熔点大多比其他类型固体的熔点要高。目前研究中比较感兴趣的是室温或低温离子液体。

离子液体有众多应用，例如作为溶剂或导电液体。近室温的离子液体是重要的电池材料。因蒸气压较低，也用作密封材料。

离子液体用于发动机冷却系统，导热和传热效率将是最好的。但是，由于离子液体自身的特殊性，发动机冷却系统要做较大的改变，才能使用离子液体作为冷却液。

第 2 章　重负荷发动机冷却液

2.1　重负荷发动机及冷却系统

根据美国汽车工程师协会 SAE J814 的定义，轻负荷发动机与重负荷发动机的区别如表 2－1 所示。

表 2－1　轻负荷发动机与重负荷发动机的比较

项　目	LD 轻负荷	HD 重负荷
首次大修里程/km	250000	1200000
车辆总重/功率/(kg/hp)	15	100
载荷比/%	<30	约 70
年行驶里程/(km/a)	15000～25000	200000～300000
发动机使用寿命/km	300000	3000000
湿式缸瓦	不用	用
冷却系统体积/L	6～12	30～60

从表 2－1 中可以得出，重负荷发动机指长期在接近额定功率条件下运转的发动机，既可以是汽油发动机，也可以是柴油机和使用其他燃料的发动机。重负荷发动机的特点是：

- 连续运转周期长，每天工作 10h 以上；
- 冷却水系统材质以钢和铸铁为主；
- 用湿式缸瓦；
- 焊点材质特殊。

重负荷发动机与轻负荷发动机最主要的差异在于重负荷发动机采用了湿式缸瓦。

20世纪60年来，重负荷发动机作为工业的重要动力源，以其强劲的输出、良好的耐久性、工作地点灵活以及优异的可靠性，广泛应用于交通运输、电力、工程建设、军事等领域。近些年来，由于节能减排的要求越来越严格以及重负荷发动机技术的进步，重负荷发动机更多趋向于排放更少、噪音更小、燃油经济性更好、升功率更大、工作稳定性更好、持续工作时间更长。作为发动机稳定工作的重要保证手段，冷却系统的发展，以及发动机制造商的要求推动了冷却介质的技术进步。

2.2 重负荷发动机冷却液技术标准及规格的发展历程

2.2.1 ASTM D3306“车辆发动机醇基冷却液标准”

ASTM D3306规格于1974年颁布，直到1989年，轻负荷（LD）与重负荷（HD）发动机冷却液都没有严格区分。

对于重负荷发动机，ASTM D3306冷却液与非标准化的补充冷却液添加剂(SCA)，含有阻垢和防穴蚀的添加剂。随着轻负荷发动机中铝的用量增加，磷酸盐的使用受到更多的限制，在20世纪80年代中期，在ASTM D3306冷却液配方中更多的使用了硅酸盐。

2.2.2 ASTM D4985需要预加补充添加剂（SCA)的低硅酸盐乙二醇基重负荷发动机冷却液标准

ASTM D4985要求满足ASTM D3306中除了ASTM D4340测试（与硅含量有关)之外所有性能要求，硅含量不超过250 μg/g (Si)，要求预加补充化学添加剂SCA。标准于1989年颁布，但是发现在ASTM D3306高硅酸盐含量的发动机冷却液中过量使用SCA，以及错误的补充添加发动机冷却液的一个直接结果，就是硅凝胶析出。在美国，2%～3%的重负荷HD发动机问题是由上述问题造成的。

2.2.3 ASTM D5752用于重负荷发动机预装冷却液的补充添加剂(SCA)

ASTM D5752最初作为ASTM D4985补充规格颁布，为市场上的 SCA 产品提供一个最低标准水平，之后扩展到与 ASTM D 6210 重负荷发动机冷却液一起使用。

2.2.4 ASTM D6210“需要预添加补充添加剂 SCA 的重负荷发动机全配方乙二醇基冷却液标准

欧洲 OEMs 的硅酸盐/硼酸盐重负荷发动机冷却液配方规格在 20 世纪 80 年代中期颁布，要求满足 ASTM D3306 以及严格的硅酸盐稳定性测试（很多也同样要求与 ASTM D4985 相当水平的硅含量）。

由于硅酸盐稳定技术的不断进步，以及积极的欧盟经验，ASTM D6210 于 1998 年得以颁布。同样要求满足 ASTM D3306（轻负荷发动机冷却液）性能测试，并具备“强化的工作状态发动机气穴腐蚀防护性能（也称为缸瓦穴蚀），以及发动机内热表面阻垢性能”。

2.3 重负荷发动机冷却液的类型

重负荷发动机冷却液发展历程是无机有毒→无机低毒→有机酸技术→混合有机酸。市场上看到的重负荷冷却液包括表 2－2中列出的所有类型。

表 2－2 重负荷冷却液的类型

冷却液类型	描　述
传统型	含有硼酸盐、磷酸盐、钼酸盐、硝酸盐、亚硝酸盐、硅酸盐等无机腐蚀抑制剂，欧洲配方不用磷酸盐，避免硬水结垢，日本配方为了避免硅凝胶析出和水泵泄漏，不使用硅酸盐
长寿命型	OAT 有机酸长寿命配方，可能含有亚硝酸盐或/和钼酸盐，可以加入“增强剂”，使用寿命在 500000km 以上
长效型	同样可以长周期使用，但是每 150000～250000km 使用 SCA 补充添加剂
混合型(H－OAT)	混合含有有机盐和无机盐的腐蚀抑制剂，欧洲配方不使用磷酸盐，日本配方不使用硅酸盐

续表

冷却液类型	描　述
有机酸型(OAT)	由脂肪族一元酸，二元酸和芳香酸组合的腐蚀抑制剂配方
补充冷却液添加剂(SCA)	阶段性加入重负荷冷却液中，维持冷却液的腐蚀抑制性能，抗点蚀性能 阻垢性
传统全配方型	传统型配方含有起始量的 SCA，以后使用每 32000km 补加一次 SCA

传统无机型冷却液正在逐渐让位于有机酸型冷却液和混合型冷却液。但是由于重负荷发动机缸瓦气穴腐蚀的防护一直是重负荷防冻剂冷却液的重点，在亚硝酸盐的使用上，还存在有分歧，康明斯(Cummins)、卡特皮勒(Caterpillar)等美国重负荷发动机制造商原来强烈坚持使用亚硝酸盐或者亚硝酸盐和钼酸盐的冷却液配方，现在开始使用 OAT 技术，尤其是 Cummins 在 2010 年 3 月 23 日宣布推出环境友好型无亚硝酸盐、无磷酸盐、无铵盐的 OAT 发动机冷却液，代表着有机型重负荷发动机冷却液在重负荷发动机制造商的全面认可。美国 ASTM D6210—2010 对于化学组分亚硝酸盐和钼酸盐的使用，给出了三个选择：

- 发动机制造商与冷却液供应商的协议，确定是否使用；
- 通过新的穴蚀试验台架 ASTM D7583，可以不使用；
- 根据经验，使用亚硝酸盐和钼酸盐。

即将执行的中国发动机冷却液国家标准参考了美国发动机冷却液标准 ASTM D3306—2009 和 ASTM D6210—2010，增加了对重负荷发动机冷却液的要求，但是规定必须使用亚硝酸盐或者钼酸盐。

2.4　重负荷发动机冷却液的技术发展历程

2.4.1　铬酸盐型冷却液

20 世纪 40 年代开始，以铬酸盐型缓蚀剂为主的发动机冷却液开始应用于柴油发动机。铬酸盐缓蚀剂是氧化型缓蚀剂，能够使金属表面钝化生成致密、附着力强的氧化膜，对铁、铁合金、镀锡铁、紫铜、黄铜和铝有很好的保护，尤其是具备很好的防止气穴腐蚀的效果。

但是铬酸盐毒性很强，经常接触可能会产生皮炎。而且，铬酸盐在使用浓度不够时，会加速局部腐蚀。因而，需要经常测量，持续补加。在20世纪70年代，铬酸盐逐渐被禁止在发动机冷却液中使用。

2.4.2 需要预加 SCA 的低硅酸盐乙二醇重负荷发动机冷却液与补充化学添加剂 SCA

20世纪50年代，Cummins公司首先在发动机冷却液中补充添加剂SCA，1985年，ASTM发布了需要预加SCA的重负荷发动机冷却规范：ASTM D4985“需要预加补充添加剂SCA的低硅酸盐乙二醇重负荷发动机冷却液规范”和ASTM D5345“需要预加补充添加剂SCA的低硅酸盐乙二醇重负荷发动机液稀释液(体积分数50%)规范”。1995年，第一个SCA规范ASTM D5752“用于重负荷发动机冷却液预加的补充添加剂SCAs规范”颁布。SCA可以直接与水一起使用，也可以和预稀释液和浓缩液一起使用。2000年ASTM将D4985和D5345合并制定了ASTM D4985—2000，ASTM D5345废止。ASTM D4985规定浓缩液中的硅含量不高于250mg/kg，稀释液中硅含量不高于125mg/kg。

最初SCA以铬酸盐配方为主，现在的SCA有两种类型：普通型主要是硼砂和亚硝酸盐型配方，可以直接和水一起使用，但是加剂量要加倍。加强型采用磷酸盐/钼酸盐配方，除了具备防止气穴腐蚀功能外，还兼具阻垢等其他功能。

根据发动机车厂的要求，有些冷却液在初次使用时，就要补加SCA，有些则是在过程中使用。所有使用SCA的车辆，都需要定期补加和维护发动机冷却液，使用寿命一般为160000～320000km或者1～2年。Cummins和Fleetguard的使用经验是，不使用SCA，在不到48000km，有些甚至不到20000km，缸瓦就出现点蚀。

Cummins 过滤器公司提供一种逐渐释放的过滤器，在过滤器中含有 SCA，在使用过程中，SCA 逐渐释放出来以保证冷却液中充足的亚硝酸根离子浓度，有效的缸瓦点蚀和气穴腐蚀的防护能力。

为了确定 SCA 的补充时间，美国市场上有快速测定试纸，如图 2－1 所示。亚硝酸根离子含量在 1200μg/g 为最理想含量，2000μg/g 也可以。

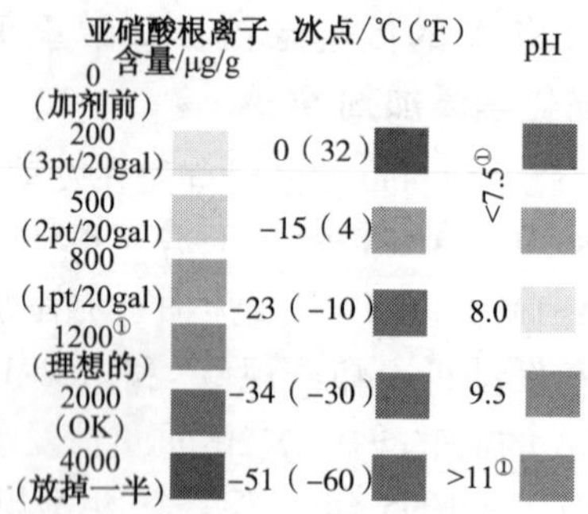

图 2－1　重负荷发动机冷却液性能快速测定试纸

①不合格(需要立即更换)

2.4.3　无机型全配方冷却液(Conventional)

满足 ASTM D4985 的重负荷防冻剂冷却液在使用前要预加 SCA，给使用带来了很多不方便。1998 年，ASTM D6210"全配方乙二醇型重负荷发动机冷却液规范"和 D6211"全配方丙二醇型重负荷发动机冷却液规范"颁布，在 2006 版 ASTM D6210 中 D6210 和 D6211 合并。全配方重负荷防冻剂冷却液不需要预加 SCA，但是指出在使用过程中，根据缸瓦腐蚀保护的需要，依旧需要定期补加 SCA。

ASTM D6210 标准，以及部分美国发动机 OEM，例如 Caterpillar，Cummins 等在冷却液规格中要求，在公认的气穴腐蚀台架试验方法确定之前，冷却液中含有 NO_2^- 不小于 1200μg/g，或者亚硝酸盐(以 NO_2 计)和钼酸盐(以 MoO_4^- 计)总量不小于

780μg/g，单组分不小于300μg/g。

无机型全配方冷却液采用硼酸盐或者磷酸盐作为缓冲剂，亚硝酸盐或者亚硝酸盐和钼酸盐作为缸瓦腐蚀抑制剂，硅酸盐和硝酸盐作为主要的腐蚀抑制剂，水中氯离子含量不高40μg/g。使用寿命在6000～8000h，补加SCA周期在500～1000h。由于采用了无机盐作为主要添加剂，成本低，推荐使用于没有长周期要求的车队和冷却液损耗严重的车型。

2.4.4 日本非胺型LLC冷却液

日本汽车工业的冷却液按照JISK规格定义分为两类，AF(PT)采用乙二醇和乙醇作为降冰点主剂，使用时间一年左右。另一类是LLC，使用乙二醇，使用时间长，定义为长效发动机冷却液，现在市场上主要是LLC。日本的发动机冷却液配方体系一直独立于欧美体系，在20世纪80年代前，日本发动机冷却液使用胺型腐蚀抑制剂体系，主要是由于：

- 胺型冷却液对铝及合金的腐蚀抑制效果优异；
- 硼酸盐被认为对铝的腐蚀严重；
- 硅酸盐若在pH=9以上使用，容易结胶，带来发动机过热问题。

不使用硼酸盐和硅酸盐，而使用烷基醇胺盐成为日本发动机冷却液的一个特点。但是，20世纪70年代中期，随着欧洲开始禁止使用胺型发动机冷却液，加上胺型腐蚀抑制剂对铜金属的络合作用，导致NAMBT消耗快的问题，日本的部分小型车和重负荷发动机制造商开始研究非胺型LLC。

从LLC里除去胺，除了能防止生成亚硝酸胺外，对抑制铜的活化也有很好的效果。非胺型LLC不具有胺型LLC的铝防腐效果，但就耐久性来说，日本的非胺型LLC相比有一定优势。发动机冷却液中的防腐剂在长时间使用中逐渐消耗掉，温度越高这种倾向就越大，因此要选择热老化影响小的防腐剂。大型工业用车希望使用耐久性好的发动机冷却液，但因其使用条件的苛刻，直到最近还没实现长效。过去使用的是一种季节型的PT发动机冷却液，几年前非胺型 LLC 的开发开始活跃起来，以至于在 1987 年一部分大型工业车制造厂也采用了大型柴油机用的 LLC。目前在日本为非胺型 LLC 所研制的添加剂如表 2－3 所示，以有机酸为主，现在质量最好的产品的耐久性已接近于轿车及大型工业用车所要求的寿命。

表 2－3　欧美日发动机冷却液配方中的腐蚀抑制剂类型差异

腐蚀抑制剂类　型	日本		美国	欧洲
	胺型	非胺型	非胺型	非胺型
铜系防腐剂	O	O	O	O
烷基醇胺	O	×	×	×
有机酸盐	O	O	×	O
磷酸盐	O	O	O	×
硼酸盐	×	×	O	Δ
硅酸盐	×	×	O	Δ
亚硝酸盐	×	×	×	Δ
硝酸盐	Δ	Δ	Δ	Δ
钼酸盐	Δ	Δ	Δ	Δ

注：O 用于全部产品；Δ 用于部分产品；×不使用。

日本 KAMATSU 在开发新型非胺型 LLC 时采用以下理念来减少缸瓦气穴腐蚀：

- 使用增稠剂，提高发动机冷却液黏度，减小空气泡的破坏力；
- 使用表面活性剂，以减少发动机冷却液表面张力，进一步减少空气泡的破坏力；
- 在金属表面吸附有机酸腐蚀抑制剂，保护金属；
- 在金属表面形成不可转移的保护膜，更有效保护金属。

KAMATSU 新开发的非胺型 LLC，不含亚硝酸盐和硼酸盐，为减少水体富营养化，减少磷酸盐的用量，在各项测试中，效果完全与含亚硝酸盐的胺型冷却液效果相当，自 2001 年在 KAMATSU 使用效果理想。

2.4.5 有机酸型 OAT 重负荷发动机冷却液

由于毒性和环保排放等的问题，欧洲一直不采用亚硝酸盐和钼酸盐的配方，并认为有机酸型 OAT 配方能够对重负荷发动机冷却液的气缸衬里气穴腐蚀形成很好的保护。

Washington 等使用有机酸配方和亚硝酸盐 SCA 配方在 175 台车上，做了对比。行车实验结果表明：如果正确维护，OAT 发动机冷却液能够为行驶 600000km 的发动机缸瓦和铝质缸盖提供有效地气穴腐蚀和点蚀保护。

一般认为，OAT 发动机冷却液用作重负荷发动机发动机冷却液，具有以下优点：

- 使用寿命长；
- 热稳定性好；
- 传热效率高；
- 优异的防衬里气穴腐蚀和点蚀的效果；
- 优异的铝及合金的保护效果；
- 减少水泵泄漏；
- 有利于环保、人身安全和健康。

有机酸配方不含硼酸盐、磷酸盐、硅酸盐等 OEM 不喜欢的化学组分，完全以有机酸作为缓冲剂和腐蚀抑制剂，并提供缸瓦气穴腐蚀保护，使用寿命在 20000h，维护周期 6000h，因此被誉为长寿命冷却液。

部分 OEM 出于对发动机缸瓦气穴腐蚀保护的经验认识，继续坚持使用亚硝酸盐或者亚硝酸盐与钼酸盐，在市场上出现了含亚硝酸盐的 OAT 冷却液（NOAT），根据对亚硝酸盐的浓度要求考虑，根据需要，定期补加 SCA。SCA 配方主要是亚硝酸盐，也有的 OEM 要求使用含有亚硝酸盐的冷却液过滤器，来保证亚硝酸盐的浓度。

目前市场完全接受 OAT 的 OEM 有：

大宇、大发、DAF、福特、GMC、GM、Honda、Hyundai、Isuzu、Kamatsu、Kia、Mazda、Nisan、Opel、Poegaut、Renault、

Sabalu、Toyata、Man。

2.4.6 混合型(Hybrid)重负荷发动机冷却液

混合型重负荷发动机冷却液是新型的冷却液体系，采用有机酸和无机盐作为缓冲剂和腐蚀抑制剂，具有和OAT配方一样的使用寿命，达到20000h，维护周期在3000h，具有更好的铝及合金的保护效果和缸瓦气穴腐蚀防护能力。性能价格比比有机酸配方更高。

在2008年出现混合型重负荷发动机冷却液后，为了更好地满足重负荷发动机的冷却要求，在产品的碱储备值和高温稳定性上，又做了较多的改进。目前，混合型重负荷发动机冷却液的碱储备值已经由3提高到9以上。

目前开始采用混合型的重负荷发动机冷却液的OEM有：MAN、VW、Skoda、SEAT、Cummins等。

2.4.7 丙二醇重负荷发动机冷却液

丙二醇的毒性小，而且降冰点效果与乙二醇接近，在发动机冷却液中使用也受到较多重视。由于丙二醇的黏度比乙二醇高，实验研究表明，丙二醇型冷却液的铸铁材料的抗气穴腐蚀能力好过乙二醇型。在FVV试验和铝泵气穴腐蚀试验结果也好过乙二醇型。Cummins发动机行车试验结果表明，两种类型的冷却液对缸瓦腐蚀、节温器和散热器的保护效果相同，但是丙二醇型冷却液更有利于维护水泵寿命。

丙二醇的冰点低，低于-59℃，国外有以此开发的无水冷却液在市场销售。在重负荷车辆上使用10000h后，没有发现缸瓦腐蚀，而且有效控制铝泵气穴腐蚀，但是使用无水冷却液要对发动机冷却系统改造，在低温下丙二醇的黏度增大，会导致发动机冷却泵负荷加重。

2.4.8 甘油型重负荷发动机冷却液

生物柴油作为石油的一种替代品，在全球都得到较多发展。生物柴油的副产物甘油，价格相对较低。Cummins采用纯甘油的冷却液 ES compleat Glycerin，为混合型冷却液配方，维护周期4000h，能够有效防止缸瓦腐蚀、传热表面结垢、铝和焊锡腐蚀。配方不含乙二醇和丙二醇，为绿色环保配方，几乎无毒。

2.5 现代重负荷发动机的技术进步与冷却液的发展

环保排放法规的日益严苛，节能要求也日益迫切。为了达到新的排放和节能法规，发动机 OEM 投用很多新技术，相应地，冷却系统也发生很多变化。

2.5.1 EGR 技术

废气再循环系统(Exhaust Gas Recirculation，简称 EGR)，是将柴油机或汽油机产生的废气的一小部分再送回气缸。再循环废气由于具有惰性将会延缓燃烧过程，也就是说燃烧速度将会放慢从而导致燃烧室中的压力形成过程放慢，这就是氮氧化合物会减少的主要原因。另外，提高废气再循环率会使总的废气流量减少(mass flow)，因此废气排放中总的污染物输出量将会相对减少。EGR 系统的任务就是使废气的再循环量在每一个工作点都达到最佳状况，从而使燃烧过程始终处于最理想的情况，最终保证排放物中的污染成分最低。由于废气再循环量的改变会对不同的污染成分可能产生截然相反的影响，因此所谓的最佳状况往往是一种折衷的，使相关污染物总的排放达到最佳的方案。

2002 年，EGR 尾气循环技术使用，降低 NO_x 的排放，EGR 冷却器投用，冷却液要把尾气温度从约 730℃降到 160℃，冷却液热负荷增加 25% ~35%，如果冷却面积不足，将会导致冷却液温度高，出现局部沸腾，加快冷却液降解，缩短冷却液使用寿命。

图 2 – 2 和图 2 – 3 中给出 EGR 车队和非 EGR 车队冷却液，pH 值和亚硝酸浓度随里程的变化，可见 EGR 车队下降快。对于亚硝酸根含量，EGR 车队在 300000km(150000mile)，亚硝酸根离子浓度已经下降很多，几乎全部消耗，而非 EGR 车队，亚硝

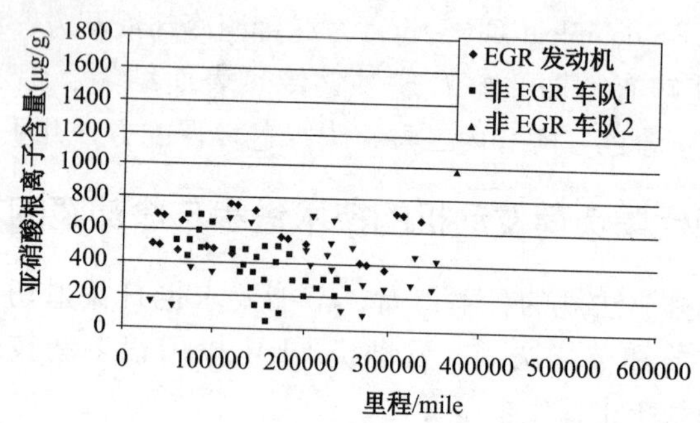

图 2－2　EGR 和非 EGR 车队冷却液亚硝酸根浓度随里程变化

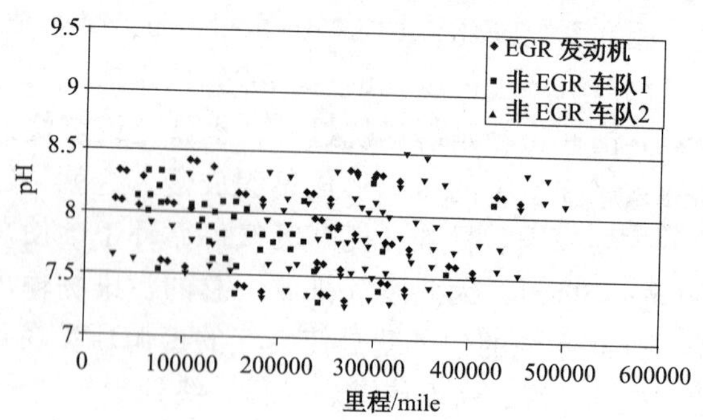

图 2－3　EGR 和非 EGR 车队冷却液 PH 值随里程变化

酸根离子浓度还保持在 200μg/g 以上，在 200000km（400000 mile）时，发动机冷却液中的亚硝酸根离子浓度仍在安全范围内。而且，在 50000km（100000mile）的行车历程中，EGR 车队的亚硝酸根离子消耗超过 60%。EGR 车队的冷却液 PH 值得变化也很显著，在 100000km（200000mile）时，pH 值已经低过 8，有些甚至低过 7.5，而非 EGR 车辆冷却液的 pH 值，在 200000km（400000mile）后，还集中分布在 7.5 以上。这个行车试验结果证明，传统全配方冷却液，长寿命型和长效型冷却液对氧化性能和冷却液寿命影响小，都能满足要求。偶尔的冷却液使用事故，包括变黑、发动机故障等的原因在于极高的热应力、冷却液氧化。冷却液事故的根源在于恶劣的养护条件（冷却液浓度、抑制剂浓度/SCA 浓度低）、机械故障、不正常的操作工况（高温，热点，或者充气）。

EGR 技术给发动机冷却系统带来的变化包括：

- 提高冷却系统压力［约 48～69kPa（7～10lbf/in^2）］，根据需要也会设计的更高）；
- 提升风扇和风扇离合器的性能；
- 加大水泵尺寸；
- 提升水泵转速；
- 提升泵的流量；
- 使用更大、更有效的换热器，更轻，更软的金属，更窄的间隙，更高的换热效率等。

冷却系统变化对冷却液的性能要求提高热和氧化稳定性；空气释放和抗泡性。

2.5.2 增压中冷

涡轮增压的发动机会比普通发动机拥有更大的动力。但是，空气经过增压后温度会大幅升高，密度也相应变小，必须使用中冷器冷却空气。降低进气温度的目的在于：

（1）发动机排出的废气的温度非常高，通过增压器的热传导会提高进气的温度。而且，空气在被压缩的过程中密度会升高，同时也导致增压器排出的空气温度升高，随气压升高，但氧气密度降低，从而影响发动机的有效充气效率。如果想要进一步提高充气效率，就要降低进气温度。有数据表明，在相同的空燃比条件下，增压空气的温度每下降 10℃，发动机功率就能提高 3%～5%。

（2）如果未经冷却的增压空气进入燃烧室，不仅影响发动机的充气效率，还很容易导致发动机燃烧温度过高，造成爆震等故障，而且会增加发动机废气中的 NO_x 的含量，造成空气污染。

（3）减少发动机燃料消耗。

（4）提高对海拔高度的适应性。在高海拔地区，采用中冷可使用更高压比的压气机，这使发动机得到更大功率，提高了汽车的适应性。

(5)改善增压器匹配和适应性。

有两种方法将空气冷却：一种是通过车辆行驶的时候迎面撞进的冷风进行降温，另一种就是使用水冷。前者的原理和我们家用的冰箱、空调的散热器是一样的，就是让空气通过一根根管道，增加管道和周围空气的接触面积，然后通过周围的空气将其降温。水冷则是刚好和风冷相反，就是将一个冷却器(形状和原理和风冷的中冷器基本一致)放进进气管道里，让增压后的热空气流过。而冷却器里则有冷却液不断地流动，从而带走增压空气的热量。目前很多发动机都采用水冷的方式，当空气经过的时候就被冷却了，结构非常紧凑。使用水冷却增压中冷器，冷却液温度会上升3~20℃。

2.5.3 燃料直喷和燃烧控制技术

缸内直喷技术，是指将喷油嘴设置在进排气门之间，高压燃油直接注入燃烧室平顺高效地燃烧，缸内直喷所宣扬的是通过均匀燃烧和分层燃烧实现了高负荷、尤其是低负荷下的燃油消耗降低，动力还有提升的一种技术。发动机控制模块(ECM)精确控制直接喷入燃烧室的燃料量，ECM通过监控发动机转速，冷却液和润滑油温度，来实现燃料的完全燃烧，更高的功率输出，更经济的油耗，更低的排放。对于给定排量的发动机，要提高功率输出，必然增加发动机冷却液的热负荷。

2.5.4 其他设备

其他设备有变速箱冷却器、空调压缩机冷却器、润滑油冷却器等。

车辆润滑油冷却器置于冷却水路中，利用冷却水的温度来控制润滑油的温度。当润滑油温度高时，靠冷却水降温，发动机启动时，则从冷却水吸收热量使润滑油迅速提高温度。润滑油冷却器由铝合金铸成的壳体、前盖、后盖和铜芯管组成。为了加强冷却，管外又套装了散热片。冷却水在管外流动，润滑油在管内流动，两者进行热量交换。也有使油在管外流动，而水在管内流动的结构。车辆润滑油冷却器包括：

(1)发动机润滑油冷却器。冷却发动机的润滑油，保持机油的温度合理(90～120℃)、黏度合理；安装位置在发动机的缸体部位，安装时与壳体一体进行安装。

(2)变速器润滑油冷却器。冷却变速器的润滑油，安装在发动机散热器的下水室内或变速箱壳外侧。

(3) 缓速器润滑油冷却器。冷却缓速器工作时的润滑油，安装位置在变速箱外侧，多为管壳式或水油复合式产品。

(4) 废气再循环冷却器。是一种用来冷却部分返回到发动机气缸内废气的装置，目的是为了降低汽车尾气中氮氧化物的含量。

(5) 散热冷却器模块。是一种可同时对冷却水、润滑油、压缩空气等多种对象或者部分对象同时进行冷却的装置，冷却模块采取了高度集成的设计思路，具有功能全体积小智能化高效能的特点。

取暖系统是由加热器、水阀、水管、发动机冷却液组成。在重负荷或者怠速时，空调压缩机冷却器给冷却液增加较多的热负荷。

变速箱的工作温度更高，尤其是大客车、商务车等使用液力变矩器的车辆，变速箱冷却器带给冷却液的热载荷更高，频繁起步停车的车辆，甚至会导致冷却液沸腾。

苛刻工况的车辆冷却液，无论是长寿命还是终身寿命冷却液，都要缩短使用周期。

2.5.5 橡胶件、密封件、接头

橡胶件包括：丁腈橡胶 NBR，氢化丁腈橡胶 HNBR，乙丙胶 EPDM，四氟乙烯丙烯胶 FEPM，有机硅橡胶等。含有硅酸盐的乙二醇或者丙二醇冷却液，研究发现会有沉积物产生，导致接头漏液。最近研究表明，含有亚硝酸盐，硝酸盐，硅酸盐，硼酸盐的混合有机酸盐配方 H－OAT，在高温 104℃、168h 软管

-冷却液相容性试验后，与三种不同的硫交联的三元乙丙橡胶材料作用，得到相似的结果，见表2-4。冷却液中硅离子含量下降较多，表明含硅配方会与橡胶软管发生作用。

表2-4　软管与冷却液的相容性

试验结果	新的	软管1	软管2	软管3
沉积物/%（体积分数）	Nil	1.6	1.6	2.0
pH	8.1	7.8	7.8	8.0
硅/(μg/g)	130	51	48	51
硫/(μg/g)	无	325	335	370
氧/(μg/g)	无	170	120	130
锌/(μg/g)	无	15	55	13

更为苛刻的工况包括更高的冷却液温度、更高的系统内温度、发动机内更多的热点等，对橡胶件，接头和冷却液的寿命影响更大。

有些配件的冷却液通道很窄，例如机油冷却器，水泵密封面等，冷却液与橡胶件或者接头反应产物或者外来污染物沉积，导致局部导热不畅、冷却液的剧烈降解以及设备故障等。

应用OAT配方的冷却系统，发现有机硅橡胶密封件，在高温时弹性降低导致漏液，通过加入硅酸盐修复剂或者更换其他类型密封件解决这一问题。

发动机OEM和橡胶件、冷却液供应商应该合作，提高橡胶件适应温度以及橡胶件和冷却液的相容性。

2.6　湿式缸瓦与气缸衬里气穴腐蚀

区别于普通发动机，重负荷发动机采用湿式缸瓦，如图2-4所示。缸瓦与气缸壁之间有冷却液，发动机活塞运动时带动缸瓦震动，缸瓦内壁与发动机冷却液接触部分产生大量气泡随着震动而破裂，冲击衬里表面，导致表面的金属保护膜被破坏。从而形成局部点蚀和穿孔，见图 2 –5 和图 2 –6。

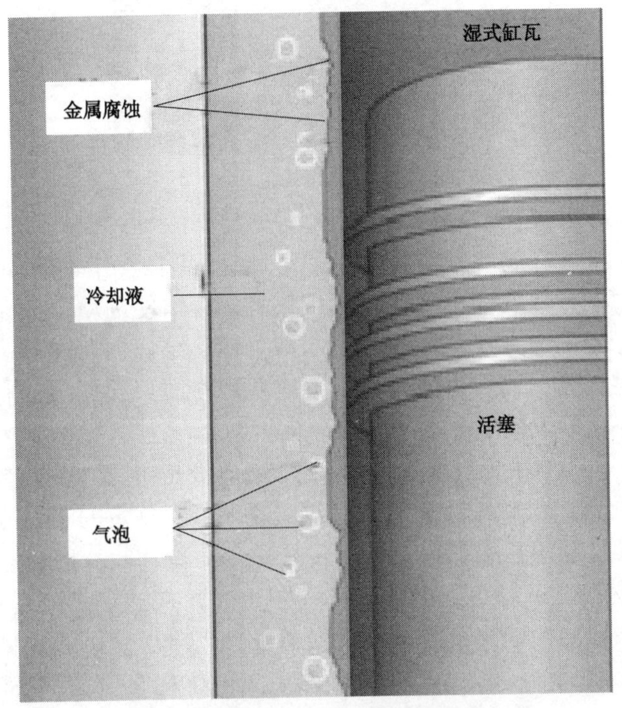

图 2 –4　重负荷发动机缸瓦示意图

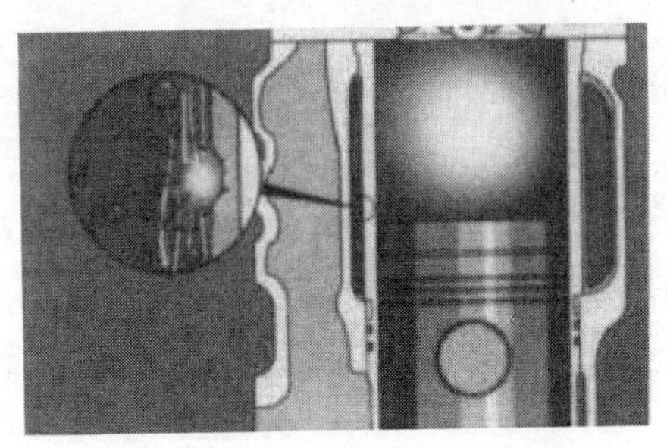
图 2 –5　湿式缸瓦气穴腐蚀示意图

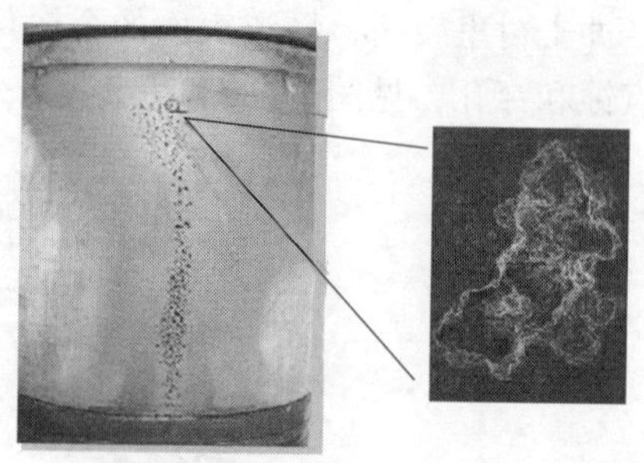

图 2－6　重负荷发动机缸瓦气穴腐蚀照片

缸瓦气穴腐蚀带来的损失很大，对于正在工作中的发动机，气穴腐蚀导致发动机冷却液漏入气缸，轻则使发动机工作效率下降，重则导致严重的发动机事故。而且维修的费用较高，对于公路运输车辆，由此发动机大修费用在数万元之多，有时将不得不更换发动机。

防穴蚀性能是重负荷发动机冷却液的重要性能。ASTM D7583，John Deere 发动机穴蚀试验是 ASTM 规定的测定冷却液防穴蚀性能的台架试验方法。传统重负荷冷却液一般含有亚硝酸盐或亚硝酸盐与钼酸盐，有效防止缸瓦穴蚀。工况越苛刻，亚硝酸根消耗越快，因此柴油发动机会趋向于使用长效型或者长寿命型冷却液。不含亚硝酸盐的长寿命 OAT 冷却液，在 ASTM D7583 穴蚀试验展示了令人满意的性能，在大多数发动机行车试验中的结果也令人满意。

由于 LNG 和 CNG 的成本优势，市场上的燃气发动机车辆增加很快。重负荷燃气发动机由于天然气主要组分为甲烷，热值高，而且在喷入燃烧室后，没有汽化吸热过程，所以燃气发动机的缸内温度比柴油发动机要高接近 100℃。加上燃气发动机气缸壁没有柴油润滑，气缸震动导致的穴蚀问题更加突出。从已有的数据看，原来用于普通柴油发动机的冷却液，用于燃气发动机时，在 2 万公里左右，缸瓦气穴腐蚀就非常严重。对于燃气发动机，一定要使用抗穴蚀效果更好的冷却液，尤其需要使用新开发的有机酸技术或者混合有机酸技术的冷却液。

2.7 重负荷发动机冷却系统其他问题

除了穴蚀之外，重负荷发动机冷却系统还常见以下问题：

2.7.1 硅酸盐析出

使用含硅酸盐的重负荷冷却液，硅酸盐稳定剂可以改善硅酸盐在重负荷发动机冷却系统中的稳定性，但是，长期运行中，硅酸盐稳定剂消耗后，硅酸盐的聚合问题还是难以避免。而使用了补充化学添加剂 SCA 的冷却液，情况就更加复杂。为此，重负荷冷却液中的硅酸盐含量都受到限制，比如 ASTM D4985 就限制冷却液浓缩液中硅酸盐含量低于 250μg/g。

2.7.2 水泵泄漏

无机型重负荷冷却液的配方一般固体含量高，如果养护不当，补充化学添加剂 SCA 带入和使用硬水等问题，加上重负荷发动机冷却液的热负荷高，热应力大，导致沉积物多。水泵密封面受到沉积物磨损，容易导致水泵泄漏。使用有机酸技术的配方，沉积物明显减少，水泵泄漏的问题也得到了很好的解决。

2.7.3 焊锡开花和腐蚀

重负荷发动机的换热器和油冷器承受的压力、冲击和震动大，以及冷却液中高浓度的亚硝酸盐，都会加重焊锡的腐蚀。其中一种形式的焊锡腐蚀，是形成一种铅含量低的蓬松沉淀，就如同焊锡“开花”了一样。焊锡开花通常不会使焊接点强度降低，但是会堵塞管路使得冷却液流量减少，而容易引起局部过热。另一种形式的焊锡腐蚀，是焊接处强度降低，接头松动，而引发泄漏。使用过量的亚硝酸盐、甘油含量高的配方，都会导致焊锡腐蚀加重。

2.7.4 阻垢性能

冷却液使用硬水，冷却系统受到污染，冷却液腐蚀抑制剂分解等都会形成水垢，减低传热效率，导致局部过热，金属疲劳腐蚀等故障。研究表明，0.254～0.172cm 的垢，会严重影响换热，导致缸盖和气缸壁金属表面温度升高 38～93℃。冷却系统的水垢容易在发动机温度高的区域形成，导致局部热点，使得冷却液降解加快。阻垢和抗沉积物试验方法还在制定中。使用高质量的水和良好平衡的抑制剂体系可以有效阻垢。

2.7.5 防冲蚀性能

轻金属(铝及合金，镁及合金，铜及合金，铅)在发动机及冷却系统的大量使用，以及冷却液流速的增加，防冲蚀性能变得尤其重要。冲蚀源自于极高流速的液体破坏了冷却液金属钝化膜或者天然氧化保护层。对于轻金属，流速要设定限制。不同金属的流速限制见表 2－5，铝合金内液体的流速只有铁管的四分之一。金属管内液体流速越大，腐蚀越严重。之外，湍流、穴蚀、剥落、电位腐蚀、泥沙和金属粒子都会加剧冲蚀。

表 2－5 不同金属的冷却液流速限制

金 属	流速限制/[(m/s)(ft/s)]
铁	10(33)
一般轻金属合金	5(15)
铝换热器管	2～3(7～9)

发动机冷却液中的化学组成对抗冲蚀性能的影响很大。一项冲蚀研究表明，采用两种含有亚硝酸盐和钼酸盐的市售冷却液，经过铝合金油冷器的模拟实验，试验结果如图 2－7～图 2－9所示。可以看到，不同组成的 OAT 冷却液，抗冲蚀性能不同。抗冲蚀性能差的冷却液，冷却液中的亚硝酸盐转化为胺，冷却液的 pH 值上升快，亚硝酸根离子含量下降快，致使铝表面的腐蚀抑制层破坏，形成铝酸盐而加速了金属的腐蚀。从图 2－9可以看到，抗冲蚀能力差的 OAT1 冷却液的铝含量增加较快。

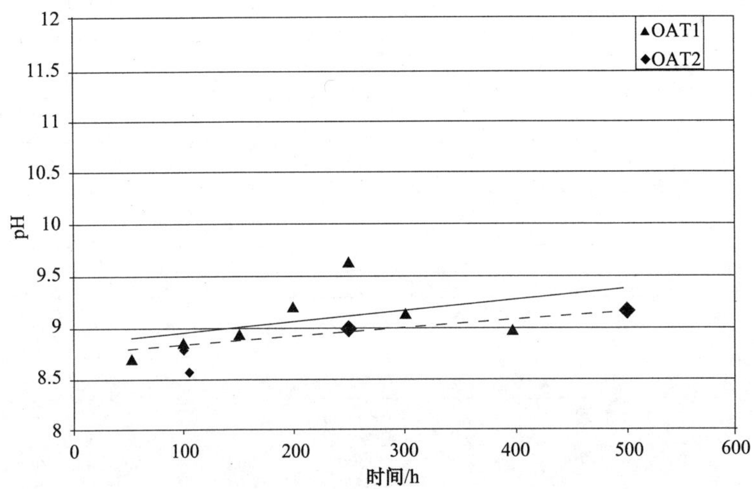

图 2－7　冷却液化学性质对抗冲蚀性能的影响——pH 值

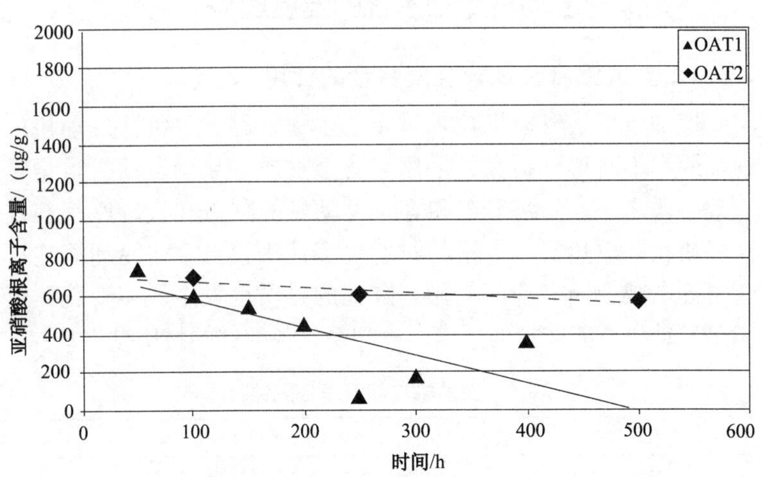

图 2－8　冷却液化学对抗冲蚀性能的影响——亚硝酸根转化

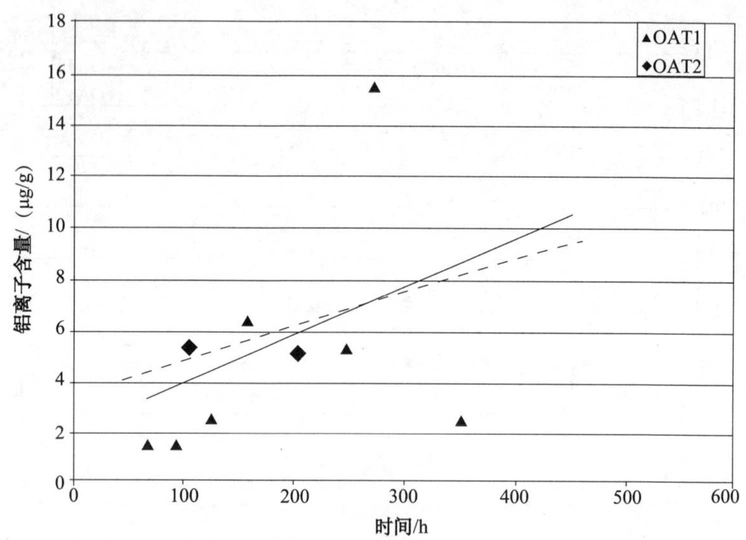

图 2－9　冷却液化学对抗冲蚀性能的影响——铝转化为可溶性铝酸根

2.8　重负荷发动机冷却系统的发展趋势

2.8.1　更多铝合金及轻金属合金的使用

燃油效率是发动机技术进步的永恒话题。重负荷发动机的燃油效率不断得到提高，采用轻合金材质，减少发动机重量是有效手段之一。公路卡车和客车发动机的缸盖和气缸座都在逐渐轻质化，散热器、水箱的材质更多使用铝合金，冷却液连接管也逐渐减少铜合金的使用。缸瓦的材质也发生较多变化，以满足发动机节能减排的要求。冷却系统各配件的材质见表 2－6。

表 2－6　发动机冷却系统各配件材质表

配件名称	材　质
水泵	铸铁，铝合金，酚醛树脂，尼龙
油冷器	铝合金，铸铁，不锈钢
气缸座	铸铁，铝合金，VMQ，NBR，EPDM，CR
气缸盖	铝合金，镁合金、铸铁，黄铜

续表

配件名称	材　质
节温器	黄铜，铝合金，铸铁
散热器	铝合金，黄铜，焊锡
水管	SBR，NBR，EPDM，VMQ
后冷器	铝合金，红铜，镀层红铜

2.8.2　焊锡使用减少

焊锡腐蚀问题带来对散热器的制造工艺和材质的重大改变，一方面减少焊接点，另一方面，处于环境保护的考量，焊锡中铅的含量受到限制，锌焊料的使用更加普遍。

2.8.3　更高的传热效率和热稳定性

为了减少 NO_x 的排放，发动机气缸温度要合适，就要求冷却液的传热效率高。对于增压中冷发动机，EGR 发动机，冷却液的热负荷增加多，但是冷却液的总量少增加或者没有增加，冷却液的循环速度更高，冷却液的热稳定性和抗冲蚀能力要求更苛刻。

更高的 EGR 和双增压器使用，导致热负荷再增加 25%，需要开发更高热氧化稳定的冷却液和不衰减的添加剂技术。颗粒捕捉器技术会造成冷却液的热负荷增加，而尾气催化转化技术，会降低 EGR 的量，从而降低冷却液的热负荷。使用电子水泵、风扇、电子节温器等，会有效调节启动热机和高温运转时的冷却液流量。停车后，电子水泵也会继续保持冷却液流动，避免热浸。电子节温器会更加精确地控制系统流量和温度。

2.8.4　长效、环保、新型冷却液的使用

市场上长效或者长寿命型冷却液的使用更为普遍，从而减少了 SCA 使用，预计传统的和全配方的无机冷却液将会被长寿命和终身寿命的有机型冷却液替代。开发新型的高热容，满足高流速条件，以及与橡胶件相容性更好的冷却液，是冷却液技

术发展的目标。

1，2-丙二醇的环保性好，可降解，毒性低，1，3-丙二醇的热氧化稳定性好，丙二醇基冷却液的用量会逐渐增加。

将来，冷却液需要提供更强大的传热特性，现代冷却液主要依赖于水的浓度来保证传热，纳米冷却液(约5纳米分散在水中的粒子)具备更好的导热性能，可以获得更快的传热效率。离子流体是一种全新的有机盐，熔点低于100℃，可以在化学制备、清洗、电镀和热传导应用中，替代有机溶剂，离子流体在冷却液中可以部分或者全部替代二元醇，提高冷却液的传热性能。但是，要将纳米冷却液和离子流体冷却液应用于发动机，需要改造发动机冷却系统的结构、配件和材质。

第3章　发动机冷却液的组成

发动机冷却液是由水、防冻剂(MEG 乙二醇、MPG 丙二醇、甘油/丙三醇、二乙二醇 DEG、二丙二醇 DPG、DMSO 二甲亚砜)、缓冲剂、缓蚀剂、抗泡剂、垢分散剂以及染色剂组成。IAT 无机盐型冷却液和 OAT 有机酸型冷却液，是按照冷却液的缓蚀剂是无机盐为主还是有机酸为主来区分的。IAT 无机盐型冷却液，是在 OAT 有机酸型冷却液出现以后，对以无机盐为缓冲和缓蚀体系的发动机冷却液的归类，以便于和 OAT 配方体系做区分。事实上，在 20 世纪 90 年代出现 OAT 技术以后，IAT 技术并没有迅速被替代，直到现在，IAT 技术还是大量在应用。

发动机冷却液标准，除了一些 OEM 标准，大多数还是针对 IAT 冷却液制订的，包括物理化学性能、腐蚀试验方法等。比如 ASTM D3306 对于冷却液的灰分的规定，浓缩液不大于 5.0，而一些 OEM 规定冷却液的灰分则很低，雷诺要求灰分为 0，菲亚特要求小于 1.5 。低灰分的配方是 IAT 配方难于满足的。在中国国内，国内主要厂家采用 H - OAT 冷却液，如果没有特别指明，发动机冷却液指的是无机盐型冷却液。

3.1　水

水(化学式：H_2O)是由氢、氧两种元素组成的物质。在常温常压下为无色无味的透明液体，包括天然水(河流、湖泊、大气水、海水、地下水等)，人工制水(通过化学反应使氢氧原子结合得到的水)。水是地球上最常见的物质之一，也是生物体最重要的组成部分。

纯水可以导电，但十分微弱，导电性在日常生活中可以忽略，属于极弱的电解质。日常生活中的水混入了其他电解质，有较为明显的导电性。

3.1.1 物理性质

通常是无色、无味的液体

沸点：100℃(气压为一个标准大气压时)

凝固点：0℃

三相点：0.01℃

最大相对密度时的温度：3.98℃

比热容：4.186kJ/(kg·℃) 0.1MPa，15℃

蒸发潜热：2257.2kJ/kg 0.1MPa，100℃

密度：1000 kg/m^3(4℃时)。冰的密度比水小

临界温度：374.2℃

表3-1为不同温度下水的各类物理参数。

表3-1 不同温度下水的各类物理参数

温度 t/℃	蒸气压 P/kPa	比热容 c/kJ/(kg·K)	导热系数 λ/W/(m·K)	热扩散率 a/(10m/h)	动力黏度 μ/mPa·s	运动黏度 ν/(mm^2/s)
0	0.613	4.2077	0.558	4.8	1789.71	1.780
10	1.227	4.1910	0.563	4.9	1304.28	1.300
20	2.333	4.1826	0.593	5.1	1000.28	1.000
30	4.240	4.1784	0.611	5.3	801.20	0.805
40	7.373	4.1784	0.623	5.4	653.12	0.659
50	12.332	4.1826	0.642	5.6	549.17	0.556
60	19.918	4.1826	0.657	5.7	470.72	0.479
70	31.157	4.1910	0.666	5.9	406.00	0.415
80	47.343	4.1952	0.670	6.0	355.98	0.366
90	70.101	4.2077	0.680	6.1	314.79	0.326
100	101.325	4.2161	0.683	6.1	282.43	0.295
110	143	4.2287	0.685	6.1	254.97	0.268
120	198	4.2454	0.686	6.2	230.46	0.244

续表

温度 t/℃	蒸气压 P/kPa	比热容 c/kJ/(kg·K)	导热系数 λ/W/(m·K)	热扩散率 a/(10m/h)	动力黏度 μ/mPa·s	运动黏度 ν/(mm^2/s)
130	270	4.2663	0.686	6.2	211.82	0.226
140	361	4.2915	0.685	6.2	198.13	0.212
150	476	4.3208	0.684	6.2	185.35	0.202
160	618	4.3543	0.683	6.2	171.62	0.190
170	792	4.3878	0.679	6.2	162.79	0.181
180	1003	4.4254	0.675	6.2	152.98	0.173
190	1255	4.4631	0.670	6.2	145.14	0.166
200	1555	4.5134	0.663	6.1	138.27	0.160
210	1908	4.6055	0.655	6.0	131.41	0.154
220	2320	4.6473	0.645	6.0	125.53	0.149
230	2798	4.6892	0.637	6.0	119.64	0.145
240	3348	4.7311	0.628	5.9	117.74	0.141

3.1.2 水密度的变化

水的密度在3.98℃时最大，为1000kg/m³，温度高于3.98℃时(也可以忽略为4℃)，水的密度随温度升高而减小，在0~3.98℃时，水热缩冷涨，密度随温度的升高而增加。

原因：主要由分子排列决定。也可以说由氢键导致。由于水分子有很强的极性，能通过氢键结合成缔合分子。液态水，除含有简单的水分子(H_2O)外，同时还含有缔合分子$(H_2O)_2$和$(H_2O)_3$等，当温度在0℃水未结冰时，大多数水分子是以$(H_2O)_3$的缔合分子存在，当温度升高到3.98℃(101kPa)时水分子多以$(H_2O)_2$缔合分子形式存在，分子占据空间相对减小，此时水的密度最大。如果温度再继续升高在3.98℃以上，一般物质热胀冷缩的规律即占主导地位了。水温降到0℃时，水结成冰，水结冰时几乎全部分子缔合在一起成为一个巨大的缔合分子，在冰中水分子的排布是每一个氧原子有四个氢原子为近邻两个氢键这种排布导致成是种敞开结构，冰的结构中有较大的空隙，所以冰的密度反比同温度的水小。

3.1.3 水的化学性质

化学式：H_2O

结构式：H—O—H（两氢氧键间夹角104.5°）

相对分子质量：18.016

化学实验：水的电解。方程式：$2H_2O \xlongequal{通电} 2H_2\uparrow + O_2\uparrow$（分解反应）

分子构成：氢原子、氧原子

水具有以下化学性质：

（1）稳定性。在2000℃以上才开始分解。

水的电离。纯水中存在下列电离平衡：

$H_2O \rightleftharpoons H^+ + OH^-$ 或 $H_2O + H_2O \rightleftharpoons H_3O^+ + OH^-$。

注："H_3O^+"为水合氢离子，为了简便，常常简写成 H^+，更准确的说法为$H_9O_4^+$，纯水中氢离子物质的量浓度为 10^{-7}mol/L。

（2）水的氧化性。水跟较活泼金属或碳反应时，表现氧化性，氢被还原成氢气。

$2Na + 2H_2O \xlongequal{} 2NaOH + H_2\uparrow$

$Mg + 2H_2O \xlongequal{} Mg(OH)_2\downarrow + H_2\uparrow$

$3Fe + 4H_2O$（水蒸气）$\xlongequal{} Fe_3O_4 + 4H_2\uparrow$（加热）

$C + H_2O \xlongequal{} CO + H_2$（高温）

（3）水的电解。水在直流电作用下，分解生成氢气和氧气，工业上用此法制纯氢和纯氧 $2H_2O \xlongequal{} 2H_2\uparrow + O_2\uparrow$。

（4）水化反应。水可跟活泼金属的碱性氧化物、大多数酸性氧化物以及某些不饱和烃发生水化反应。

$Na_2O + H_2O \xlongequal{} 2NaOH$

$CaO + H_2O \xlongequal{} Ca(OH)_2$

$SO_3 + H_2O \xlongequal{} H_2SO_4$

$P_2O_5 + 3H_2O \xlongequal{} 2H_3PO_4$

$CH_2 = CH_2 + H_2O \rightleftharpoons C_2H_5OH$

(5)水解反应。

①盐的水解氮化物水解：$Mg_3N_2 + 6H_2O$（加热）$= 3Mg(OH)_2 \downarrow + 2NH_3 \uparrow$

$NaAlO_2 + HCl + H_2O \xlongequal{} Al(OH)_3 \downarrow + NaCl$（NaCl 少量）

②碳化钙水解：CaC_2（电石）$+ 2H_2O$（饱和氯化钠）$\xlongequal{} Ca(OH)_2 + C_2H_2 \uparrow$

③卤代烃水解：$C_2H_5Br + H_2O$（加热下的氢氧化钠溶液）$\rightleftharpoons C_2H_5OH + HBr$

④醇钠水解：$C_2H_5ONa + H_2O \longrightarrow C_2H_5OH + NaOH$

⑤酯类水解。

$CH_3COOC_2H_5 + H_2O$（铜或银并且加热）$\rightleftharpoons CH_3COOH + C_2H_5OH$

⑥多糖水解。$(C_6H_{10}O_5)_n + nH_2O \rightleftharpoons nC_6H_{12}O_6$

(6)水分子的直径数量级为 10 的负十次方，一般认为水的直径为 2 ~ 3 个此单位。

(7)水的电离。在水中，几乎没有水分子电离生成离子。

$H_2O \rightleftharpoons H^+ + OH^-$

由于仅有一小部分的水分子发生上述反应，所以纯水的 pH 值十分接近 7。

(8)水是两性物质，既有氢离子（H^+），也有氢氧根离子（OH^-）。但纯净蒸馏水是中性的。

3.1.4 水的软硬度

日常生活中的水可分为软水和硬水，溶有较多可溶性钙、镁和铁盐的水叫做硬水。水中含有的 Ca^{2+}、Mg^{2+} 等离子的总浓度称为硬度。水的硬度的单位为 mol/m^3 或 mmol/L。水的硬度分类见表 3 - 2。

表 3-2 水的硬度分类

硬度/(mmol/L)	>4.5	3.0~4.5	1.5~3.0	0.5~1.5	<0.5
名称	极硬水	硬水	中硬水	软水	极软水

工业上也有其他定义：以 1L 水中含有的 MgO 与 CaO 总量相当于 10mg 的 CaO 定义为硬度 1，硬度在 8 以上的为硬水。

含有 HCO_3^- 的水称为暂时硬水，加热时生成碳酸钙(镁)沉淀而软化。

含有 Cl^-、SO_4^{2-} 的水不能通过加热软化，称为永久硬水。

3.1.5 水的分类

(1)地下水与地表水

①地下水。有机物和微生物污染较少，而离子溶解较多，通常硬度较高，烧水时易结水垢；有时锰氟离子超标，不能满足生产生活用水需求。

②地表水——比地下水的有机物和微生物污染多，如果该地属石灰岩地区，其地表水往往也有较大的硬度，如四川的德阳、绵阳、广元、阿坝等地区。

(2)原水与净水

①原水。通常是指水处理设备的进水，如常用的城市自来水、城郊地下水、野外地表水等，常以 TDS 值(水中溶解性总固体含量)检测其水质，中国城市自来水 TDS 值通常为 100~400μg/g。

②净水。原水经过水处理设施处理后即称之为净水。

(3)纯净水与蒸馏水

①纯净水。原水经过反渗透和杀菌装置等成套水处理设施后，除去了原水中绝大部分无机盐离子、微生物和有机物杂质，可以直接生饮的纯水。

②蒸馏水。以蒸馏方式制备的纯水，通常不用于饮用。

(4)纯化水和注射用水

①纯化水。医药行业用纯水，电导率要求 $<2\mu S/cm$。

②注射用水。纯化水经多效蒸馏、超滤法再次提纯去除热原后可以配制注射剂的水。

3.1.6 水溶液

水可以用来溶解很多种物质，是很好的无机溶剂，用水作溶剂的溶液，即称为水溶液。用“aq”作为记号，如“HCl(aq)”。

当物质溶解于水时，离子化合物在水中发生电离，以离子态存在，这样的溶液一般是透明的。当分子溶于水时，有些可以与水发生反应，形成新物质，这些新物质溶解于水中，或者这些分子直接填补水分子间的空隙。这些分子、离子等都是溶质。特别需要注意的是，如果不作特殊说明，“××溶液”，指的就是“××”的水溶液。任何含有水的溶液，都必须称为“××的水溶液”，即不管溶质于水的比例，只要有水存在，都应该把水当作溶剂。

对于大部分物质，它们能在水中溶解的质量是有限度的。这种限度叫做溶解度。有些物质可以和水以任意比例互溶，如乙醇，但绝大多数物质在达到溶解度时，就不再溶解。会形成沉淀或者放出气体，这种现象叫做析出。

还有一种特殊的状态，叫做胶体。胶体中，粒子的大小在100nm左右，由于电荷的作用不沉淀，悬浮在溶液中。牛奶是一种常见的胶体。

由于被溶解物质(称作溶质)的颗粒大小和溶解度不同，水溶液的透明度会有所不同，较透明的称作真溶液，较混浊的称作胶态溶液(又称假溶液)，有些胶态溶液还会进一步在底部形成沉淀，成为沉淀胶态溶液

3.1.7 水的冷却性能

工业用水主要包括锅炉用水、工艺用水、清洗用水和冷却用水、污水等。其中用水量最大的是冷却用水，约占工业用水量的90%以上。不同的工业系统和不同用途对水质的要求是不

同的；但各工业部门使用的冷却水对水质的要求基本上是一致的，这就使得冷却水质控制在近年来作为一门应用技术获得了迅速的发展。在工厂中，冷却水主要用来冷凝蒸汽，冷却产品或设备，如果冷却效果差，就会影响生产效率，使产品的收率和产品的质量下降，甚至于会造成生产事故。

3.1.8 水在发动机冷却液中的应用

美国汽车工程师协会 SAE 在发动机冷却液标准 J814 中，对水在发动机冷却液中的应用表述为：水是最易得到，导热效果好，而被用于内燃机冷却液。水直接用作发动机冷却液的缺点：冰点高，沸点低，对某些金属有腐蚀性；水中含有氯离子，硫酸根离子，碳酸氢根离子，腐蚀性更强；水中钙、镁离子，会在热点形成水垢，阻止导热；如果补充硬水，会增加水垢，阻塞换热器。

可以用做发动机冷却液的水：干净的饮用水；低氯离子、硫酸根离子、低硬度的水；软化水、去离子水、蒸馏水。但是直接使用水作为发动机冷却液，水结冰时，体积膨胀 9%，如果在冷却系统内结冰，将会严重破坏系统。因此水或者水加腐蚀抑制剂，通常不推荐作为冷却液。另外，提高冷却液沸点，也是满足冷却系统设计参数的一项必备条件。

3.2 乙二醇

乙二醇（ethylene glycol）又名“甘醇”、“1，2 - 亚乙基二醇”，简称 MEG。化学式为$(HOCH_2)_2$，是最简单的二元醇。乙二醇是无色无臭、有甜味液体，对动物有毒性，人类致死剂量约为 1.6 g/kg。乙二醇能与水、丙酮互溶，但在醚类中溶解度较小。用作溶剂、防冻剂以及合成涤纶的原料。

3.2.1 物理性质

冰点：−12.6℃

沸点：197.3℃

密度：相对密度（水=1）1.1155（20℃）

外观与性状：无色、有甜味、黏稠液体

蒸气压：0.06mmHg（20℃）

闪点：111.1℃

黏度：25.66mPa·s（16℃）

溶解性：与水/乙醇/丙酮/醋酸甘油吡啶等混溶，微溶于乙醚，不溶于石油烃及油类，能够溶解氯化钙/氯化锌/氯 化钠/碳酸钾/氯化钾/碘化钾/氢氧化钾等无机物

表面张力：46.49 mN/m（20℃）

燃点：418℃

燃烧热：1180.26kJ/mol

在25℃下，相对介电常数为37

浓度较高时易吸潮

3.2.2 化学性质

由于相对分子质量低，性质活泼，可起酯化/醚化/醇化/氧化/缩醛/脱水等反应。

与乙醇相似，主要能与无机或有机酸反应生成酯，一般有一个羟基发生反应，经升高温度、增加酸用量等，可使两个羟基都形成酯。如与混有硫酸的硝酸反应，则形成二硝酸酯。酰氯或酸酐容易使两个羟基形成酯。乙二醇在催化剂（二氧化锰、氧化铝、氧化锌或硫酸）作用下加热，可发生分子内或分子间失水。

乙二醇也容易被氧化，随所用氧化剂或反应条件的不同，可生成各种产物，如乙醇醛 $HOCH_2CHO$、乙二醛 OHCCHO、乙醇酸 $HOCH_2COOH$、草酸 HOOCCOOH 及二氧化碳和水。乙二醇与其他二醇不同，经高碘酸氧化可发生碳链断裂。

3.2.3 乙二醇的制备工艺

（1）氯乙醇法。以氯乙醇为原料在碱性介质中水解而得，该反应在100℃下进行，先生成环氧乙烷，而后在1.01MPa压力下加压水解生成乙二醇。

(2) 环氧乙烷水合法。环氧乙烷水合法有直接水合法和催化水合法，水合过程在常压下和加压下进行。常压水合法一般采用少量无机酸为催化剂，在 50 ~ 70℃ 进行反应。环氧乙烷直接水合法，为目前工业规模生产乙二醇较成熟的生产方法。环氧乙烷和水在加压(2.23MPa)和 190 ~ 200 ℃ 条件下，在管式反应器中直接水合制成乙二醇，副产品有一缩二乙二醇、二缩三乙二醇和多缩聚乙二醇。

(3)气相催化水合法。以氧化银为催化剂，氧化铝为载体，在 150 ~ 240℃ 反应，生成乙二醇。

(4)乙烯直接水合法。乙烯在催化剂(如氧化锑 TeO_2，钯催化剂)存在下在乙酸溶液中氧化生成单乙酸酯或二乙酸酯，进一步水解均得乙二醇。

(5)环氧乙烷与水在硫酸催化剂作用下进行水合反应，反应液经碱中和、蒸发、精馏即得成品。或者环氧乙烷和水在一定温度和压力下制得乙二醇，同时副产二乙二醇、三乙二醇和多乙二醇。反应液经蒸发浓缩、脱水、精制得合格产品和副产品。

(6)煤制乙二醇。煤制乙二醇的潜在工艺路径可以分为直接合成法和间接合成法。直接合成法是将合成气中的 CO 及 H_2 一步合成为乙二醇。间接合成法则主要分为通过甲醇甲醛及草酸酯作为中间产物合成，然后加氢获得乙二醇。相对而言，甲醇甲醛路线合成的研究还不深入，离工业化距离远；而草酸酯加氢合成法的实用性较强，适宜进行工业生产。

3.2.4 乙二醇的用途

主要用于制聚酯涤纶、聚酯树脂、吸湿剂、增塑剂、表面活性剂、合成纤维、化妆品和炸药，并用作染料/油墨等的溶剂、配制发动机的抗冻剂、气体脱水剂、制造树脂，也可用于玻璃纸、纤维、皮革、黏合剂的湿润剂。除用作汽车用防冻剂外，还用于工业冷量的输送，一般称呼为载冷剂，同时，也可以与水一样用作冷凝剂。

乙二醇在用做冷却液时应该注意：

(1)其冰点随着乙二醇在水溶液中的浓度变化而变化，浓度在60%以下时，水溶液中乙二醇浓度升高冰点降低，但浓度超过60%后，随着乙二醇浓度的升高，其冰点呈上升趋势，黏度也会随着浓度的升高而升高。当浓度达到99.9%时，其冰点上升至-13.2℃，这就是浓缩型发动机冷却液(发动机冷却液母液)为什么不能直接使用的一条重要原因。

(2)乙二醇含有羟基，长期在80~90℃下工作，乙二醇会先被氧化成乙醇酸，再被氧化成草酸，即乙二酸(草酸)，含有2个羧基。草酸及其副产物会先影响中枢神经系统，接着是心脏，而后影响肾脏。如无适当治疗，摄取过量乙二醇会导致死亡。乙二酸还会对设备造成腐蚀而使之渗漏。因此，在配制的发动机冷却液中，还必须有防腐剂，以防止对钢铁、铝的腐蚀和水垢的生成。

(3)乙二醇本身是相对活跃的物质，容易聚合成高分子聚合物，进一步氧化成聚合物有机酸(通常所说的油泥)，形成十分黏重的物质，沉积后容易结垢；另外乙二醇与氧气反应，生成微量的甲酸和乙酸。

3.2.5 乙二醇水溶液的物理性质

乙二醇是一种无色微粘的液体，沸点是197.4℃，冰点是-11.5℃，能与水任意比例混合。混合后由于改变了冷却水的蒸气压，冰点显著降低。

3.2.5.1 乙二醇水溶液的冰点沸点

乙二醇水溶液作为重要的载冷剂，其物理性质对设备和系统的设计都十分重要，表3-3为乙二醇水溶液的冰点沸点和其浓度的关系(数据来源ASHRAE手册2005)。

表3-3 乙二醇水溶液的冰点沸点和其浓度的关系

乙二醇浓度/%		冰点(100.7kPa)/℃	沸点(100.7kPa)/℃
质量分数	体积分数		
0.0	0.0	0.0	100.0

续表

乙二醇浓度/%		冰点(100.7kPa)/℃	沸点(100.7kPa)/℃
质量分数	体积分数		
5.0	4.4	-1.4	100.6
10.0	8.9	-3.2	101.1
15.0	13.6	-5.4	102.2
20.0	18.1	-7.8	
21.0	19.2	-8.4	
22.0	20.1	-8.9	102.8
23.0	21.0	-9.5	
24.0	22.0	-10.2	103.3
25.0	22.9	-10.7	
26.0	23.9	-11.4	
27.0	24.8	-12.0	103.9
28.0	25.8	-12.7	
29.0	26.7	-13.3	104.4
30.0	27.7	-14.1	
31.0	28.7	-14.8	
32.0	29.6	-15.4	
33.0	30.6	-16.2	
34.0	31.6	-17.0	105.0
35.0	32.6	-17.9	
36.0	33.5	-18.6	
37.0	34.5	-19.4	
38.0	35.5	-20.3	
39.0	36.5	-21.3	105.6
40.0	37.5	-22.3	

续表

乙二醇浓度/%		冰点(100.7kPa)/℃	沸点(100.7kPa)/℃
质量分数	体积分数		
41.0	38.5	-23.2	
42.0	39.5	-24.3	106.1
43.0	40.5	-25.3	
44.0	41.5	-26.4	106.7
45.0	42.5	-27.5	
46.0	43.5	-28.8	
47.0	44.5	-29.8	
48.0	45.5	-31.1	
49.0	46.5	-32.6	
50.0	47.6	-33.8	107.2
51.0	48.6	-35.1	
52.0	49.6	-36.4	
53.0	50.6	-37.9	107.8
54.0	51.6	-39.3	
55.0	52.7	-41.1	108.3
56.0	53.7	-42.6	
57.0	54.7	-44.2	108.9
58.0	55.7	-45.6	
59.0	56.8	-47.1	109.4
60.0	57.8	-48.3	110.0
65.0	62.8		112.8
70.0	68.3		116.7
75.0	73.6		120.0
80.0	78.9	-46.8	123.9

续表

乙二醇浓度/%		冰点(100.7kPa)/℃	沸点(100.7kPa)/℃
质量分数	体积分数		
85.0	84.3	-36.9	133.9
90.0	89.7	-29.8	140.6
95.0	95.0	-19.4	158.3

乙二醇水溶液浓度大于60%以后，临近冰点时，变成非常黏稠，像胶冻状态，难以测定冰点。因此，据文献报道，浓度60%~80%乙二醇水溶液，很少有准确的冰点数据。

3.2.5.2 乙二醇水溶液黏度

乙二醇水溶液作为重要的载冷剂，其物理性质对设备和系统的设计都十分重要，表3-4为乙二醇水溶液的黏度和其浓度的关系(数据来源ASHRAE手册2005)。

表3-4 乙二醇水溶液的黏度和其浓度的关系 mPa·s

温度/℃	乙二醇水溶液体积浓度/%								
	10	20	30	40	50	60	70	80	90
-35					66.93	93.44	133.53	191.09	
-30					43.98	65.25	96.57	141.02	
-25					30.5	46.75	70.38	102.21	196.87
-20				15.75	22.07	34.28	51.94	74.53	128.43
-15				11.74	16.53	25.69	38.88	55.09	87.52
-10			6.19	9.06	12.74	19.62	29.53	41.36	61.85
-5		3.65	5.03	7.18	10.05	15.25	22.76	31.56	45.08
0	2.08	3.02	4.15	5.83	8.09	12.05	17.79	24.44	33.74
5	1.79	2.54	3.48	4.82	6.63	9.66	14.09	19.2	25.84
10	1.56	2.18	2.95	4.04	5.5	7.85	11.31	15.29	20.18
15	1.37	1.89	2.53	3.44	4.63	6.46	9.18	12.33	16.04

续表

温度/℃	乙二醇水溶液体积浓度/%								
	10	20	30	40	50	60	70	80	90
20	1.21	1.65	2.2	2.96	3.94	5.38	7.53	10.05	12.95
25	1.08	1.46	1.92	2.57	3.39	4.52	6.24	8.29	10.59
30	0.97	1.3	1.69	2.26	2.94	3.84	5.23	6.9	8.77
35	0.88	1.17	1.5	1.99	2.56	3.29	4.42	5.79	7.34
40	0.8	1.06	1.34	1.77	2.26	2.84	3.76	4.91	6.21
45	0.73	0.96	1.21	1.59	2	2.47	3.23	4.19	5.3
50	0.67	0.88	1.09	1.43	1.78	2.16	2.8	3.61	4.56
55	0.62	0.81	0.99	1.29	1.59	1.91	2.43	3.12	3.95
60	0.57	0.74	0.9	1.17	1.43	1.69	2.13	2.72	3.45
65	0.53	0.69	0.83	1.06	1.29	1.51	1.88	2.39	3.03
70	0.5	0.64	0.76	0.97	1.17	1.35	1.67	2.11	2.67
75	0.47	0.59	0.7	0.89	1.07	1.22	1.49	1.87	2.37
80	0.44	0.55	0.65	0.82	0.98	1.1	1.33	1.66	2.12
85	0.41	0.52	0.6	0.76	0.89	1	1.2	1.49	1.9
90	0.39	0.49	0.56	0.7	0.82	0.92	1.09	1.34	1.71
95	0.37	0.46	0.52	0.65	0.76	0.84	0.99	1.21	1.54
100	0.35	0.43	0.49	0.6	0.7	0.77	0.9	1.1	1.4
105	0.33	0.4	0.46	0.56	0.65	0.71	0.82	1	1.27
110	0.32	0.38	0.43	0.53	0.6	0.66	0.76	0.91	1.16
115	0.3	0.36	0.41	0.49	0.56	0.61	0.7	0.83	1.07
120	0.29	0.34	0.38	0.46	0.53	0.57	0.64	0.77	0.98
125	0.28	0.33	0.36	0.43	0.49	0.53	0.6	0.71	0.9

3.2.5.3 乙二醇水溶液的密度

乙二醇水溶液作为重要的载冷剂，其物理性质对设备和系统的设计都十分重要，表3－5为乙二醇水溶液的密度和其浓度的关系(数据来源ASHRAE手册2005)。

表3－5　乙二醇水溶液的密度和其浓度的关系　　kg/m³

温度/℃	乙二醇水溶液体积浓度/%								
	10	20	30	40	50	60	70	80	90
-35					1089.94	1104.60	1118.61	1132.11	
-30					1089.04	1103.54	1117.38	1130.72	
-25					1088.01	1102.36	1116.04	1129.21	1141.87
-20				1071.98	1086.87	1101.06	1114.58	1127.57	1140.07
-15				1070.87	1085.61	1099.64	1112.99	1125.82	1138.14
-10			1054.31	1069.63	1084.22	1098.09	1111.28	1123.94	1136.09
-5		1036.85	1053.11	1068.28	1082.71	1096.43	1109.45	1121.94	1133.91
0	1018.73	1035.67	1051.78	1066.80	1081.08	1094.64	1107.50	1119.82	1131.62
5	1017.57	1034.36	1050.33	1065.21	1079.33	1092.73	1105.43	1117.58	1129.20
10	1016.28	1032.94	1048.76	1063.49	1077.46	1090.70	1103.23	1115.22	1126.67
15	1014.87	1031.39	1047.07	1061.65	1075.46	1088.54	1100.92	1112.73	1124.01
20	1013.34	1029.72	1045.25	1059.68	1073.35	1086.27	1098.48	1110.13	1121.23
25	1011.69	1027.93	1043.32	1057.60	1071.11	1083.87	1095.92	1107.40	1118.32
30	1009.92	1026.02	1041.26	1055.39	1068.75	1081.35	1093.24	1104.55	1115.30
35	1008.02	1023.99	1039.08	1053.07	1066.27	1078.71	1090.43	1101.58	1112.15
40	1006.01	1021.83	1036.78	1050.62	1063.66	1075.95	1087.51	1098.48	1108.89
45	1003.87	1019.55	1034.36	1048.05	1060.94	1073.07	1084.46	1095.27	1105.50
50	1001.61	1017.16	1031.81	1045.35	1058.09	1070.06	1081.30	1091.93	1101.99
55	999.23	1014.64	1029.15	1042.54	1055.13	1066.94	1078.01	1088.48	1098.36
60	996.72	1011.99	1026.36	1039.61	1052.04	1063.69	1074.60	1084.90	1094.60
65	994.10	1009.23	1023.45	1036.55	1048.83	1060.32	1071.06	1081.20	1090.73
70	991.35	1006.35	1020.42	1033.37	1045.04	1056.83	1067.41	1077.37	1086.73

续表

温度/℃	乙二醇水溶液体积浓度/%								
	10	20	30	40	50	60	70	80	90
75	988.49	1003.34	1017.27	1030.07	1042.04	1053.22	1063.64	1073.43	1082.61
80	985.50	1000.21	1014.00	1026.65	1038.46	1049.48	1059.74	1069.36	1078.37
85	982.39	996.96	1010.60	1023.10	1034.77	1045.63	1055.72	1065.18	1074.01
90	979.15	993.59	1007.09	1019.44	1030.95	1041.65	1051.58	1060.87	1069.53
95	975.80	990.10	1003.45	1015.65	1027.01	1037.55	1047.32	1056.44	1064.92
100	972.32	986.48	999.69	1011.74	1022.95	1033.33	1042.93	1051.88	1060.20
105	968.73	982.75	995.81	1007.71	1018.76	1028.99	1038.43	1047.21	1055.35
110	965.01	978.89	991.81	1003.56	1014.46	1024.52	1033.80	1042.41	1050.38
115	961.17	974.91	987.68	999.29	1010.03	1019.94	1029.05	1037.46	1045.29
120	957.21	970.81	983.43	994.90	1005.48	1015.23	1024.18	1032.46	1040.08
125	953.12	966.59	979.07	990.38	1000.81	1010.40	1019.19	1027.30	1034.74

3.2.5.4 乙二醇水溶液的比热容

乙二醇水溶液作为重要的载冷剂，其物理性质对设备和系统的设计都十分重要，表3－6为乙二醇水溶液的比热容和其浓度的关系（数据来源ASHRAE手册2005）。

表3－6 乙二醇水溶液的比热容和其浓度的关系 kJ/(kg·K)

温度/℃	乙二醇水溶液体积浓度/%								
	10	20	30	40	50	60	70	80	90
－35					3.068	2.844	2.612	2.37	
－30					3.088	2.866	2.636	2.397	
－25					3.107	2.888	2.66	2.423	2.177
－20				3.334	3.126	2.909	2.685	2.45	2.206
－15				3.351	3.145	2.931	2.709	2.477	2.235

续表

温度/℃	乙二醇水溶液体积浓度/%								
	10	20	30	40	50	60	70	80	90
-10			3. 56	3. 367	3. 165	2. 953	2. 733	2. 503	2. 264
-5		3. 757	3. 574	3. 384	3. 184	2. 975	2. 757	2. 53	2. 293
0	3. 937	3. 769	3. 589	3. 401	3. 203	2. 997	2. 782	2. 556	2. 322
5	3. 946	3. 78	3. 603	3. 418	3. 223	3. 018	2. 806	2. 583	2. 351
10	3. 954	3. 792	3. 617	3. 435	3. 242	3. 04	2. 83	2. 61	2. 38
15	3. 963	3. 803	3. 631	3. 451	3. 261	3. 062	2. 854	2. 636	2. 409
20	3. 972	3. 815	3. 645	3. 468	3. 281	3. 084	2. 878	2. 663	2. 438
25	3. 981	3. 826	3. 66	3. 485	3. 3	3. 106	2. 903	2. 69	2. 467
30	3. 989	3. 838	3. 674	3. 502	3. 319	3. 127	2. 927	2. 716	2. 496
35	3. 998	3. 849	3. 688	3. 518	3. 339	3. 149	2. 951	2. 743	2. 525
40	4. 007	3. 861	3. 702	3. 535	3. 358	3. 171	2. 975	2. 77	2. 554
45	4. 015	3. 872	3. 716	3. 552	3. 377	3. 193	3	2. 796	2. 583
50	4. 024	3. 884	3. 73	3. 569	3. 396	3. 215	3. 024	2. 823	2. 612
55	4. 033	3. 895	3. 745	3. 585	3. 416	3. 236	3. 048	2. 85	2. 641
60	4. 042	3. 907	3. 759	3. 602	3. 435	3. 258	3. 072	2. 876	2. 67
65	4. 05	3. 918	3. 773	3. 619	3. 454	3. 28	3. 097	2. 903	2. 699
70	4. 059	3. 93	3. 787	3. 636	3. 474	3. 302	3. 121	2. 929	2. 728
75	4. 068	3. 941	3. 801	3. 653	3. 493	3. 324	3. 145	2. 956	2. 757
80	4. 077	3. 953	3. 816	3. 669	3. 512	3. 345	3. 169	2. 983	2. 786
85	4. 085	3. 964	3. 83	3. 686	3. 532	3. 367	3. 193	3. 009	2. 815
90	4. 094	3. 976	3. 844	3. 703	3. 551	3. 389	3. 218	3. 036	2. 844
95	4. 103	3. 987	3. 858	3. 72	3. 57	3. 411	3. 242	3. 063	2. 873
100	4. 112	3. 999	3. 872	3. 736	3. 59	3. 433	3. 266	3. 089	2. 902
105	4. 12	4. 01	3. 886	3. 753	3. 609	3. 454	3. 29	3. 116	2. 931
110	4. 129	4. 022	3. 901	3. 77	3. 628	3. 476	3. 315	3. 143	2. 96
115	4. 138	4. 033	3. 915	3. 787	3. 647	3. 498	3. 339	3. 169	2. 989
120	4. 147	4. 045	3. 929	3. 804	3. 667	3. 52	3. 363	3. 196	3. 018
125	4. 155	4. 056	3. 943	3. 82	3. 686	3. 542	3. 387	3. 223	3. 047

3.2.5.5 乙二醇水溶液导热系数

乙二醇水溶液作为重要的载冷剂，其物理性质对设备和系统的设计都十分重要，表3－7为乙二醇水溶液的导热系数和其浓度的关系（数据来源ASHRAE手册2005）。

表3－7 乙二醇水溶液的导热系数和其浓度的关系W/(m·K)

温度/℃	乙二醇水溶液体积浓度/%								
	10	20	30	40	50	60	70	80	90
－35					0.328	0.307	0.289	0.274	
－30					0.333	0.312	0.293	0.276	
－25					0.339	0.316	0.296	0.279	0.263
－20				0.371	0.344	0.321	0.3	0.281	0.265
－15				0.377	0.349	0.325	0.303	0.283	0.266
－10			0.415	0.383	0.354	0.329	0.306	0.286	0.268
－5		0.46	0.422	0.389	0.359	0.333	0.309	0.288	0.269
0	0.511	0.468	0.429	0.395	0.364	0.336	0.312	0.29	0.271
5	0.52	0.476	0.436	0.4	0.368	0.34	0.314	0.292	0.272
10	0.528	0.483	0.442	0.405	0.373	0.343	0.317	0.294	0.274
15	0.537	0.49	0.448	0.41	0.377	0.346	0.32	0.296	0.275
20	0.545	0.497	0.453	0.415	0.38	0.349	0.322	0.298	0.276
25	0.552	0.503	0.459	0.419	0.384	0.352	0.324	0.299	0.278
30	0.559	0.509	0.464	0.424	0.387	0.355	0.327	0.301	0.279
35	0.566	0.515	0.469	0.428	0.391	0.358	0.329	0.303	0.28
40	0.572	0.52	0.473	0.431	0.394	0.36	0.331	0.304	0.281
45	0.577	0.525	0.477	0.435	0.397	0.363	0.332	0.306	0.282
50	0.583	0.529	0.481	0.438	0.399	0.365	0.334	0.307	0.283

续表

温度/℃	乙二醇水溶液体积浓度/%								
	10	20	30	40	50	60	70	80	90
55	0.588	0.534	0.485	0.441	0.402	0.367	0.336	0.308	0.284
60	0.592	0.538	0.488	0.444	0.404	0.369	0.337	0.31	0.285
65	0.596	0.541	0.491	0.446	0.406	0.371	0.339	0.311	0.286
70	0.6	0.544	0.494	0.449	0.408	0.372	0.34	0.312	0.287
75	0.603	0.547	0.496	0.451	0.41	0.374	0.341	0.313	0.288
80	0.606	0.549	0.498	0.452	0.411	0.375	0.342	0.314	0.288
85	0.608	0.551	0.5	0.454	0.413	0.376	0.343	0.314	0.289
90	0.61	0.553	0.501	0.455	0.414	0.377	0.344	0.315	0.29
95	0.612	0.555	0.503	0.456	0.415	0.378	0.345	0.316	0.29
100	0.613	0.556	0.504	0.457	0.416	0.379	0.346	0.316	0.291
105	0.614	0.556	0.504	0.458	0.416	0.379	0.346	0.317	0.291
110	0.614	0.557	0.505	0.458	0.417	0.38	0.347	0.317	0.292
115	0.614	0.557	0.505	0.458	0.417	0.38	0.347	0.318	0.292
120	0.613	0.556	0.504	0.458	0.417	0.38	0.347	0.318	0.293
125	0.612	0.555	0.504	0.458	0.417	0.38	0.347	0.318	0.293

3.2.6 乙二醇的毒性

毒性：属低毒类。

急性毒性：LD_{50} 8.0～15.3g/kg（小鼠经口）；5.9～13.4g/kg（大鼠经口）；1.4mL/kg（人经口，致死）

亚急性和慢性毒性：大鼠吸入 12mg/m^3（连续多次）8 天后 2/15 只动物眼角膜混浊、失明；人吸入 40% 乙二醇混合物 9/28 人出现短暂昏厥；人吸入 40% 乙二醇混合物加热至 105℃ 反复吸入 14/38 人眼球震颤，5/38 人淋巴细胞增多。

危险特性：遇明火、高热或与氧化剂接触，有引起燃烧爆炸的危险。若遇高热，容器内压增大，有开裂和爆炸的危险。

燃烧(分解)产物：一氧化碳、二氧化碳、水。

3. 3 MPG 丙二醇

丙二醇有两种异构体：丙二醇，一般指 1，2 - 丙二醇 、和 1，3 - 丙二醇。1，2 - 丙二醇为一种化学试剂，与水、乙醇及多种有机溶剂混溶。丙二醇可用作不饱和聚酯树脂的原料。在化妆品、牙膏和香皂中可与甘油或山梨醇配合用作润湿剂。在染发剂中用作调湿、匀发剂，也用作防冻剂，还用于玻璃纸、增塑剂和制药工业。

3.3.1 1，2 - 丙二醇理化性质

中文名称：1，2 - 丙二醇；1，2 - 二羟基丙烷；丙二醇；α - 丙二醇

结构式：

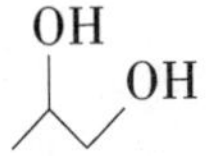

外观：无色黏稠稳定的吸水性液体，几乎无味无臭。

熔点：-60℃

沸点：187℃

闪点：99℃(闭杯)，107℃(开杯)

自燃温度：421. 1℃

密度：1. 036 g/mL (25℃)

蒸气相对密度：2. 62 (对空气)

蒸气压(20℃)：106Pa

折射率：n_D^{20} 1. 432

相对密度(水 =1)：1. 04

比热容(20 ℃)：2. 49kJ/(kg · ℃)

汽化热(101. 3kPa)：711kJ/kg。

溶解度：与水、乙醇及多种有机溶剂混溶。

爆炸极限：2.6%～12.6%（体积分数）

3.3.2 1，3－丙二醇理化性质

结构式：OH—⁄\⁄—OH

性能单位或条件指标

熔点：－27℃

沸点(101.3kPa)：214.0℃

闪点：80℃

蒸气压(20℃)：0.008kPa

相对密度 d_{20}：1.0554

折射率 n_D：1.4389

运动黏度：46m^2/s

爆炸极限：2.6%～12.6%（体积分数）

溶解性：与水、醇、醚及甲酰胺互溶，微溶于苯及氯仿中

安全性可燃，遇强氧化剂有着火危险

3.3.3 丙二醇水溶液的物理性质

3.3.3.1 丙二醇冰点和沸点

丙二醇水溶液因其无毒、无腐蚀等性质，在诸多领域作为载冷剂应用。其物理性质对设备和系统的设计都十分重要，表3－8为丙二醇水溶液的冰点和沸点与其浓度的关系（数据来源ASHRAE手册2005）。

表3－8 丙二醇水溶液的冰点和沸点与其浓度的关系

丙二醇浓度/%		冰点/℃	沸点(100.7kPa)/℃	丙二醇浓度		冰点/℃	沸点(100.7kPa)/℃
质量浓度	体积浓度			质量浓度	体积浓度		
0.0	0.0	0.0	100.0	50.0	49.9	－36.6	105.6
5.0	4.8	－1.6		51.0	50.9	－38.2	
10.0	9.6	－3.3		52.0	51.9	－39.8	
15.0	14.5	－5.1		53.0	53.0	－41.6	106.1

续表

丙二醇浓度/%		冰点/℃	沸点(100.7 kPa)/℃	丙二醇浓度		冰点/℃	沸点(100.7 kPa)/℃
质量浓度	体积浓度			质量浓度	体积浓度		
20.0	19.4	-7.1	100.6	54.0	54.0	-43.3	
21.0	20.4	-7.6		55.0	55.0	-45.2	
22.0	21.4	-8.0		56.0	56.0	-47.1	
23.0	22.4	-8.6		57.0	57.0	-49.0	106.7
24.0	23.4	-9.1		58.0	58.0	-51.1	
25.0	24.4	-9.6	101.1	59.0	59.0	-59.0	
26.0	25.3	-10.2		60.0	60.0		107.2
27.0	26.4	-10.8		65.0	65.0		108.3
28.0	27.4	-11.4	101.7	70.0	70.0		110.0
29.0	28.4	-12.0		75.0	75.0		113.9
30.0	29.4	-12.7	102.2	80.0	80.0		118.3
31.0	30.4	-13.4		85.0	85.0		125.0
32.0	31.4	-14.1		90.0	90.0		132.2
33.0	32.4	-15.6		95.0	95.0		154.4
34.0	33.5	-16.4					
35.0	34.4	-17.3	102.8				
36.0	35.5	-18.2					
37.0	36.5	-19.1					
38.0	37.5	-20.1	103.3				
39.0	38.5	-21.1					
40.0	39.5	-22.1	103.9				
41.0	40.5	-23.2					
42.0	41.5	-24.3					

续表

丙二醇浓度/%		冰点/℃	沸点(100.7 kPa)/℃	丙二醇浓度		冰点/℃	沸点(100.7 kPa)/℃
质量浓度	体积浓度			质量浓度	体积浓度		
43.0	42.5	-25.5					
44.0	43.7	-26.7					
45.0	44.7	-27.9	104.4				
46.0	45.7	-29.3					
47.0	46.8	-30.6					
48.0	47.8	-32.1	105.0				
49.0	48.9	-33.5					

3.3.3.2 丙二醇水溶液的密度

丙二醇水溶液因为其无毒、无腐蚀等性质，在诸多领域作为载冷剂应用。其物理性质对设备和系统的设计都十分重要，表3-9为丙二醇水溶液的密度与其浓度和温度的关系(数据来源ASHRAE手册2005)。

表3-9 丙二醇水溶液的密度与其浓度和温度的关系 kg/m³

温度/℃	丙二醇水溶液体积浓度/%								
	10	20	30	40	50	60	70	80	90
-35						1072.92	1079.67	1094.5	1092.46
-30						1071.31	1077.82	1090.85	1088.82
-25					1062.11	1069.58	1075.84	1087.18	1085.15
-20					1060.49	1067.72	1073.74	1083.49	1081.46
-15				1050.43	1058.73	1065.73	1071.51	1079.77	1077.74
-10			1039.42	1048.79	1056.85	1063.61	1069.16	1076.04	1074
-5		1027.24	1037.89	1047.02	1054.84	1061.37	1066.69	1072.27	1070.24
0	1013.85	1025.84	1036.24	1045.12	1052.71	1059	1064.09	1068.49	1066.46
5	1012.61	1024.32	1034.46	1043.09	1050.44	1056.5	1061.36	1064.68	1062.65

续表

温度/℃	丙二醇水溶液体积浓度/%								
	10	20	30	40	50	60	70	80	90
10	1011. 24	1022. 68	1032. 55	1040. 94	1048. 04	1053. 88	1058. 51	1060. 85	1058. 82
15	1009. 75	1020. 91	1030. 51	1038. 65	1045. 52	1051. 13	1055. 54	1057	1054. 96
20	1008. 13	1019. 01	1028. 35	1036. 24	1042. 87	1048. 25	1052. 44	1053. 12	1051. 09
25	1006. 4	1016. 99	1026. 06	1033. 7	1040. 09	1045. 24	1049. 22	1049. 22	1047. 19
30	1004. 54	1014. 84	1023. 64	1031. 03	1037. 18	1042. 11	1045. 87	1045. 3	1043. 26
35	1002. 56	1012. 56	1021. 09	1028. 23	1034. 15	1038. 85	1042. 4	1041. 35	1039. 32
40	1000. 46	1010. 16	1018. 42	1025. 3	1030. 98	1035. 47	1038. 81	1037. 38	1035. 35
45	998. 23	1007. 64	1015. 62	1022. 24	1027. 69	1031. 95	1035. 09	1033. 39	1031. 35
50	995. 88	1004. 99	1012. 69	1019. 06	1024. 27	1028. 32	1031. 25	1029. 37	1027. 34
55	993. 41	1002. 21	1009. 63	1015. 75	1020. 72	1024. 55	1027. 28	1025. 33	1023. 3
60	990. 82	999. 31	1006. 44	1012. 3	1017. 04	1020. 66	1023. 19	1021. 27	1019. 24
65	988. 11	996. 28	1003. 13	1008. 73	1013. 23	1016. 63	1018. 97	1017. 19	1015. 15
70	985. 27	993. 12	999. 69	1005. 03	1009. 3	1012. 49	1014. 63	1013. 08	1011. 04
75	982. 31	989. 85	996. 12	1001. 21	1005. 24	1008. 21	1010. 16	1008. 95	1006. 91
80	979. 23	986. 44	992. 42	997. 25	1001. 05	1003. 81	1005. 57	1004. 79	1002. 76
85	976. 03	982. 91	988. 6	993. 17	996. 73	999. 28	1000. 86	1000. 62	998. 58
90	972. 7	979. 25	984. 65	988. 95	992. 28	994. 63	996. 02	996. 41	994. 38
95	969. 25	975. 47	980. 57	984. 61	987. 7	989. 85	991. 06	992. 19	990. 16
100	965. 68	971. 56	976. 36	980. 14	983	984. 94	985. 97	987. 94	985. 91
105	961. 99	967. 53	972. 03	975. 54	978. 16	979. 9	980. 76	983. 68	981. 64
110	958. 17	963. 37	967. 56	970. 81	973. 2	974. 74	975. 42	979. 38	977. 35
115	954. 24	959. 09	962. 97	965. 95	968. 11	969. 45	969. 96	975. 07	973. 03
120	950. 18	954. 67	958. 26	960. 97	962. 89	964. 03	964. 38	970. 73	968. 69
125	945. 99	950. 14	953. 41	955. 86	957. 55	958. 49	958. 67	966. 37	964. 33

3.3.3.3 丙二醇水溶液的比热容

丙二醇水溶液因为其无毒、无腐蚀等性质，在诸多领域作为载冷剂应用。其物理性质对设备和系统的设计都十分重要，表 3－10 丙二醇水溶液的比热容与其浓度和温度的关系（数据来源 ASHRAE 手册 2005）。

表 3－10 丙二醇水溶液的比热容与其浓度和温度的关系 kJ/(kg·K)

温度/℃	丙二醇水溶液体积浓度/%								
	10	20	30	40	50	60	70	80	90
-35						3.096	2.843	2.572	2.264
-30						3.118	2.868	2.6	2.295
-25					3.358	3.14	2.893	2.627	2.326
-20					3.378	3.162	2.918	2.655	2.356
-15				3.586	3.397	3.184	2.943	2.683	2.387
-10			3.765	3.603	3.416	3.206	2.968	2.71	2.417
-5		3.918	3.779	3.619	3.435	3.228	2.993	2.738	2.448
0	4.042	3.929	3.793	3.636	3.455	3.25	3.018	2.766	2.478
5	4.05	3.94	3.807	3.652	3.474	3.272	3.042	2.793	2.509
10	4.058	3.951	3.82	3.669	3.493	3.295	3.067	2.821	2.539
15	4.067	3.962	3.834	3.685	3.513	3.317	3.092	2.849	2.57
20	4.075	3.973	3.848	3.702	3.532	3.339	3.117	2.876	2.6
25	4.083	3.983	3.862	3.718	3.551	3.361	3.142	2.904	2.631
30	4.091	3.994	3.875	3.735	3.57	3.383	3.167	2.931	2.661
35	4.099	4.005	3.889	3.751	3.59	3.405	3.192	2.959	2.692
40	4.107	4.016	3.903	3.768	3.609	3.427	3.217	2.987	2.723
45	4.115	4.027	3.917	3.784	3.628	3.449	3.242	3.014	2.753
50	4.123	4.038	3.93	3.801	3.648	3.471	3.266	3.042	2.784
55	4.131	4.049	3.944	3.817	3.667	3.493	3.291	3.07	2.814

续表

温度/℃	丙二醇水溶液体积浓度/%								
	10	20	30	40	50	60	70	80	90
60	4.139	4.06	3.958	3.834	3.686	3.515	3.316	3.097	2.845
65	4.147	4.071	3.972	3.85	3.706	3.537	3.341	3.125	2.875
70	4.155	4.082	3.985	3.867	3.725	3.559	3.366	3.153	2.906
75	4.163	4.093	3.999	3.883	3.744	3.581	3.391	3.18	2.936
80	4.171	4.104	4.013	3.9	3.763	3.603	3.416	3.208	2.967
85	4.179	4.115	4.027	3.916	3.783	3.625	3.441	3.236	2.997
90	4.187	4.126	4.04	3.933	3.802	3.647	3.465	3.263	3.028
95	4.195	4.136	4.054	3.949	3.821	3.67	3.49	3.291	3.058
100	4.203	4.147	4.068	3.966	3.841	3.692	3.515	3.319	3.089
105	4.211	4.158	4.082	3.982	3.86	3.714	3.54	3.346	3.119
110	4.219	4.169	4.095	3.999	3.879	3.736	3.565	3.374	3.15
115	4.227	4.18	4.109	4.015	3.898	3.758	3.59	3.402	3.181
120	4.235	4.191	4.123	4.032	3.918	3.78	3.615	3.429	3.211
125	4.243	4.202	4.137	4.049	3.937	3.802	3.64	3.457	3.242

3.3.3.4 丙二醇水溶液的导热系数

丙二醇水溶液因为其无毒、无腐蚀等性质，在诸多领域作为载冷剂应用。其物理性质对设备和系统的设计都十分重要，表3-11为丙二醇水溶液的导热系数与其浓度和温度的关系（数据来源 ASHRAE 手册 2005）。

表3-11 丙二醇水溶液的导热系数与其浓度和温度的关系 W/(m·K)

温度/℃	丙二醇水溶液体积浓度/%								
	10	20	30	40	50	60	70	80	90
-35						0.296	0.275	0.255	0.237
-30						0.3	0.277	0.256	0.237

续表

温度/℃	丙二醇水溶液体积浓度/%								
	10	20	30	40	50	60	70	80	90
-25					0.329	0.303	0.278	0.257	0.236
-20					0.334	0.306	0.28	0.257	0.236
-15				0.369	0.338	0.309	0.282	0.258	0.236
-10			0.41	0.375	0.342	0.312	0.284	0.259	0.235
-5		0.456	0.416	0.38	0.346	0.314	0.285	0.259	0.235
0	0.51	0.464	0.423	0.385	0.349	0.317	0.286	0.259	0.234
5	0.518	0.472	0.429	0.389	0.353	0.319	0.288	0.26	0.234
10	0.527	0.479	0.434	0.394	0.356	0.321	0.289	0.26	0.233
15	0.535	0.485	0.44	0.398	0.359	0.323	0.29	0.26	0.233
20	0.543	0.492	0.445	0.402	0.362	0.325	0.291	0.261	0.232
25	0.55	0.498	0.449	0.406	0.365	0.327	0.292	0.261	0.231
30	0.557	0.503	0.454	0.409	0.367	0.329	0.293	0.261	0.231
35	0.563	0.508	0.458	0.412	0.37	0.33	0.293	0.261	0.23
40	0.569	0.513	0.462	0.415	0.372	0.331	0.294	0.261	0.229
45	0.575	0.518	0.466	0.418	0.374	0.333	0.294	0.26	0.229
50	0.58	0.522	0.469	0.42	0.375	0.334	0.295	0.26	0.228
55	0.585	0.526	0.472	0.423	0.377	0.335	0.295	0.26	0.227
60	0.589	0.529	0.475	0.425	0.378	0.335	0.295	0.26	0.227
65	0.593	0.532	0.477	0.426	0.379	0.336	0.295	0.259	0.226
70	0.596	0.535	0.479	0.428	0.38	0.336	0.295	0.259	0.225
75	0.599	0.538	0.481	0.429	0.381	0.337	0.295	0.258	0.224
80	0.602	0.54	0.482	0.43	0.382	0.337	0.295	0.258	0.223
85	0.604	0.541	0.484	0.431	0.382	0.337	0.295	0.257	0.222
90	0.606	0.543	0.484	0.431	0.382	0.337	0.294	0.256	0.221

续表

温度/℃	丙二醇水溶液体积浓度/%								
	10	20	30	40	50	60	70	80	90
95	0.607	0.544	0.485	0.432	0.382	0.336	0.294	0.256	0.22
100	0.608	0.544	0.485	0.432	0.382	0.336	0.293	0.255	0.219
105	0.609	0.544	0.485	0.432	0.382	0.335	0.292	0.254	0.218
110	0.609	0.544	0.485	0.431	0.381	0.335	0.292	0.253	0.217
115	0.608	0.544	0.485	0.43	0.38	0.334	0.291	0.252	0.216
120	0.608	0.543	0.484	0.429	0.379	0.333	0.29	0.251	0.215
125	0.606	0.542	0.482	0.428	0.378	0.332	0.288	0.25	0.214

3.3.3.5 丙二醇水溶液的黏度

丙二醇水溶液因为其无毒、无腐蚀等性质，在诸多领域作为载冷剂应用。其物理性质对设备和系统的设计都十分重要，表3-12为丙二醇水溶液的黏度与其浓度和温度的关系(数据来源ASHRAE手册2005)。

表3-12 丙二醇水溶液的黏度与其浓度和温度的关系 mPa·s

温度/℃	丙二醇水溶液体积浓度/%								
	10	20	30	40	50	60	70	80	90
-35						524.01	916.18	1434.22	3813.29
-30						330.39	551.12	908.47	2071.34
-25					110.59	211.43	340.09	575.92	1176.09
-20					73.03	137.96	215.67	368.77	696.09
-15				33.22	49.7	92	140.62	239.86	428.19
-10			11.87	23.27	34.78	62.78	94.23	159.02	272.94
-5		4.98	9.08	16.75	24.99	43.84	64.83	107.64	179.78
0	2.68	4.05	7.08	12.37	18.4	31.32	45.74	74.45	122.03

续表

温度/℃	丙二醇水溶液体积浓度/%								
	10	20	30	40	50	60	70	80	90
5	2.23	3.34	5.61	9.35	13.85	22.87	33.04	52.63	85.15
10	1.89	2.79	4.52	7.22	10.65	17.05	24.41	37.99	60.93
15	1.63	2.36	3.69	5.69	8.34	12.96	18.41	28	44.62
20	1.42	2.02	3.06	4.57	6.65	10.04	14.15	21.04	33.38
25	1.25	1.74	2.57	3.73	5.39	7.91	11.08	16.1	25.45
30	1.11	1.52	2.18	3.09	4.43	6.34	8.81	12.55	19.76
35	0.99	1.34	1.88	2.6	3.69	5.15	7.12	9.94	15.6
40	0.89	1.18	1.63	2.21	3.11	4.25	5.84	7.99	12.49
45	0.81	1.06	1.43	1.91	2.65	3.55	4.85	6.52	10.15
50	0.73	0.95	1.26	1.66	2.29	3	4.08	5.39	8.35
55	0.67	0.86	1.13	1.47	1.99	2.57	3.46	4.51	6.95
60	0.62	0.78	1.01	1.3	1.75	2.22	2.98	3.82	5.85
65	0.57	0.71	0.91	1.17	1.55	1.93	2.58	3.28	4.97
70	0.53	0.66	0.83	1.06	1.38	1.7	2.26	2.83	4.26
75	0.49	0.6	0.76	0.96	1.24	1.51	1.99	2.47	3.69
80	0.46	0.56	0.7	0.88	1.12	1.35	1.77	2.18	3.22
85	0.43	0.52	0.65	0.81	1.02	1.22	1.59	1.94	2.83
90	0.4	0.49	0.61	0.75	0.93	1.1	1.43	1.73	2.5
95	0.38	0.45	0.57	0.7	0.86	1.01	1.3	1.56	2.23
100	0.35	0.43	0.53	0.66	0.79	0.92	1.18	1.42	2
105	0.33	0.4	0.5	0.62	0.74	0.85	1.08	1.29	1.8
110	0.32	0.38	0.47	0.59	0.69	0.79	1	1.19	1.63
115	0.3	0.36	0.45	0.56	0.64	0.74	0.93	1.09	1.48
120	0.28	0.34	0.43	0.53	0.6	0.69	0.86	1.02	1.35
125	0.27	0.32	0.41	0.51	0.57	0.65	0.8	0.95	1.24

3.3.3.6 乙二醇和丙二醇的一般特性

乙二醇和丙二醇是空调、工艺冷冻、食品等行业的中最常用的低温载冷剂，表3－13为其一般特性(数据来源ASHRAE手册2005)。

表3－13 乙二醇和丙二醇的一般特性

特性	乙二醇	丙二醇
相对分子质量	62.07	76.1
密度(20℃)/(kg/m^3)	1113	1036
沸点/℃		
101.3 kPa	198	187
6.67 kPa	123	116
1.33 kPa	89	85
蒸发压力(20℃)/Pa	6.7	9.3
冰点/℃	－12.7	－60
黏度/mPa·s		
0℃	57.4	243
20℃	20.9	60.5
40℃	9.5	18
折射率 n_D(20℃)	1.4319	1.4329
比热容(20℃)/kJ/(kg·K)	2.347	2.481
熔化热(－12.7℃)/(kJ/kg)	187	—
蒸发热(101.3 kPa)/(kJ/kg)	846	688
燃烧热(20℃)/(MJ/kg)	19.246	23.969

3.3.4 生产方法

3.3.4.1 环氧丙烷直接水合法

为加压非催化水解法。由环氧丙烷与水在150～160℃、0.78～0.98MPa压力下，直接水合制得，反应产物经蒸发、精馏，得成品。

(1)可由环氧丙烷水解而得：

$CH_3CHCH_2 + H_2O[H+] \longrightarrow CH_3CH(OH)CH_2OH$

(2)直接水合法

环氧丙烷与水按 1∶15 的摩尔比配料，在 150～200℃ 和 1.2～1.4MPa 下反应 30min，得到含丙二醇 16% 的水溶液，经蒸发精馏即得成品。

(3)催化水解法

反应在硫酸或盐酸催化下进行。在 10%～15% 的环氧丙烷水溶液中加入 0.5%～1.0% 的稀硫酸，在 50～70℃ 下水解；水解液经中和、减压浓缩、精制得成品。

3.3.4.2 环氧丙烷间接水合法

由环氧丙烷与水用硫酸作催化剂间接水合制得。其制备方法是环氧丙烷水解为丙二醇，可在液相中进行，工业上有催化法和无催化法。

催化法是在 0.5%～1% 硫酸存在下于 50～70℃ 进行水解。无催化法在高温加压(150～300℃，980～2940kPa)下进行，国内采用此法生产。

3.3.4.3 丙烯直接催化氧化法

由丙烯与氯水反应生成 1-氯-2-丙醇，再用碳酸钠溶液水解而得。

由丙烯氧化成环氧丙烷，再用盐酸水解而得。

3.3.5 产品用途

(1)用作树脂、增塑剂、表面活性剂、乳化剂和破乳剂的原料，也可用作防冻剂和热载体。

(2)用作气相色谱固定液、溶剂、抗冻剂、增塑剂及脱水剂。

(3)载体溶剂；湿润剂；保湿剂；抗结剂；抗氧化剂；组织改进剂；表面活性剂；稳定剂；增稠剂；面团调节剂；乳化剂；调味剂；赋形剂；加工助剂。GB 2760—2011 列为食品加工助剂。

3.3.6 毒理学

(1)毒性分级。低毒。

(2)急性毒性。口服——大鼠 LD_{50}：20000mg/kg；口服——小鼠 LC_{50}：32000mg/kg。

(3)刺激数据。眼睛——兔子 100mg 轻度

(4)属低毒类。毒性和刺激性都很小。有溶血性，不宜用于静脉注射。把它添加到食品和饮料中时，和乙二醇一样有引起肾脏障碍的危险。因此有些国家已禁止在食品工业中使用。

急性毒性经口。预计低毒性：小鼠 LD_{50} >2000mg/kg。

急性毒性经皮。预计低毒性：小鼠 LD_{50} >2000mg/kg。

急性毒性吸入。低毒性：LC_{50}高于接近饱和蒸汽浓度。

皮肤刺激或腐蚀。不刺激皮肤。

眼睛刺激或腐蚀。基本上不刺激眼睛。

呼吸/皮肤过敏。非皮肤敏化剂。

基因细胞突变性。无致突变性。

致癌性。在动物试验中没有显示具有致癌作用。

生殖毒性。非发育毒物，不会影响生育能力。

3.4 丙三醇

丙三醇是无色味甜澄明黏稠液体。无臭。有暖甜味。俗称甘油，能从空气中吸收潮气，也能吸收硫化氢、氰化氢和二氧化硫。对石蕊呈中性。长期放在0℃的低温处，能形成熔点为17.8℃有光泽的斜方晶体。遇强氧化剂如三氧化铬、氯酸钾、高锰酸钾能引起燃烧和爆炸。

能与水、乙醇任意混溶，1 份本品能溶于 11 份乙酸乙酯，约 500 份乙醚，不溶于苯、氯仿、四氯化碳、二硫化碳、石油醚和油类；相对密度 1.26362；熔点 17.8℃；沸点 290.0℃(分解)；折光率 1.4746；闪点(开杯)176℃。

半数致死量(大鼠，经口)>20mL/kg。丙三醇是甘油三酯

分子的骨架成分。当人体摄入食用脂肪时，其中的甘油三酯全被人体代谢。

丙三醇结构式 HO—CH₂—CH(OH)—CH₂—OH

3.4.1 理化性质

外观与性状：无色黏稠液体，无气味，有暖甜味，能吸潮

熔点：20℃

沸点：290.0℃

相对密度(水=1)：1.26331(20℃)

相对蒸气密度(空气=1)：3.1

黏度(20℃)：1412mPa·s (25℃)：945mPa·s

表面张力(20℃)：63.3 mN/m

饱和蒸气压(20℃)：0.4kPa

闪点(℃)：177

引燃温度(℃)：370

体积膨胀系数：0.000615

溶解性：可混溶于乙醇，与水混溶，不溶于氯仿、醚、二硫化碳、苯、油类。可溶解某些无机物

3.4.2 生产方法

甘油的工业生产方法可分为两大类：以天然油脂为原料的方法，所得甘油俗称天然甘油；以丙烯为原料的合成法，所得甘油俗称合成甘油。

3.4.2.1 天然甘油的生产

1984年以前，甘油全部从动植物脂制皂的副产物中回收。直到目前，天然油脂仍为生产甘油的主要原料，约42%的天然甘油得自制皂副产品，58%得自脂肪酸生产。制皂工业中油脂的皂化反应产物分成两层：上层主要是含脂肪酸钠盐(肥皂)及少量甘油，下层是废碱液，为含有盐类，氢氧化钠的甘油稀溶液，一般含甘油9%~16%，无机盐8%~20%。油脂反应。油

脂水解得到的甘油水(也称甜水)，其甘油含量比制皂废液高，约为14%～20%，无机盐0%～0.2%。近年来已普遍采用连续高压水解法，反应不使用催化剂，所得甜水中一般不含无机酸，净化方法比废碱液简单。无论是制皂废液，还是油脂水解得到的甘油水所含的甘油量都不高，而且都含有各种杂质，天然甘油的生产过程包括净化、浓缩得到粗甘油，以及粗甘油蒸馏、脱色、脱臭的精制过程。

3.4.2.2 合成甘油的生产

丙烯合成甘油的生产方法可归纳为两大类，即氯化和氧化。现在工业上仍在使用丙烯氯化法和丙烯乙酸氧化法。

(1)丙烯氯化法。这是合成甘油中最重要的生产方法，共包括四个步骤：丙烯高温氯化、氯丙烯次氯酸化、二氯丙醇皂化以及环氧氯丙烷的水解。环氧氯丙烷水解制甘油是在150℃、1.37MPa二氧化碳压力下，在10%氢氧化钠和1%碳酸钠的水溶液中进行，生成甘油含量为5%～20%的含氯化钠的甘油水溶液，经浓缩、脱盐、蒸馏，得纯度为98%以上的甘油。

(2)丙烯过乙酸氧化法。丙烯与过乙酸作用合成环氧丙烷，环氧丙烷异构化为烯丙醇。后者再与过乙酸反应生成环氧丙醇(即缩水甘油)，最后水解为甘油。过乙酸的生产不需要催化剂，乙醛与氧气气相氧化，在常压、150～160℃、接触时间24s的条件下，乙醛转化率11%，过乙酸选择性83%。上述后两步反应在特殊结构的反应精馏塔中连续进行。原料烯丙醇和含有过乙酸的乙酸乙酯溶液送入塔后，塔釜控制在60～70℃、13～20kPa。塔顶蒸出乙酸乙酯溶剂和水，塔釜得至甘油水溶液。此法选择性和收率均较高，采用过乙酸为氧化剂，可不用催化剂，反应速度较快，简化了流程。生产1t甘油消耗烯丙醇1.001t，过乙酸1.184t，副产乙酸0.947t。目前，天然甘油和合成甘油的产量几乎各占50%，而丙烯氯化法约占合志甘油产量的80%。我国天然甘油占总产量90%以上。

3.4.3 工业用途

(1)用作制造硝化甘油、醇酸树脂和环氧树脂。

(2)用以制取各种制剂、溶剂、吸湿剂、防冻剂和甜味剂，配剂外用软膏或栓剂等。

(3)在涂料工业中用以制取各种醇酸树脂、聚酯树脂、缩水甘油醚和环氧树脂等。

(4)纺织和印染工业中用以制取润滑剂、吸湿剂、织物防皱缩处理剂、扩散剂和渗透剂。

(5)在食品工业中用作甜味剂、烟草剂的吸湿剂和溶剂。

(6)在造纸、化妆品、制革、照相、印刷、金属加工、电工材料和橡胶等工业中都有着广泛的用途。

(7)并用作汽车和飞机燃料以及油田的防冻剂。

3.4.4 甘油的副作用

需要指出的是，由于甘油的保水作用，它可以增加血容量，以致引起头晕、恶心等症状。这些症状在妊娠、高血压、糖尿病、肾病等血容量或血压本身就比较高的情况下，就更加明显。

3.4.5 储存注意事项

储存于阴凉、通风的库房。远离火种、热源。应与氧化剂、酸类分开存放，切忌混储。配备相应品种和数量的消防器材。储区应备有泄漏应急处理设备和合适的收容材料。

3.5 二甲亚砜

二甲基亚砜(Dimethyl sulfoxide 或 DMSO)，无色液体，重要的极性非质子溶剂。它可与许多有机溶剂及水互溶。二甲基亚砜具有极易渗透皮肤的特殊性质，造成使用人员感觉类似牡蛎般的味道。

3.5.1 理化性质

结构简式：$(CH_3)_2$—S—O

$$
\begin{array}{c}
\quad\ \ O \\
\quad\ \ \| \\
H_3C—S—CH_3
\end{array}
$$

分子式：C_2H_6OS

相对分子质量：78.12

性状：无色黏稠透明油状液体或结晶体。具弱碱性，几乎无臭，稍带苦味，常用的有机溶剂。

密度(20/4℃)：1.100g/mL

相对蒸气密度(空气=1)：2.7g/mL

熔点：18.45℃

沸点(常压)：189℃

折射率(25℃)：1.4795

黏度(mPa·s)：1.987(25℃)；2.2(20℃)；1.290(50℃)

闪点(开口)：95℃

燃点：87℃

蒸发热(25℃)：52.92kJ/mol

熔化热：13.94kJ/mol

生成热：-197.66kJ/mol

燃烧热(定容)：1793.16kJ/mol

比热容(25℃，定压)：1.95kJ/(kg·K)

电导率(20℃)：3×10^{-8}S/m

蒸气压(20℃)：0.049kPa

蒸气压(30℃)：0.101kPa

蒸气压(47.4℃)：0.376kPa

蒸气压(56.6℃)：0.681kPa

爆炸下限：2.6%(体积分数)

爆炸上限：28.5%(体积分数)

体膨胀系数(K-1)：0.00088

溶解性：可与水以任意比例混合，除石油醚外，可溶解一般有机溶剂。在20℃时能吸收氯化氢30%(质量分数)、二氧化氮30%（质量分数）、二氧化硫65%（质量分数），不溶于除乙炔外的脂肪烃化合物。对多种化合物有溶解能力。溶于水、乙二醇、丙酮、苯、烃类氯化物、乙二醇的酯等。

3.5.2 毒理学数据

属微毒类，大鼠经口 LD_{50} 为18g/kg。但对人体皮肤有渗透性，对眼有刺激作用。

DMSO 也是一种渗透性保护剂，能够降低细胞冰点，减少冰晶的形成，减轻自由基对细胞损害，改变生物膜对电解质、药物、毒物和代谢产物的通透性。DMSO 存在一定的毒性作用，与蛋白质疏水基团发生作用，导致蛋白质变性，具有血管毒性和肝肾毒性。用的时候要避免其挥发，要准备1%～5%的氨水备用，皮肤沾上之后要用大量的水洗以及稀氨水洗涤。最为常见的为恶心、呕吐、皮疹及在皮肤和呼出的气体中发出大蒜、洋葱、牡蛎味。

吸入：高挥发浓度可能导致头痛，晕眩和镇静。

皮肤：能够灼伤皮肤并使皮肤有刺痛感，如同所见的皮疹及水泡一样。若二甲基亚砜与含水的皮肤接触会产生热反应。要避免接触含有毒性原料或物质的二甲基亚砜溶液，因其毒性不为人所知，而二甲基亚砜却可能会渗入肌肤，在一定条件下会将有毒物质代入肌肤。

吸收：吸收危险性很低。

3.5.3 用途

二甲基亚砜是一种既溶于水又溶于有机溶剂的极为重要的非质子极性溶剂。广泛用作溶剂和反应试剂，具有很高的选择抽提能力。

3.5.4 合成方法

二甲基亚砜一般采用二甲硫醚氧化法制得，由于所用的氧化剂和氧化方式不同，因而有不同的生产工艺。

（1）甲醇二硫化碳法。甲醇和二硫化碳为原料，以 $\gamma-Al_2O_3$

作催化剂，先合成二甲基硫醚，再与二氧化氮(或硝酸)氧化得二甲基亚砜。

(2)双氧水法。以丙酮作缓冲介质，使二甲硫醚与双氧水反应。用该法生产二甲基亚砜成本较高，不适于大规模生产。

(3)二氧化氮法。以甲醇和硫化氢在 γ－氧化铝作用下生成二甲基硫醚；硫酸与亚硝酸钠反应生成二氧化氮；二甲基硫醚再与二氧化氮在 60～80℃进行气液相氧化反应生成粗二甲基亚砜，也有直接用氧气进行氧化，同样生成粗二甲基亚砜，然后经减压蒸馏，精制得二甲基亚砜成品。此法是较为先进的生产方法。

(4)硫酸二甲酯法。用硫酸二甲酯与硫化钠反应，制得二甲基硫醚；硫酸与亚硝酸钠反应生成二氧化氮；二甲基硫醚与二氧化氮氧化得粗二甲基亚砜，再经中和处理，蒸馏后得精二甲基亚砜。此外，用阳极氧化的方法由二甲硫醚生产二甲基亚砜。

精制方法：将二甲亚砜减压蒸馏后，加入氧化铝放置一夜，用高 50cm，填有陶制鞍形填料的蒸馏塔，于 266.6～399.9Pa、50℃进行减压蒸馏，收集中间馏分。或将二甲亚砜与 CaH_2 一起加热一日，减压蒸馏后用分子筛干燥，在氮气流下再进行减压蒸馏。也可以分步结晶精制。

(5)将二甲硫醚(由硫酸二甲酯与硫化钠反应制得)与二氧化氮(由硫酸与亚硝酸钠反应制得)在 60～80℃进行气液相氧化反应制得二甲基亚砜粗品，然后减压蒸馏、采用分子筛脱水后再减压精馏，即得成品二甲基亚砜。主要反应式为：

(6)以丙酮作为缓冲介质，加入相等物质的量的二甲硫醚和双氧水，搅拌反应，维持温度 20℃，反应结束后，直接减压蒸馏即可得纯度较高的二甲基亚砜。

3.6 二乙二醇

二乙二醇又名二甘醇，外观为无色透明、无机械杂质的液体。主要用作溶剂，还可作树脂的增塑剂、烟草防干剂、纤维润滑剂和天然气的干燥剂等。

3.6.1 理化特性

外观性状：无色、无臭、开始味甜回味苦的黏稠液体，具有吸湿性。

熔点：－8.0℃

相对密度(水=1)：1.12(20℃)

沸点：245.8℃

相对蒸气密度(空气=1)：3.66

分子式：$C_4H_{10}O_3$

相对分子质量：106.12

饱和蒸气压：0.13kPa(91.8℃)

闪点：124℃

引燃温度：228℃

溶解性：与水混溶，不溶于苯、甲苯、四氯化碳

3.6.2 主要用途

用作人造丝的软化剂和烟草的湿润剂，还是某些化工产品的中间体，也用作汽车发动机防冻剂、刹车油等

3.6.3 健康危害

未见本品引起职业中毒的报道。口服引起恶心、呕吐、腹痛、腹泻及肝、肾损害，可致死。尸检发现主要损害肾脏、肝脏。

急救措施如下：

皮肤接触：脱去污染的衣服，用大量流动清水冲洗。

眼睛接触：提起眼睑，用流动清水或生理盐水冲洗。就医。

吸入：脱离现场至空气新鲜处。如呼吸困难，给输氧。就医。

食入：饮足量温水，催吐。洗胃，导泄。就医。

消防措施

危险特性：遇明火、高热可燃。

有害燃烧产物：一氧化碳。

3.6.4 毒理学

急性毒性：LD_{50}：16600mg/kg(大鼠经口)；26500mg/kg(小鼠经口)；11900mg/kg(兔经皮注射)。

刺激性：人经皮：112mg/3 天(间歇)，轻度刺激。家兔经眼：50mg，轻度刺激。

3.7 二丙二醇

又名：一缩二丙二醇、二(2－羟丙基)醚、双丙甘醇，英文名：Dipropylene glycol；Oxydipropanol，DPG

分子式(Formula)：$C_6H_{14}O_3$

相对分子质量(Molecular Weight)：134.17

3.7.1 理化性质

性状：二丙二醇是一种高纯度产品，适用于香精香料和化妆品等对气味比较敏感的用途。它是一种无嗅、无色、水溶性和吸湿性液体。二丙二醇的蒸气压较低，黏度中等。

化学性质：能发生酯化，醚化，缩醛化，卤化等反应.

沸点(101.3 kPa)：295℃

熔点：约－40℃

相对密度(20℃)：1.0252

黏度(20℃)：107mPa·s

表面张力(25℃)：32.0mN/m

闪点：118℃

毒性：微毒。大鼠经口 LD_{50} = 14.85mL/kg. 不经皮肤吸收

质量指标

外观：它是一种无嗅、无色、水溶性和吸湿性液体。有甜味

含量：≥99.50%

包装：215kg/桶

3.7.2 用途

(1)二丙二醇是诸多香精香料和化妆品应用最理想的溶剂。

(2)二丙二醇还可在多种不同美容化妆品应用中作为偶联剂和保湿剂。

(3)二丙二醇还可用于生产不饱和树脂及饱和树脂。

3.8 缓冲剂

3.8.1 一般概念

化学工程中的缓冲剂常称为酸碱稳定剂，一般是盐类，如强酸弱碱或弱酸强碱盐类，在反应或保存中逐渐释出盐中的酸或碱以保持稳定的酸碱值。缓冲溶液是无机化学及分析化学中的重要概念，缓冲溶液的 pH 值在一定的范围内不因稀释或外加少量的酸或碱而发生显著的变化，缓冲溶液依据共轭酸碱对及其物质的量不同而具有不同的 pH 值和缓冲容量。

缓冲体系由弱酸和它的盐(如 HAc——NaAc)、弱碱和它的盐($NH_3 \cdot H_2O$——NH_4Cl)、多元弱酸的酸式盐及其对应的次级盐(如 NaH_2PO_4——Na_2HPO_4)的水溶液组成。

只要知道缓冲对的 pK 值，和要配制的缓冲液的 pH 值(及要求的缓冲液总浓度)，就能按公式计算[盐]和[酸]的量。这个算法涉及对数换算，较麻烦，前人为减少后人的计算麻烦，已为我们总结出 pH 值与缓冲液对离子用量的关系并列出了表格。只要我们知道要配制的缓冲液的 pH，经查表便可计算出所用缓冲剂的比例和用量。

设缓冲系统的弱酸的电离常数为 K_a(平衡常数)，平衡时弱酸的浓度为[酸]，弱酸盐的浓度为[盐]，则由弱酸的电离平衡式可得下式:

$[H^+] = K_a\{[弱酸]/[共轭碱]\}$

$pH = pK_a + \lg\{[共轭碱]/[弱酸]\}$

这就是 Henderson - Hasselbach 等式。

如果[弱酸] = [共轭碱]，则 $pH = pK_a$

根据此式可得出下列几点结论:

(1)缓冲液的 pH 值与该酸的电离平衡常数 K_a 及盐和酸的浓

度有关。弱酸的 pK_a 值衡定，但酸和盐的比例不同时，就会得到不同的 pH 值。酸和盐浓度相等时，溶液的 pH 值与 pK_a 值相同。

(2)酸和盐浓度等比例增减时，溶液的 pH 值不变。

(3)酸和盐浓度相等时，缓冲液的缓冲效率为最高，比例相差越大，缓冲效率越低，缓冲液的一般有效缓冲范围为 $pH = pK_a \pm 1$，$pOH = pK_b \pm 1$。

3.8.2 缓冲作用原理

当往某些溶液中加入一定量的酸和碱时，有阻碍溶液 pH 变化的作用，称为缓冲作用。由弱酸 HA 及其盐 NaA 所组成的缓冲溶液对酸的缓冲作用，是由于溶液中存在足够量的碱 A^- 的缘故。当向这种溶液中加入一定量的强酸时，H 离子基本上被 A^- 离子消耗：所以溶液的 pH 值几乎不变；当加入一定量强碱时，溶液中存在的弱酸 HA 消耗 OH^- 离子而阻碍 pH 的变化。

3.8.3 缓冲溶液的缓冲能力

在缓冲溶液中加入少量强酸或强碱，其溶液 pH 值变化不大，但若加入酸，碱的量多时，缓冲溶液就失去了它的缓冲作用。这说明它的缓冲能力是有一定限度的。缓冲溶液的缓冲能力与组成缓冲溶液的组分浓度有关。0.1mol/LHAc 和 0.1mol/LNaAc 组成的缓冲溶液，比 0.01mol/LHAc 和 0.01mol/LNaAc 的缓冲溶液缓冲能力大。关于这一点通过计算便可证实。但缓冲溶液组分的浓度不能太大，否则，不能忽视离子间的作用。组成缓冲溶液的两组分的比值当 c(盐)/c(酸)为 1∶1 时 ΔpH 最小，此时缓冲能力大。缓冲组分的比值离 1∶1 愈远，缓冲能力愈小，甚至不能起缓冲作用。对于任何缓冲体系，存在有效缓冲范围，这个范围大致在 $pK_a\phi$(或 $pK_b\phi$)两侧各一个 pH 单位之内。弱酸及其盐(弱酸及其共轭碱)体系 $pH = pK_a\phi \pm 1$ 弱碱及其盐(弱碱及其共轭酸)体系 $pOH = pK_b\phi \pm 1$ 例如 HAc 的 $pK_a\phi$ 为 4.76，所以用 HAc 和 NaAc 适宜于配制 pH 为 3.76～5.76 的缓冲溶液，在这个范围内有较大的缓冲作用。配制 pH =4.76 的缓冲溶液时缓冲能力最大，此时 $c(HAc)/c(NaAc)=1$。

3.8.4 缓冲溶液的配制和应用

为了配制一定 pH 的缓冲溶液，首先选定一个弱酸，它的 $pK_a\phi$ 尽可能接近所需配制的缓冲溶液的 pH 值，然后计算酸与碱的浓度比，根据此浓度比便可配制所需缓冲溶液。以上主要以弱酸及其盐组成的缓冲溶液为例说明它的作用原理、pH 计算和配制方法。对于弱碱及其盐组成的缓冲溶液可采用相同的方法。

常用的缓冲系主要有磷酸、硼酸、柠檬酸、碳酸、醋酸、巴比妥酸、三羟甲基氨基甲烷等。

3.8.5 发动机冷却液的缓冲性能

发动机冷却系统中的主要金属在水溶液中适当的 pH 值范围内，会很好的钝化，腐蚀被抑制：

铝：最佳保护的 pH 值范围4 ~8.5

铜：有效钝化的 pH 范围7 ~12.5

铁：最佳保护的 pH 值范围8.5 ~12.5

铅/焊锡：最佳保护的 pH 值范围 7.5 ~9.5

发动机冷却液在发动机中长期使用，受到发动机内部高温作用，乙二醇或者丙二醇等防冻剂会氧化，生成酸性物质，冷却液也会吸收发动机燃料燃烧生成的酸性气体，以及发动机可能存在的酸性洗液等酸性物质，因此发动机冷却液必须具备足够的缓冲能力，发动机冷却液的 pH 值才能长期维持在合适的范围，对金属的腐蚀抑制能力才能保持。

发动机冷却液的储备碱度表征了冷却液的缓冲性能。储备碱度是指滴定 10mL 冷却液浓缩液至 pH 值 =5.5、用掉的以 0.1mol/L 盐酸计算的数值。选择腐蚀抑制体系，不仅要考虑对金属腐蚀抑制的性能，也要考虑到体系具备足够的缓冲能力，确保体系在尽可能长的时间内，维持与新冷却液一样优化的 pH 值。

欧美汽车公司要求的冷却液的 pH 值在 7.5 ~9.5 范围，储备碱度在 8 以上。有些汽车公司对于储备碱度的要求非常高，以保证长寿命冷却液的使用要求。

3.9 缓蚀剂

缓蚀剂是以适当的浓度和形式存在于环境(介质)中时，可以防止或减缓材料腐蚀的化学物质或复合物。缓蚀剂也可以称为腐蚀抑制剂。它的用量很小(0.1% ~1%)，但效果显著。缓蚀剂用于中性介质(锅炉用水、循环冷却水)、酸性介质(除锅垢的盐酸，电镀前镀件除锈用的酸浸溶液)和气体介质(气相缓蚀剂)。

3.9.1 常见类型

可分为无机缓蚀剂、有机缓蚀剂、聚合物类缓蚀剂。

3.9.1.1 无机缓蚀剂

无机缓蚀剂主要包括铬酸盐、亚硝酸盐、硅酸盐、钼酸盐、钨酸盐、聚磷酸盐、锌盐等。

3.9.1.2 有机缓蚀剂

有机缓蚀剂主要包括膦酸(盐)、膦羧酸、琉基苯并噻唑、苯并三唑、磺化木质素，有机羧酸盐等。

3.9.1.3 聚合物类缓蚀剂

聚合物类缓蚀剂主要包括聚乙烯类、POCA、聚天冬氨酸等一些低聚物的高分子化学物。

按照缓蚀剂的控制部位分为阳极型缓蚀剂、阴极型缓蚀剂和混合型缓蚀剂。

(1)阳极型缓蚀剂。阳极型缓蚀剂多为无机强氧化剂，如铬酸盐、钼酸盐、钨酸盐、钒酸盐、亚硝酸盐、硼酸盐等。它们的作用是在金属表面阳极区与金属离子作用，生成氧化物或氢氧化物氧化膜覆盖在阳极上形成保护膜。这样就抑制了金属向水中溶解。阳极反应被控制，阳极被钝化。硅酸盐也可归到此类，通过抑制腐蚀反应的阳极过程来缓蚀的。

阳极型缓蚀剂要求有较高的浓度，以使全部阳极都被钝化，一旦剂量不足，将在未被钝化的部位造成点蚀。

(2)阴极型缓蚀剂。抑制电化学阴极反应的化学药剂，称为阴极型缓蚀剂。

锌的碳酸盐、磷酸盐和氢氧化物，钙的碳酸盐和磷酸盐为阴极型缓蚀剂。阴极型缓蚀剂能与水中、与金属表面的阴极区反应，其反应产物在阴极沉积成膜，随着膜的增厚，阴极释放电子的反应被阻挡。在实际应用中，由于钙离子、碳酸根离子和氢氧根离子在水中是天然存在的，所以只需向水中加入可溶性锌盐或可溶性磷酸盐。

(3)混合型缓蚀剂。某些含氮、含硫或羟基的、具有表面活性的有机缓蚀剂，其分子中有两种性质相反的极性基团，能吸附在清洁的金属表面形成单分子膜，它们既能在阳极成膜，也能在阴极成膜。阻止水与水中溶解氧向金属表面的扩散，起了缓蚀作用，巯基苯并噻唑、苯并三唑、十六烷胺等属于此类缓蚀剂。

3.9.2 保护膜类

除了中和性能的水处理剂，大部分水处理用的缓蚀剂的缓蚀机理是在与水接触的金属表面形成一层将金属和水隔离的金属保护膜，以达到缓蚀目的。根据缓蚀剂形成的保护膜的类型，缓蚀剂可分为氧化膜型、沉积膜型和吸附膜型缓蚀剂。

3.9.2.1 氧化膜型缓蚀剂

铬酸盐、亚硝酸盐、钼酸盐、钨酸盐、钒酸盐、正磷酸盐、硼酸盐等均被看作氧化膜型缓蚀剂。铬酸盐和亚硝酸盐都是强氧化剂，无需水中溶解氧的帮助即能与金属反应，在金属表面阳极区形成一层致密的氧化膜。其余的几种，或因本身氧化能力弱，或因本身并非氧化剂，都需要氧的帮助才能在金属表面形成氧化膜。由于这些氧化膜型缓蚀剂是通过阻抑腐蚀反应的阳极过程来达到缓蚀目的，这些阳极缓蚀剂能在阳极与金属离子作用形成氧化物或氯氧化物。沉积覆盖在阳极上形成保护膜，以铬酸盐为例，它在阳极反应形成 $Cr(OH)_3$ 和 $Fe(OH)_3$，脱水后成为 CrO_3 和 Fe_2O_3 的混合物(主要是 $\gamma - Fe_2O_3$)在阳极构成保护膜。因此有时又被称作阳极型缓蚀剂或危险型缓蚀剂，因为它们一旦剂量不足(单独缓蚀时，处理1L水，所需剂量往往高达几百、甚至过千毫克)就会造成点蚀，使本来不太严重的腐蚀问题，反而变得更加严重。氯离子、高温及高的水流速都会破坏氧化膜，故在应用时，要根据工艺条件，适当改变缓蚀剂的浓度。硅酸盐也可粗略地归到这一类里来，因为它也是通过阻抑腐蚀反应的阳极过程来达到缓蚀的。但是，它不是通过与金属铁本身，而可能是由二氧化硅与铁的腐蚀产物相互作用，以吸附机制来成膜的。

3.9.2.2 沉淀膜型缓蚀剂

锌的碳酸盐、磷酸盐和氢氧化物，钙的碳酸盐和磷酸盐是最常见的沉淀膜型缓蚀剂。由于它们是由锌、钙阳离子与碳酸根、磷酸根和氢氧根阴离子在水中、于金属表面的阴极区反应而沉积成膜，所以又被称作阴极型缓蚀剂。阴极缓蚀剂能与水中有关离子反应，反应产物在阴极沉积成膜；以锌盐为例，它在阴极部位产生 $Zn(OH)_2$ 沉淀，起保护膜的作用。锌盐与其他缓蚀剂复合使用可起增效作用，在有正磷酸盐存在时，则有 $Zn_3(PO_4)_2$ 或 $(Zn, Fe)_3(PO_4)_2$ 沉淀出来并紧紧粘附于金属表面，缓蚀效果更好。在实际应用中，由于钙离子、碳酸根和氢氧根在水中是天然地存在的，一般只需向水中加入可溶性锌盐(例如：硝酸锌、硫酸锌或氯化锌，提供锌离子)或可溶性磷酸盐(例如：正磷酸钠或可水解为正磷酸钠的聚合磷酸钠，提供磷酸根)，因此，通常就把这些可溶性锌盐和可溶性磷酸盐叫作沉积膜型缓蚀剂或阴极型缓蚀剂。这样，可溶性磷酸盐(包括聚合磷酸盐)就既是氧化膜型缓蚀剂，又是沉积膜型缓蚀剂。另外，一些含磷的有机化合物，如有机磷酸(盐)、有机磷酸酯和有机磷羧酸，也可归到这类缓蚀剂中，大约与其最终能水解为正磷酸盐不无关系。由于沉淀型缓蚀膜没有和金属表面直接结合，而且是多孔的，往往出现在金属表面附着不好的现象，缓蚀效果不如氧化型膜。

3.9.2.3 吸附膜型缓蚀剂

吸附膜型缓蚀剂多为有机缓蚀剂，它们具有极性基因，可被金属的表面电荷吸附，在整个阳极和阴极区域形成一层单分子膜，从而阻止或减缓相应电化学的反应。如某些含氮、含硫或含羟基的、具有表面活性的有机化合物，其分子中有两种性质相反的基团；亲水基和亲油基。这些化合物的分子以亲水基(例如，氨基)吸附于金属表面上，形成一层致密的憎水膜，保护金属表面不受水腐蚀。牛脂胺、十六烷胺和十八烷胺等这些被称作"膜胺"的胺类，就是水处理中常见的吸附膜型缓蚀剂。巯基苯并噻唑、苯并三唑和甲基苯并三唑这些唑类，是有色金属(尤其是铜)的理想缓蚀剂。它们虽然与铜金属本身作用成膜，但与上述典型的氧化膜型缓蚀剂不同，不是通过氧化，而是通过与金属表面的铜离子形成络合物，以化学吸附成膜的。当金属表面为清洁或活性状态时，此类缓蚀剂能形成缓蚀效果令人满意的吸附膜。但如果金属表面有腐蚀产物或有垢沉积的情况下，就很难形成效果良好的缓蚀膜，此时可适当加入少量表面活性剂，以帮助此类缓蚀剂成膜。

由于缓蚀剂的缓蚀机理在于成膜，故迅速在金属表面上形成一层密而实的膜，乃获得缓蚀成功之关键。水中缓蚀剂的浓度应该足够高，等膜形成后，再降至只对膜的破损起修补作用的浓度。

若单就对碳钢的缓蚀效果而言，铬酸盐，尤其是配合以聚磷酸盐和锌盐的铬酸盐，至今仍然是循环冷却水处理缓蚀剂中最为理想者。美国在相当程度上仍在应用着它。应用时，一般将水的 pH 值控制为微酸性，以阻抑致垢盐结垢。但铬酸盐(六价的)有毒，虽然它对循环冷却水中的菌、藻等有害微生物有杀灭作用，但对环境造成污染。因此，在世界范围内已逐渐为(聚)磷酸盐所取代。这标志着循环冷却水碱性处理时代的开始。这一概念就是对水的 pH 值不再着意控制，而是听其自然。水中致垢盐的结垢问题则依靠有机磷酸(盐)和聚丙烯酸(盐)等这些高效阻垢剂、分散剂来解决。但是，磷酸盐是水中微生物的营养源，它的排放会造成水体富营养化，结果，从另一方面对环境造成污染。于是，在不允许使用铬酸盐和(聚)磷酸盐的地方，其他几类缓蚀剂得到了应用机会。但是，钼酸盐等应用成本高；亚硝酸盐不宜作敞开式循环冷却水系统的缓蚀剂，除非有特效杀生剂控制住能使它分解失效的微生物；硅酸盐缓蚀效果差(由于成膜时间长，有时，在金属表面形成一层较完整的膜，需2~3个星期)，而且，一旦有垢产生，就很难去掉；锌盐中的锌与铬一样，也是重金属，也对水体中的生物造成威胁。因此，人们对含磷量较少的有机缓蚀剂的开发和应用，表现出浓厚的兴趣，进而导致了“全有机配方”水处理剂的上市。不过，迄今为止，在缓蚀剂的开发和应用上，还没有出现像过去由使用聚磷酸盐转为使用铬酸盐，或由使用铬酸盐复转为使用聚磷酸盐那样的突破性的进展。用“全有机配方”缓蚀剂，水的腐蚀条件不能太苛刻，否则，必须以无机缓蚀剂予以补救。

3.9.3 发动机冷却液中的主要缓蚀剂及作用

表3－14给出了发动机冷却液中用到的主要缓蚀剂及作用。

3.9.3.1 苯并三氮唑 BTA

铜银缓蚀剂 BTA 可以吸附在金属表面形成一层很薄的膜，保护铜及其它金属免受大气及有害介质的腐蚀；铜缓蚀剂 BTA 在循环冷却水系统中可与多种阻垢剂、杀菌灭藻剂配合使用，对循环冷却水系统缓蚀效果良好，在循环水中用量为2~4mg/L。BTA 也可以作为铜银的防变色剂、汽车冷却液、润滑油添加剂。

3.9.3.2 巯基苯并噻唑 MBT

别名：水溶性巯基苯并噻唑

铜缓蚀剂 MBT 可以作为循环冷却水系统中的铜缓蚀剂。铜缓蚀剂 MBT 缓蚀作用主要依靠和金属铜表面上的活性铜原子或铜离子产生一种化学吸附作用；或进而发生螯合作用从而形成一层致密而牢固的保护膜，使铜材设备得到良好的保护，使用量一般为4mg/L，MBT 也可以用作增塑剂、酸性镀铜光度剂等使用。

表 3－14　主要缓蚀剂及作用

缓蚀剂	化学结构	适合金属	PH 值	作用原理	优点	缺点	应用前景
硼砂	十个结晶水的四硼酸钠	锌、钢	8～9.5	在金属表面形成一层氧化膜	价格便宜、易得	促进铝合金传热腐蚀，有毒	一些冷却液中限制使用
磷酸盐	磷酸氢钠，磷酸钠	铝，钢，铁	可作缓蚀剂	在金属表面形成У－氧化膜	便宜，易得，有缓冲能力	易与水中钙镁离子反应生成水垢	一些冷却液中限制使用
亚硝酸盐	亚硝酸钠	钢，铸铁	—	在金属表面形成У－氧化膜	便宜，易得，防止铸铁衬里点蚀能力	使用有临界浓度有毒	重负荷冷却液中使用
硝酸盐	硝酸钠	钢、铁、铝	—	氧化性缓蚀剂	防止铝点蚀能力强	强氧化性	一些冷却液中限制使用
钼酸盐	钼酸钠	多种金属	—	与亚硝酸盐一同配合使用	多金属防护能力	剧毒，致癌作用，促进乙二醇氧化	重负荷冷却液中使用

续表

缓蚀剂	化学结构	适合金属	PH 值	作用原理	优点	缺点	应用前景
硅酸盐	偏硅酸钠 偏硅酸钾	铝,钢铁,有色金属	> 9	形成保护膜	铝和铝合金的特效缓蚀剂,减少传热腐蚀	长期储存和使用中稳定性差	主要使用,解决稳定性
巯基苯并噻唑	巯基苯并噻唑钠	铜及合金	>9	形成附着力强的难溶的保护膜	阳极型缓蚀剂	pH 值下降析出,氧化剂存在会氧化	被替代
苯并三唑类衍生物	BTA, TTZ	铜及合金	—	致密的聚合物薄膜	铜的特效缓蚀剂	有氧化剂和氯存在,缓释效果下降	在用
芳香酸盐	苯甲酸钠,肉桂酸盐	铸铁	—	与亚硝酸钠混合使用形成保护膜	不会形成局部腐蚀	与氧化剂混合使用	受限制
脂肪酸	一元酸和二元酸	多金属	作缓冲剂	活性吸附在腐蚀活性点	消耗缓慢,对铝合金传热性能更好	尚未看到介绍	作为长寿命产品

巯基苯并噻唑是最早使用的铜系金属特效缓蚀剂，它的缺点是随 pH 值降低溶解度下降明显，在氧或氧化剂作用下，MBT 会发生氧化生成生成黑色沉积物，堵塞冷却系统，而且，巯基苯并噻唑含硫，气味很重，已被欧洲废弃使用。

3.9.3.3 甲基苯并三氮唑 TTA

铜缓蚀剂 TTA 可以作为有色金属铜和铜合金的缓蚀剂，对黑色金属也有缓蚀作用。铜缓蚀剂 TTA 吸附在金属表面形成一层很薄的膜，保护铜及其它金属免受大气及水中有害介质的腐蚀。铜缓蚀剂 TTA 成膜更均匀，和巯基苯并噻唑（MBT）复合使用效果更佳。铜缓蚀剂 TTA 用醇或碱溶解后加入到循环水中，水中本品浓度为 2 ~ 10mg/L，若水系统中的有色金属已严重腐蚀，可以按正常浓度 5 ~ 10 倍加入本品以使系统迅速钝化。

3.9.3.4 硼砂

无色半透明晶体或白色结晶粉末。无臭，味咸。相对密度 1.73。380℃时失去全部结晶水。易溶于水和甘油中，微溶于酒精。水溶液呈弱碱性。硼砂在空气可缓慢风化。熔融时成无色玻璃状物质。硼砂有杀菌作用，口服对人有害。

根据含水量的不同，四硼酸钠可以是：无水物、五水物或十水物。在硼砂中，包含有$[B_4O_5(OH)_4]^{2-}$阴离子，其中有两个四配位的硼原子(两个 BO_4四面体)和两个三配位的硼原子(两个 BO_3三角形)。

硼砂酸化可得到硼酸，硼的其他化合物也可由硼砂作原料制取。当暴露在空气中时，硼砂逐渐风化失去结晶水，成为无水物。

硼砂是制造光学玻璃、珐琅和瓷釉的原料；也用于钢铁冶金。实验室中常用硼砂来配置硼砂缓冲溶液，用于 DNA 的凝胶电泳以及分析化学等。

在发动机冷却液中，硼酸盐用于保护铁金属，防止焊料与黄铜腐蚀，可以中和氧化产生的酸性物质。在金属表面形成保护膜，并可以把冷却系统中原有的腐蚀产物与机体剥离下来，防止他继续腐蚀机体。但在高温时，硼砂会促进铝合金的传热腐蚀。

3.9.3.5 磷酸盐

磷酸二氢钠，无色结晶或白色结晶性粉末。无臭，味咸，酸。热至100℃失去全部结晶水，灼热变成偏磷酸钠。易溶于水，几乎不溶于乙醇，其水溶液呈酸性。0.1mol/L 水溶液在25℃时的 pH 为 4.5。相对密度 1.915。熔点 60℃。商品也有一分子结晶水的。用作缓冲剂，软水剂。

磷酸钠又称磷酸三钠。重要的有十二水合物和无水物。无水物为白色结晶，密度 $2.536g/cm^3$，熔点 1340℃。十二水物为无色立方结晶或白色粉末，密度 $1.62g/cm^3$，熔点 73.3℃，76.7℃分解。加热到 100℃失去 12 个结晶水而成无水物。在干燥空气中易风化。均易溶于水，溶解度 20℃：120g/L；30℃：163g/L。其水溶液呈强碱性。不溶于二硫化碳和乙醇。由磷酸与碳酸钠溶液进行中和反应，控制 pH 值 8～8.4，经过滤去滤饼残渣，滤液经浓缩后，加入液体烧碱使 Na/P 比达到 3.24～3.26，再经冷却结晶，固液分离，干燥而制得。无水物系将十二水磷酸钠结晶溶于加热到 85～90℃的水（10%～15%）后，经脱水干燥制得。均可用作软水剂和洗涤剂，锅炉防垢剂，印染时的固色剂，织物的丝光增强剂，金属腐蚀抑制剂和金属防锈剂，搪瓷生产中的助熔剂和脱色剂，制革中的生皮去脂剂和脱胶剂等。

磷酸盐是缓冲剂又是缓蚀剂，在冷却液 Ca^{2+}、Mg^{2+} 积累时，同样会生成不溶物即磷垢，在水硬度高的欧洲被限制使用。无机磷酸盐有易生成沉淀的缺点，而有机磷酸盐却具有硬水稳定剂的作用，植酸含有六个磷酸基，可以和金属形成稳定致密的单分子层螯合膜，能络合水中的钙镁离子，其钙、镁盐同样具有很好的缓蚀效果。在发动机冷却液中，用于防止钢、铸铁和铝腐蚀，可以防止铝泵气穴腐蚀。在高温下，对铝的保护作用减弱。会增加水中 BOD 和 COD 水平，加重水质污染。

3.9.3.6 亚硝酸盐

亚硝酸盐主要指亚硝酸钠($NaNO_2$)。亚硝酸钠为白色至淡黄色粉末或颗粒状，味微咸，易溶于水。外观及滋味都与食盐相似，并在工业、建筑业中广为使用，肉类制品中也允许作为发色剂限量使用。由亚硝酸盐引起食物中毒的机率较高。食入0.3～0.5g的亚硝酸盐即可引起中毒甚至死亡。亚硝酸盐可使血液中毒，致使人体出现头昏缺氧症状；同时亚硝酸盐可与人体摄入的其他食品、药品、残留农药中的次级胺反应，在胃腔中形成强致癌物——亚硝胺，这是消化系统癌变的罪魁恶首。

亚硝酸盐是钢铁的有效缓蚀剂，在重负荷发动机冷却液中，可以有效防止铁的气穴腐蚀，但必需控制在某一浓度以上。在临界浓度以下，会导致点蚀，加速钢铁腐蚀，现已为多数标准所禁用。

3.9.3.7 硝酸盐

硝酸盐是硝酸(HNO_3)形成的盐类。由金属离子(铵离子)和硝酸根离子组成的化合物，主要有：硝酸钠、硝酸钾、硝酸铵、硝酸钙、硝酸铅、硝酸铈等。

硝酸盐几乎全部易溶于水，只有硝酸脲微溶于水，碱式硝酸铋难溶于水，所以溶液中硝酸根不能被其他绝大多数阳离子沉淀。硝酸盐大量存在于自然界中，主要来源是固氮菌固氮形成，或在闪电的高温下空气中的氮气与氧气直接化合成氮氧化物，溶于雨水形成硝酸，在与地面的矿物反应生成硝酸盐。固体的硝酸盐加热时能分解放出氧，其中最活泼的金属的硝酸盐仅放出一部分氧而变成亚硝酸盐，其余大部分金属的硝酸盐，分解为金属的氧化物、氧和二氧化氮。硝酸盐在高温或酸性水溶液中是强氧化剂，但在碱性或中性的水溶液几乎没有氧化作用。

硝酸盐在细菌作用下可还原成亚硝酸盐。硝酸盐和亚硝酸盐都能防止铁金属的腐蚀。

3.9.3.8 钼酸盐

钼酸盐为一系列稳定的正钼酸盐，这些盐大都以水合物的形式存在。

在钼酸盐中，铵、碱金属、镁和铊盐溶于水，其他都不溶于水。在水溶液中，钼酸盐可被还原。在这类钼酸盐的晶体中含有分立的MoO四面体结构的离子；碱金属盐中是规则的四面体，其他一些盐是畸变的四面体。钼酸盐在溶液中也是以四面体离子存在。在硝酸溶液中也能渐渐形成钼酸MoO·2HO，加热溶液得到MoO·HO。这些化合物都是氧化物的水合物。

钼酸盐低毒，是非氧化型缓蚀剂，一般需要和氧化剂配合使用，钼酸钠和亚硝酸钠有协同效应，应用于重负荷发动机。钼酸盐因其低毒，在中性水中有优异的缓蚀性能，一直是多数发动机冷却液的主要组成，但在要求更加严格的欧洲已经开始限制钼酸盐的使用，如大众汽车公司发动机冷却液标准规定不能含有钼酸盐，而且部分类型的发动机冷却液也对其投加量进行了限制。在20世纪90年代Vukasovich就开始致力于有机钼化物的研究，并成功的将羧基钼化物用于发动机冷却液，但价格因素使其广泛使用受到极大限制。钼酸盐在发动机冷却中，是铁金属的长效腐蚀抑制剂，可以防止对铅焊料的侵蚀，并可以阻止铝泵气穴腐蚀。

3.9.3.9 硅酸盐

硅酸盐是硅、氧与其他化学元素(主要是铝、铁、钙、镁、钾、钠等)结合而成的化合物的总称。它在地壳中分布极广，是构成多数岩石(如花岗岩)和土壤的主要成分。硅酸是一类具有$[SiO_x(OH)_{4-2x}]_n$通式的化合物，可以由可溶性硅酸盐与酸反应制取。

可溶性的硅酸盐，加任何弱酸，都可以得到硅酸；游离出来的单分子硅酸，可溶于水，但它在溶液中逐渐缔合而成双分子、三分子，最后形成不溶解的多分子聚合物，所得的胶体称为“硅酸溶胶”；如果硅酸盐溶液浓度较大，则加酸后直接形成硅酸胶冻，脱水后得到硅酸凝胶；硅胶应用于吸收各种气体和蒸汽、精炼石油等，并可以用作催化剂的载体。

偏硅酸钠是普通泡化碱与烧碱水热反应而制得的低分子晶体，商品有无水、五水和九水合物，其中九水合物只有我国市场上存在，是在20世纪80年代急需偏硅酸钠而仓促开发的技术含量较低的应急产品，因其熔点只有42℃，储存时很容易变为液体或膏状，正逐步被淘汰，但由于一些用户习惯和一些领域对结晶水不是很在意，九水偏硅酸钠还是有一定市场。无水物为玻璃状。55℃左右缓缓加热时失去玻璃态，析出针状结晶。密度2.4g/cm^3，熔点1088℃。易溶于水。不溶于醇。五水物为单斜柱形晶体。熔点72.2℃，易溶于水和稀碱液。易吸湿潮解。浓溶液对织物和皮肤有腐蚀性。九水物为斜方晶体，熔点40～48℃。沸点100℃，并脱去6个结晶水。溶于水及稀碱液。易吸湿潮解。偏硅酸钠的黏稠水溶液叫水玻璃，又叫泡花碱，可用作防腐剂、洗涤剂、黏合剂、防火剂和防水剂等。

在发动机冷却液中是铝的特效缓蚀剂，主要用于防止铝泵气穴腐蚀，同时对铸铁和其他金属也有保护作用。但是对pH值敏感，在pH值小于7时，使用及储存过程中容易产生凝胶状沉淀，如配方中有磷酸盐会加快凝胶生成。

硅酸盐价格低廉，安全无毒，对Al、Fe、Cu的腐蚀都有很好的抑制效果，实际添加的多为偏硅酸钠和偏硅酸钾，一般含5个或9个结晶水，因Si^{4+}和Al^{3+}大小相近，容易发生置换而成为铝的特效缓蚀剂，但硅酸盐析出的凝胶对冷却系统危害大，需要加入稳定剂。

3.9.3.10 有机羧酸

有机酸类（Organic acids）是分子结构中含有羧基(—COOH)的化合物。包括C_6～C_{10}的一元脂肪酸、C_8～C_{14}的二元脂肪酸、苯甲酸、对甲基苯甲酸、对叔丁基苯甲酸等芳香酸。

有机羧酸在发动机冷却液中对钢铁、铝、焊料等多种金属有保护作用，能渗透到金属内部形成络合物，长期防止金属锈蚀、穴蚀和老化，使用消耗缓慢。要与铜腐蚀抑制剂复合使用，不足之处是容易使铝变黑。选用有机酸类添加剂替代硅酸盐等无机盐是冷却液的发展趋势。

3.9.3.11 苯甲酸钠（化学式：$C_6H_5CO_2Na$）

是苯甲酸的钠盐。苯甲酸钠属于酸性防腐剂，在酸性环境下防腐效果较好，是很常用的食品防腐剂，有防止变质发酸、延长保质期的效果，在世界各国均被广泛使用。然而近年来对其毒性的顾虑使得它的应用受到限制，有些国家如日本已经停止生产苯甲酸钠，并对它的使用作出限制。

苯甲酸又称为安息香酸，故苯甲酸钠又称安息香酸钠。苯甲酸在常温下难溶于水，在空气（特别是热空气）中微挥发，有吸湿性；溶于热水、乙醇、氯仿和非挥发性油。在使用中多选用苯甲酸钠；苯甲酸和苯甲酸钠的性状和防腐性能都差不多。在日本冷却液用的较多。

苯甲酸钠用在发动机冷却液中，是一种非氧化型缓蚀剂，在有氧的条件下显示出更好的缓蚀性能，即使添加浓度较低时也不会引起局部腐蚀。。

3.9.3.12 伯胺和仲胺

包括乙醇胺、二乙醇胺、三乙醇胺、二正丁胺、二异丙胺、吗啉、吡啶等。常与磷酸盐复合使用，可以调节 pH 值，对铝合金有保护作用，也可以防止铸铁腐蚀。但与亚硝酸复合时会产生致癌的亚硝酸胺。会与铜形成络合物，加剧铜的腐蚀。

3.10 阻垢分散剂

汽车冷却液中的水一般会有钙、镁离子（蒸馏水或去离子水除外），所以经常会在冷却系统的内表面形成水垢，由于水垢的导热效果没有金属的导热效果好，因此水垢影响正常的散热，同时积聚的水垢还会使冷却系统管路变窄，降低散热效果。水中的钙、镁离子与防垢剂形成稳定的络合物，易溶于水，即使在高浓度下钙、镁离子也不沉积，而且还能使先前形成的水垢疏松或者脱落。

通常使用的防垢剂有配合型和分散型两种类型。配合型防垢剂主要是金属配合剂或称为金属螯合剂，通过与金属离子配合，防止金属离子与阴离子结合形成水垢。分散型防垢剂是水溶液性有机聚电解质，它们能使形成的水垢分散成为微小的颗粒悬浮在冷却液中，从而起到防止在冷却系统中沉积结垢。

常用的防垢剂有聚丙烯酸、聚丙烯酸钠、聚马来酸、氨基三亚甲基磷酸、羟基亚乙基磷酸等。

3.11 消泡剂

消泡剂又称为除泡剂或破泡剂，在工业生产的过程中会产生许多影响生产的泡沫，需要添加消泡剂。破泡剂、抑泡剂、脱泡剂总称为消泡剂。

在水泵的高速旋转下，冷却液强制循环时，通常会产生泡沫。大量的泡沫影响传热效率并且加剧铝质水泵的气穴腐蚀。穴蚀，又称空蚀、空化和空泡腐蚀，在液体内的压力低于液体所处条件下的极限压力时，产生气泡核，气泡核生长，在外界压力下坍塌破裂，产生微射流和冲击波，从而对固体壁面产生破坏。为了降低泡沫产生的危害，冷却液中通常都加入消泡剂。常规的消泡剂一般为硅油、10 个以上碳原子的脂肪醇、烷氧基聚醚非离子表面活性剂和磷酸酯邻苯二甲酸盐等。

3.12 染色剂

冷却液要求具有醒目的颜色，以便容易诊断出冷却系统泄漏发生的位置，便于检修。冷却系统内部泄漏有时会致使曲轴箱中混入冷却液，有了醒目颜色就可检修。为此，在冷却液标准中多有醒目颜色的要求。在大众汽车冷却液规格 TL－774 中 C 级应为深绿色、D 级为红色。克莱斯勒公司 MS

7170 中为绿色，而有机酸型 MS 9769 为橙黄色。通用汽车公司 GM 1825M 、GM 1899M 硅酸盐型的颜色为绿色。丙二醇系冷却液多采用紫色。在 TL－774 中要求添加染料后不腐蚀金属，不允许用硝基－芳香类染料，并对其中 D 级还指定了红色染料名称。

第4章　水乙二醇无机盐型(IAT)发动机冷却液

4.1　发动机冷却液的性能要求

美国汽车工程师协会SAE J814“发动机冷却液标准”定义的发动机冷却液，是指满足内燃机使用要求的冷却液。发动机冷却液浓缩液(发动机冷却液)必须提供足够的防腐蚀性能，降低冰点，提高沸点。所有发动机冷却液的标准中给定的指标只是基本要求，试验室得出的数据不具有决定性，只有在车辆上通过系列性能试验，才能最终选择合适的冷却液。

美国汽车工程师协会SAE J814“发动机冷却液标准”，对发动机冷却液的基本要求定义为：

- 保护冷却系统防止腐蚀
- 热交换损失低
- 对冷却系统非金属材料影响小
- 热稳定性好
- 降低冰点至冬季运转要求的最低温度
- 能够提高沸点
- 无异味
- 对汽车涂料无影响
- 低温黏度小
- 较低的膨胀系数
- 至少一年有效
- 能够快速检测出浓度
- 低毒性
- 低泡沫

- 不易燃
- 蒸发损失小

4.2 发动机冷却液实验室评定项目及要求

发动机冷却液中采用什么样的防冻剂(乙二醇、丙二醇、二甲亚砜还是甘油，或者两种的混合)、冷却液的一些物理性质，(冰点、沸点、密度、传热特性、黏度等)，都由防冻剂在水中的浓度确定。实验室评定项目包括发动机冷却液缓冲体系决定的 pH 值、储备碱度(RA)，和缓蚀剂决定的腐蚀抑制性能试验。

ASTM D1287，对应于 SH/T 0069—1991 发动机冷却液和防锈液 PH 值测定法

ASTM D1121，对应于 SH/T 0091—1991 发动机冷却液储备碱度测定法

作为实验室筛选配方，或者考察发动机冷却液的防腐蚀性能，一般认为四个试验是比较有效的：

ASTM D1384，对应于 SH/T 0085—1991(2000 年确认) 玻璃器皿腐蚀测定法

ASTM D4340，对应于 SH/T 0620—1995 对传热状态下铸铝合金腐蚀测定法

ASTM D2570，对应于 SH/T 0088—1991(2000)模拟使用腐蚀测定法

ASTM D1882，对应于 SH/T 0084—2001 冷却系统化学溶液对汽车上有机涂料影响的试验方法

铝泵气穴腐蚀测定，即美国标准 ASTM D2809，对应 SH/T 0087—1991 铝泵气穴腐蚀测定法。受到铝泵供应商停产的影响，现在难以拿到。原厂别克 GM25527536 很多实验室不得不采用其他泵替代，试验结果的可比性大打折扣。另外，由于铝泵气穴腐蚀试验在评定低硅酸盐配方和有机酸配方时，试验结果很差，但是这种发动机冷却液在行车试验中，使用效果非常理想。因此，日本、欧洲意大利的国家标准和一些 OEM 标准都废弃了铝泵气穴腐蚀测定。

4.2.1 玻璃器皿腐蚀试验

标准号为 ASTM D1384，紧跟后面的是标准最后修订的年限，最近版本为05，括号内编号为最新的认证年份，最新版本为 ASTM D1384—05(2012)。玻璃器皿腐蚀试验是由冷却液的供应商、发动机制造商和相关组织一起开发的试验方法，该方法在 1955 年被美国 ASTM D－15 委员会定为标准方法。

1957 年和 1969 年，D－15 委员会对最初的试验方法做了评估和革新，改用合成腐蚀水，提高实验的苛刻度。1961 年，要求使用多组试验的平均值，减少清洗金属程序中的金属失重误差。1967 年，方法的试验温度提高，低温试验 71℃，高温试验 88℃。冷却液体积从 165mL 增加到 750mL。1979 年，通过新旧试验数据汇总分析，D－15 委员会和 E－11 委员会评估该方法的精密度，再次确认该方法只是一个评定冷却液腐蚀性能的粗略的筛选方法，没有精密度。

玻璃器皿腐蚀试验是将发动机冷却系统使用的 6 种典型的金属试片，称重后连成试片束，完全浸没在 750mL 的冷却液中，通入流量为(100 ± 10) mL/min 的空气，高沸点冷却液试验温度(88 ± 2)℃，低沸点冷却液试验温度(71 ± 2)℃，连续试验(336 ± 2)h。试验结束后取出试片，经清净处理后再次称重，以校正后的 3 组试片试验前后质量变化平均值来评价腐蚀。

ASTM D2847 明确指出，满足本方法的金属试片的密度应为(单位 g/cm^3)：

紫铜	8.9
铜	8.5
铸铁	7.2
钢	7.9
铝	2.7
焊锡	9.7

焊锡铅含量与密度关系如下：

铅含量/%	锡含量/%	密度/(g/cm^3)

50	50	8.9
70	30	9.7
80	20	10.2
95	5	11.0

注：焊锡涂覆黄铜试片，不适用这个密度值。

采用本方法的用户应该清楚方法的目的和局限性。ASTM D1384—05(2012)第一段内容清楚表明方法是一种在控制的实验条件下，在试验室中评估冷却液腐蚀性能的粗略的筛选方法，试验结果并非冷却液满足腐蚀抑制要求的充分条件，因为不能充分模拟现场使用条件。

方法委员会都认可：玻璃器皿试验是初步筛选试验，配合测功机试验或者模拟实验，加上行车试验，是评定冷却液的三个阶段的试验。玻璃器皿腐蚀试验只是针对新的、没有使用过的冷却液，不能评定冷却液的使用寿命。以该方法评定从冷却系统中抽出的冷却液毫无意义，因为在冷却系统中，腐蚀抑制层会一直保留。重复试验结果经常显示很大的差异性，原因在于试验条件变量的控制难度大，而且金属试片的组分、晶相以及表面状态等都难以完全一致。每次试验都必须有3组试片同时进行，以降低试验的误差。

表4-1给出了两种市售的发动机冷却液，在同一个实验室3次重复试验的结果，可以看出，重复性很好。

表4-1　同一实验室的试验结果重复性

发动机冷却液	实验编号	每片金属失重/mg①					
		铜	焊锡	黄铜	钢	铸铁	铝
A	1	12	3	3	1	1	111
	2	8	1	3	1	0	104
	3	7	1	2	4	0	115
A	1	5	0	16	6	4	5
	2	6	1	15	2	6	2
	3	5	2	14	4	2	2

①表中数据为失重，“+”号为增重。

表4－2 给出的是与4－1 同样的两个市售冷却液样品 A 和 B，在6 个不同实验室测定的腐蚀试验结果，可以看出试验结果的再现性。不合格的产品，都判定不合格，但是合格项目的失重差别较多，尤其是铸铁和铝的试验数据。

表4－2　不同实验室结果再现性

发动机冷却液	实验编号	每片金属失重/mg①					
		铜	焊锡	黄铜	钢	铸铁	铝
A	1	11	5	5	3	4	146
	2	4	4	3	2	7	112
	3	9	1	3	2	0	110
	4	5	5	4	1	0	92
	5	17	2	2	+1	0	155
	6	3	1	2	0	0	114
B	1	8	5	13	3	6	26
	2	6	2	13	4	11	4
	3	5	1	15	4	4	3
	4	3	2	12	2	0	2
	5	7	2	14	2	+1	12
	6	3	1	18	4	5	14

①数据为失重，“＋”号为增重。

玻璃器皿试验方法一般作为发动机冷却液配方的第一个初评筛选试验方法。

4.2.2　铸铝传热腐蚀试验

发动机工作时，发动机冷却液能有效地抑制铝质气缸盖传热腐蚀，因为形成的任何腐蚀产物都可能沉积在散热器的内表面上，导致冷却系统过热和冷却液沸腾溢出。该方法提供了筛选未使用过的发动机冷却液是否具有抑制铝质气缸盖传热腐蚀性能的方法。但在该方法中具有良好性能的冷却液不一定具有长期的使用性能，必须经模拟使用、台架和行车试验的综合评定才能确定冷却液的长期使用性能。

将发动机铝质缸盖常用的铸铝合金加工成试件，称量后将试件的试验面浸在发动机冷却液试样中，用空气对试样施加压力，将试件在(135 ±1)℃下恒温 168h，试验结束后将试件进行清洗处理后再次称量，以校正后的试件质量变化值评价腐蚀。

一般情况下，新冷却液的铸铝传热腐蚀试验结果大于 1.0mg/(cm^2 · 周)，就应判为不合格，需要对配方进行调整。新冷却液的铸铝传热腐蚀试验结果小于 1.0mg/(cm^2 · 周)，则可以进一步评测，包括模拟实验和行车试验。

4.2.3 模拟腐蚀试验

该方法是在实验室恒温条件下，评定发动机冷却液在循环过程中对金属试片和汽车冷却系统各部件影响的方法。适用于发动机冷却液的浓缩液及发动机冷却液。

试样在由储存器、水泵、散热器及橡胶管所组成的封闭系统中，在 88℃和一定流量条件下循环 1064h，其抗腐蚀性能由储存器内装有发动机冷却系统所使用的典型金属试片的失重和目测各部件内表面的状态而确定。试样的性能变化由在试验周期内定期对从系统中采取的试样进行分析来确定。

4.2.4 化学溶液对汽车上有机涂料影响

在室温下，将冷却系统中的化学浓缩液或其稀释液与汽车生产中使用的特定有机涂料接触 1h，然后用肉眼检查涂料的表面是否有褪色、失去光泽、软化、隆起或其他特殊现象。用于试验冷却系统化学溶液滴在汽车有机涂料表面上时，是否会使其外观产生褪色、失去光泽、软化、隆起或其他特殊变化。在处理好的试验板上涂覆用于汽车生产的特定有机涂料，如丙烯酸聚氨酯漆、氨基烘漆(罩光)、氨基烘漆(实色)。涂覆时应按照实际汽车生产中的工艺条件进行。如供需双方协商同意也可使用其他涂料。

试验步骤

(1)在(25 ±5)℃下用玻璃滴管在试验板上放置足以形成直

径约25mm圆斑的试样。

（2）1h后用湿布擦干试验板表面，再用一块干燥、柔软的绸布轻擦。用肉眼观察并记录原放置试样的区域是否有褪色、失去光泽、软化、隆起或其他现象。

（3）若上述现象，则用绸布沾含低浓度研磨剂的车辆清洗剂轻轻地擦拭试验板上原放置试样的区域，然后比较处理过的区域与未处理过的区域，若无差异，则认为斑点可去除。

注：斑点在外界短期放置可能会消失，如阳光下放置8～24h后消失，有些人认为无影响。

4.2.5 pH值测定法

适用于发动机防冻剂、防锈剂和冷却液的浓缩液以及用过的或未用过的这些产品浓缩液的水稀释液；不适用于固体防锈剂。在温度为25℃时，蒸馏水的pH值应为6.2～7.2。对稀释的要求，建议发动机冷却液、防冻剂的浓度为50%（体积分数）或33%（体积分数）。

新的玻璃电极应在蒸馏水中浸泡24h后方可使用，试验后的电极应用蒸馏水洗净，然后浸泡在蒸馏水中备用。当电极连续使用一周后，若电极球表面污染，可将电极球放在冷铬酸洗液中浸泡30s，然后用蒸馏水洗净，再泡在蒸馏水中备用。甘汞电极内的氯化钾饱和溶液要保持一定高度。不用时，将两个橡胶套套上，连续使用一周后，应将氯化钾饱和溶液洗掉，并换上新的氯化钾饱和溶液。接通电源，稳定30min，然后按仪器说明书进行调节。将电极浸入到所选择的缓冲溶液中，将缓冲溶液摇动几下，观察缓冲溶液的温度，然后把pH仪中温度调节旋钮调到与缓冲溶液的温度相一致。随后调节测定pH值的指针，使其所指示的数值与缓冲溶液的pH值相一致。用蒸馏水冲洗电极，并用滤纸将电极上的水吸干，然后把电极浸入至另一个缓冲溶液中，此时pH仪器读数应与缓冲溶液的pH值之差在0.05范围内。如果不符，则表明电极有故障，应更换电极重新校正（校正所用的两种缓冲溶液的pH值范围应包括被测试样的pH值）。

量取100mL试样注入150mL烧杯中，将烧杯放在pH仪的台架上，把准备好的两个电极浸入试样中，搅拌3~5min，使整个系统达到平衡。打开pH仪上的测量开关，当该仪器的指针稳定在某一数值时，记录此数值。注意：

(1)如果玻璃电极对上有油膜时，应用1:1(体积比)的甲苯与乙酸乙酯混合溶剂将其清除掉。

(2)若有含硅酸盐的防冻剂，有必要对pH值读数作如下规定：①当制备完稀释液后即刻 进行试验，并及时记录pH值的读数。②将该溶液放置一段时间后，如30min再记录pH值读数。经过比较后可以看出，间隔30min后所显示的pH值比直接实验得出的值要低0.2pH值。经过测定得出：浓缩液稀释后经过24h所测得的pH值比直接实验得出的pH值要低0.3~0.5pH值。

pH测定的精密度：

重复性：同一操作者，重复测定的两个pH值结果之差不应大于0.1。

再现性：不同实验室各自提出的两个pH值结果之差不应大于0.2。

试验报告值取重复测定两个pH值结果的算术平均值作为试验结果，并取至0.1。

4.2.6 储备碱度

用浓度为0.1000mol/L的盐酸标准滴定溶液滴定10mL试样至pH值为5.5时所需要的毫升数(精确到0.1 mL)称为储备碱度，(RA)。

储备碱度采用电位滴定计来测定，适用于发动机冷却液和冷却液的浓缩液、防锈剂的浓缩液，也可适用于使用过的发动机冷却液、防锈剂浓缩液的稀释液以及固体防锈剂的水溶液。

具体试验方法是将10mL试样用水稀释至约100mL，再用浓度为0.1000mol/L的盐酸标准滴定溶液滴定到pH值为5.5。记录滴定所消耗的盐酸标准滴定溶液的毫升数，并精确到0.1mL。在必要时，为了计算储备碱度在性能试验中的消耗，应记录冷却液或添加剂在冷却液中的浓度。

试样的储备碱度按下式计算：

储备碱度 $RA = c_1 \cdot V_1 / c_2$

式中　RA——储备碱度，mL；

c_1——盐酸标准滴定溶液的实际浓度，mol/L；

V_1——消耗的盐酸体积，mL；

c_2——盐酸滴定液规定浓度，mol/L。

储备碱度测定方法的精密度：

重复性：同一操作者重复测定的两个结果之差不应大于0.2mL。

再现性：不同实验室各自提出的两个结果之差不应大于0.2mL。

在模拟的或实际的冷却液使用中，储备碱度的损耗体积分数按下式计算：

$$X = 100\left[(RA_1/c_1 - RA_2/c_2)/(RA_1/c_1) \right]$$

式中　RA_1——初始的冷却液储备碱度，mL；

RA_2——最终的冷却液储备碱度，mL；

c_1——初始的冷却液或添加剂浓度,%（体积分数）；

c_2——最终的冷却液或添加剂浓度,%（体积分数）。

注意：在冷却液溶液浓度未知的情况下，可以用适当的试验方法测定出，诸如：折光指数、冰点、密度以及参考一些合适的数表，冷却液的水含量可用卡尔 费休法测定，然后将其浓度计算出来。

在汽车车辆使用试验的情况下，损耗百分数应按某个里程单位报告，诸如10000km。储备碱度损耗百分数虽然与冷却液的耐久性以及冷却系统的性能与状况有关，但它仅仅是评价冷却液的一个方面。

4.3　环保型无机盐发动机冷却液开发举例

发动机冷却系统是一个典型的多金属系，主要包括铸铁、钢、铝、焊锡、黄铜、紫铜6种材质，汽车运行中水箱温度高达 80 ~ 100℃，流速为 1m/s，系统中金属材料将发生均匀腐蚀、冲刷腐蚀、电偶腐蚀、点蚀、穴蚀等。现阶段国内外广泛使用的发动机冷却液是以乙二醇为主的水 - 乙二醇体系，高温下，乙二醇和溶解氧作用易生成各种酸性腐蚀性物质，如：乙醇酸、乙醛酸、乙二酸等，会加速金属的腐蚀。因此，发动机冷却液中必须加入腐蚀抑制剂。

无机盐型(IAT)发动机冷却液主要有三种类型：磷酸盐型、胺型和硅酸盐型。由于欧洲对铵盐的限制使用，环保型无机配方以日本的磷酸盐配方体系和欧美的硅酸盐体系为代表。

吴良彪等以硅酸钠、硼砂、苯甲酸钠为主缓蚀剂，在固定其他缓蚀剂用量前提下，以乙二醇：水 = 1：1(200mL)体系中研究，分别改变硅酸钠、硼砂、苯甲酸钠用量，作各种金属的失重曲线。

从图 4 ~ 1 ~ 图 4 ~ 3 可以看出，硅酸钠加入量在 0.05g/200mL 时，6 种金属都有最小的腐蚀失重，随着硅酸盐含量增加，腐蚀失重略有增加，在硅酸钠含量大于 0.2g/mL 后，焊锡和铝的失重再次大幅度减少。由于硅酸盐的稳定性要求高，一般要求冷却液中硅酸盐含量不能太高。ASTM D4985 规定硅酸盐浓缩液中硅含量不得大于 250μg/g。

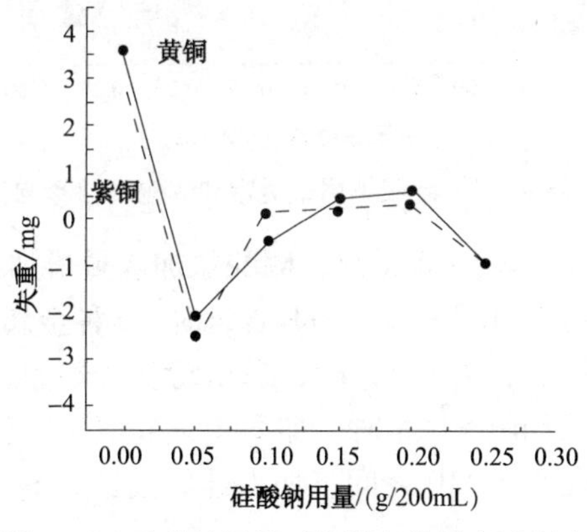

图 4 - 1　硅酸钠用量对黄铜和紫铜腐蚀影响

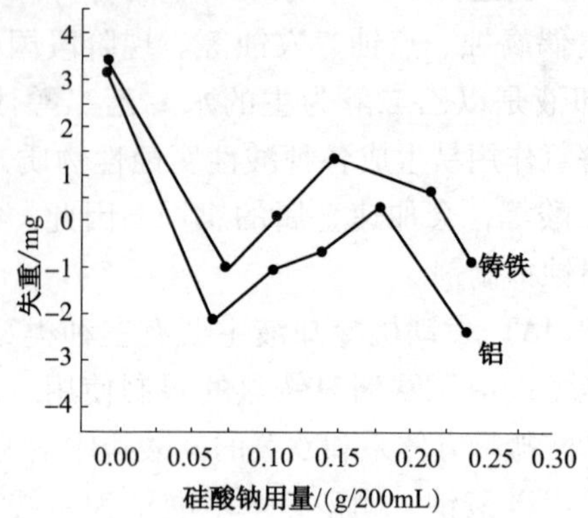

图 4－2　硅酸钠用量对铸铁和铝腐蚀的影响

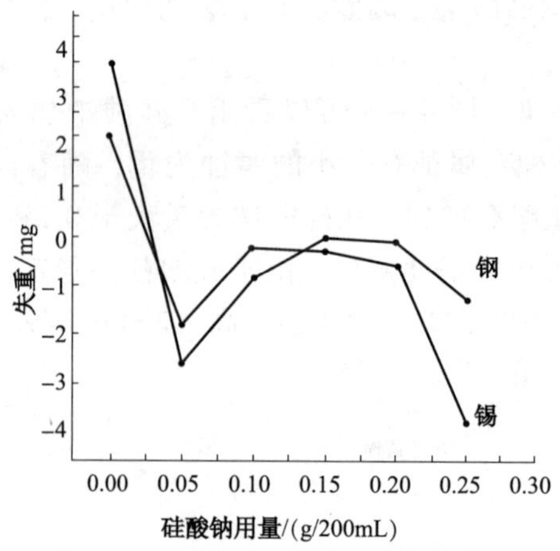

图 4－3　硅酸钠用量对钢和焊锡腐蚀影响

从图 4～4～图 4～6 得出，硼酸盐加入量增加，6 种金属的失重量都在增加。1.0～1.3g/mL 含量时，6 种金属失重量较少。

测试中发现当 pH＜8.5 时，易出现絮凝现象，这主要是硅酸钠造成的。当 pH＞8.5 时，加入少量硅氧烷时体系正常。故 pH 一般控制在 8.5～10 之间，加入硅氧烷稳定剂可控制絮凝的产生。

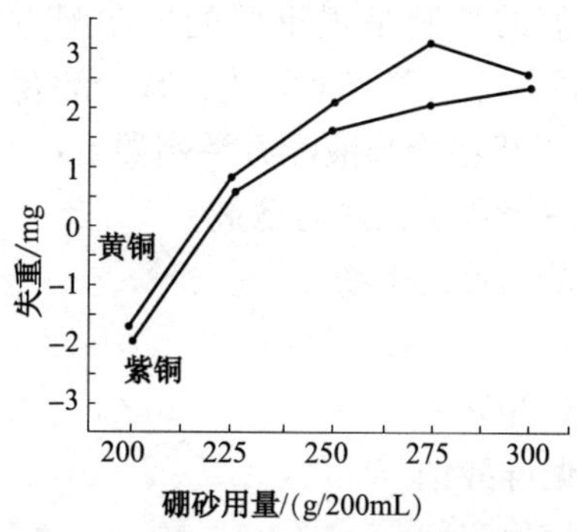

图 4-4　硼砂对黄铜和紫铜腐蚀影响

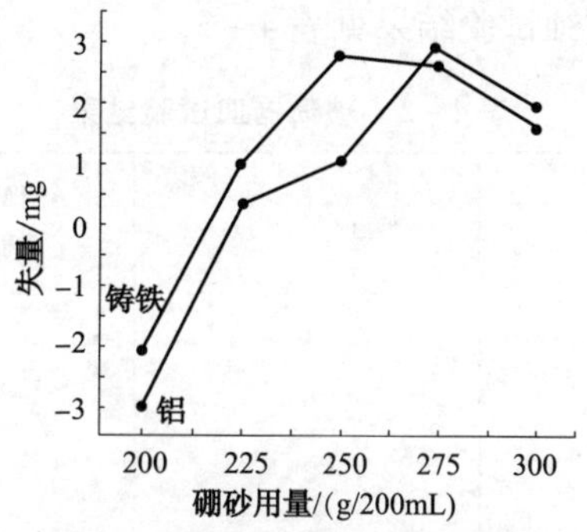

图 4-5　硼砂用量对铸铁和铝的影响

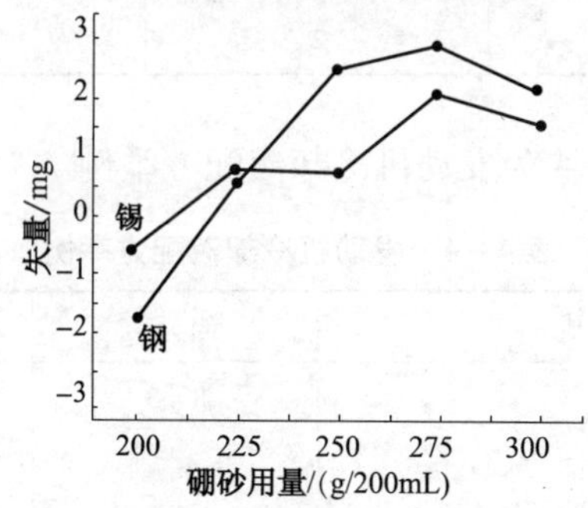

图 4-6　硼砂用量对钢和焊锡腐蚀的影响

体系中 pH 值的控制是很重要的，在配方中用 NaOH 调节 pH 值，中和高温下乙二醇产生的酸，减少酸腐蚀。

水－乙二醇无机型冷却液配方举例如下：

例 1：

有机三聚羧酸无灰防锈剂	1.0%
甲基苯三唑衍生物	0.1%
硼砂	1.2%
NaOH(30%)	1.2%
五水偏硅酸钠	0.05%
硅氧烷稳定剂	0.077%
乙二醇	余量

玻璃器皿腐蚀试验结果见表 4－3。

表 4－3　玻璃器皿试验结果

金　属	失重/(mg/片)	ASTMD SNA 限定范围 失重/(mg/片)
黄铜	1	≤10
焊锡	6	≤30
紫铜	2	≤10
钢	0	≤10
铸铁	4	≤10
铝	2	≤30

例 2：表 4－4 为发动机冷却液配方举例

表 4－4　发动机冷却液配方举例　　%（质量分数）

组　成	组分 1	组分 2
乙二醇	89.3	89.0
二缩乙二醇	4.7	5.0
水	3.85	1.16
NaH_2PO_4	1.22	—

续表

组　成	组分1	组分2
磷酸	—	0.41
三乙醇胺	0.50	4.00
甲基苯三唑	0.20	0.20
非离子表面活性剂 RTM. L61	0.03	—
2－庚基－1－(乙氧基丙酸)－咪唑啉	0.20	0.03

例3：表4－5为无水冷却液配方举例。

表4－5　发动机冷却液配方举例　　%(质量分数)

组　分	最优组分
70%乙二醇30%丙二醇	≥98.4
乙二醇	—
水	≤0.1
甲基苯三唑	0.5
硝酸钠	0.5
钼酸钠	0.5
偏硼酸钠	—
亚硝酸钠	—
硅酸钠	—
NaOH	—
苯甲酸钠	—

无水冷却液的玻璃器皿腐蚀试验是经过特殊设计的。由于无水冷却液实际应用中没有水的存在，因此玻璃器皿腐蚀试验中，不再加入腐蚀水。试验温度采用(88±2)℃，有些也做了110℃和125℃高温腐蚀试验。同时，由于没有水气存在，气泡少，因此在实验中不再鼓入空气。表4－5配方

采用改进的玻璃器皿腐蚀试验方法得到的试验结果见表4－6。

表4－6 玻璃器皿试验结果

金属	失重/mg	ASTM 标准/mg
铸铁	+1.0	-10
铸铝	+2.0	-30
钢	0.0	-10
钢	-3.0	-10
焊锡	-6.1	-30
黄铜	0.0	-10

4.4 硅酸盐稳定剂

硅酸盐型发动机冷却液由于具有较高的性价比，其市场占有率还会上升，但如果不采取任何措施，在发动机冷却液中硅酸盐稳定性试验时间就不会超过2h。

硅胶形成的基本机理

一般认为硅酸盐的析出通过以下步骤完成。

(1)硅酸盐自身聚合或反应生成颗粒

$SiO_2 + 2H_2O = Si(OH)_4$

$Si(OH)^{4+} M^+ = (OH)_3 SiO^- + H_2O + M^+$

(2)颗粒生长

颗粒聚集在一起形成支链然后形成网状结构，最终析出凝胶。

$M(OH)_3 SiO^- + OH\ Si(OH)_3 = (OH)_3 Si\ OSi(OH)_3 + OH^-$

$M(OH)_3 SiO^- + (OH)_3(Si\ OSi)_n(OH)_3 =$ 聚合体 $+ n\ OH^-$

$M(OH)_3 SiO^- +$ 聚合体＝聚合凝胶

硅酸盐的凝胶聚合涉及硅醇基团的聚合，其聚合颗粒的生长及聚合与冷却液的自身性质和最初的 SiO_2、温度、pH 值等因素有关。

抑制硅酸盐的凝胶最有效的手段是使用硅酸盐稳定剂，这种稳定剂可以通过吸引到硅酸盐胶体颗粒表面，利用静电作用和空间位阻作用来防止硅酸盐胶体颗粒的有效碰撞，遏制出现不可逆的非溶解性的硅酸盐凝胶聚合体，通过将硅酸盐胶体颗粒控制在某一尺寸以下，保持硅酸盐胶体颗粒的可溶性，从而有效地对硅酸盐凝胶析出进行遏制。

稳定剂的结构主要是一些含硅氧烷类、Si—N、Si—P 类化合物。Hirozawa 等提出了多种含硅化合物的加入，包括碱金属硅酸盐、有机硅氧烷金属盐、硅酮或硅酮－硅酸盐共聚物、氨基硅树脂－硅酸盐共聚物、硅氧烷－硅酮共聚物、硅氧烷－硅酸盐共聚物、氨基硅树脂－硅酸盐共聚物、有机硅树脂－硅酸盐共聚物，同时采用羟基苯甲酸做缓冲剂，对铝质内燃机散热器保护效果显著。Darden 采用乙二胺三乙酸型硅氧烷作为稳定剂用于含无机硅酸盐发动机冷却液，其中效果最好的是 *N*—(三甲氧基硅烷基丙基)乙二胺三乙酸。

考察冷却液中硅酸盐的稳定性采用道康宁公司硅酸盐稳定性试验方法：将所要测试的样品密封装入烧瓶或锥形瓶中，然后放入温度为(66 ±2)℃ 的烘箱中，稳定 36h 相当于实际使用或储存 1 个月。

邵晖等研究了有机硅磷类硅酸盐稳定剂对硅酸盐冷却液的稳定性影响。

4.4.1　pH 值对稳定性的影响

从图 4－7 看出，随着溶液 pH 值的增大，发动机冷却液中硅酸盐的稳定性随之提高。原因是，高的 pH 值导致小直径硅酸盐颗粒的形成，提高了硅酸盐的溶解度。但是金属铝在溶液 pH 值为 4.5 ~8.5之间处于钝化状态，其表面生成一层致密的氧化铝薄膜，阻碍活性铝表面与周围介质的接触，从而使得铝及其合金具有很好的耐蚀性。如果发动机冷却液 pH 值过高，铝表面所形成的钝化膜就容易遭到破坏。此外，发动机冷却液 pH 值过高也会发生严重的焊锡渣化和开花等现象。因此，发动机冷却液 pH 值不宜太高。

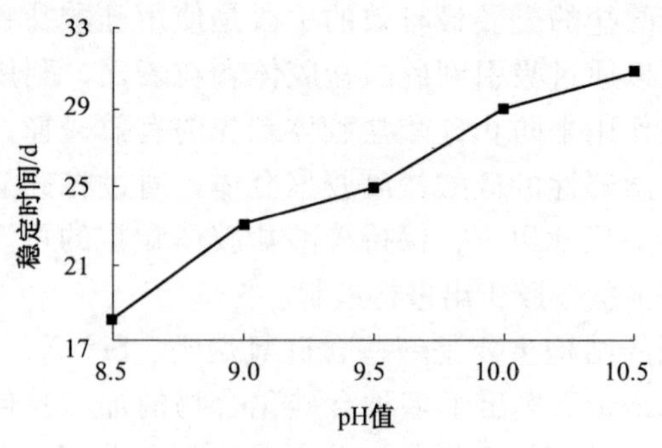

图 4－7　pH 值对稳定性的影响

4.4.2　硅酸盐与稳定剂质量对稳定性的影响

从图 4－8 可以看出，硅酸盐稳定性随着稳定剂添加比例的增加而提高，当到达一定值时，再增加稳定剂用量，硅酸盐稳定性却趋于平稳。在既保证硅酸盐稳定性又兼顾生产成本的条件下，硅酸盐与稳定剂的最佳质量比应为 1∶1 ~1∶1.5。

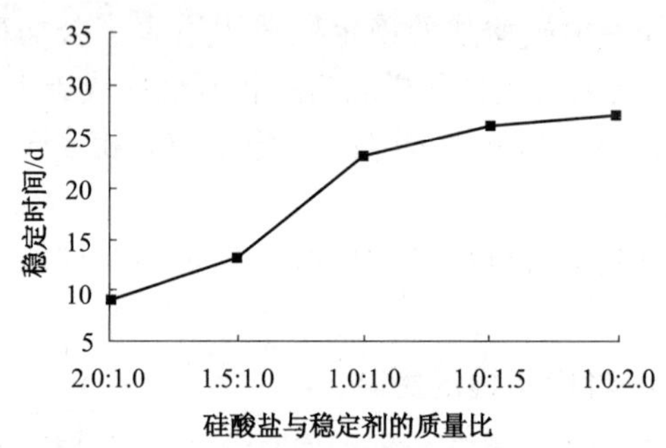

图 4－8　硅酸盐与稳定剂的质量比对稳定性影响

4.4.3　硅酸盐加入时间

从图 4－9 看出，以不同速度添加硅酸钠对硅酸盐稳定性影响的差异不十分明显。从图中也可看出硅酸盐溶液控制在 20min 添加完毕，其硅酸盐的稳定性最好。分析原因，由于缓慢添加硅酸钠，可以使硅酸盐均匀分布在发动机冷却液中，避免出现局部浓度过高的情况，从而减少凝胶析出的机会，有利于硅酸盐稳定性的提高。

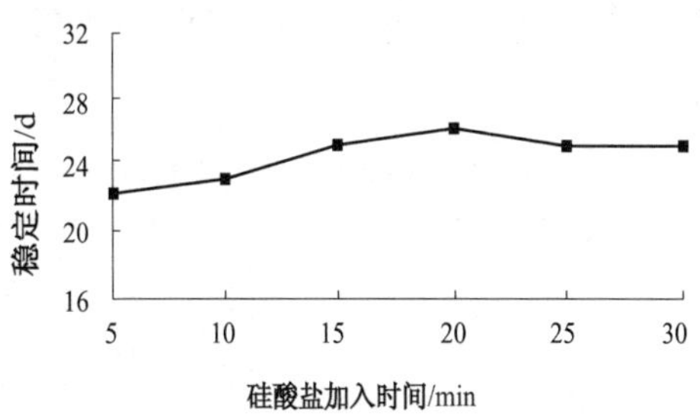

图 4－9　硅酸盐加入时间对稳定性的影响

4.5　冷却液行车试验

汽车发动机故障大部分来自冷却系统或由冷却问题导致的，产生各种故障的主要原因是由于发动机过热，发动机过热可以导致润滑油衰败、氧化、减少润滑性、早燃、爆燃等，发动机过冷也会导致不必要的磨损、油耗高、积水和淤泥等。对冷却液进行监测可以有效的防止这种故障的产生，也可以及时的发现冷却系统可能出现的问题。虽然冷却液和冷却系统部件的寿命取决于适当的维护，但分析冷却液样品是科学预防故障出现的有效方法。对汽车发动机冷却液进行监测，可以获得冷却系统的腐蚀或穴蚀情况，可以确定是否需要更换冷却液，或者补加冷却液添加剂；通过监测冷却液性能的好坏，保证冷却液的合理使用。

崔婷婷等对冷却液在使用过程中的劣化特征做了研究：试验用车为一汽马自达6 辆轿车，其主要参数见表4－7 和表4－8。选取三辆马自达 6，分别在行驶 2500km、10000km、20000km、30000km、40000km，取发动机冷却液样品做密度、冰点、沸点、pH 值、灰分、储备碱度等试验。由于 3 辆车进 4S 店大修时间相隔较近，更换新冷却液的时间也相隔较近，并且试验车辆运行情况也比较接近，大多数都是在市区行驶，所以每次取相同行驶里程的冷却液试样相隔时间较近，取回试样尽快进行试验，确保数据的准确性。样车均保养良好，行驶工况良好，每次取冷却液样品时，发现冷却液低于标准线便补加相同品牌的冷却液至规定液面。

表 4－7　试验用汽车主要参数

车型号	马自达6
发动机型号	LFX
排量/mL	1999
最大功率/[kW/(r/min)]	108/6500
气门总数	16 个
驱动方式	前置前驱
最高时速/(km/h)	201
缸体材料	铝
散热器容量/L	6
散热器材质	铝质
散热器水管材质	橡胶

表 4－8　试验的三辆车的状态

车辆信息	马自达6		
	1 号	2 号	3 号
车号	黑 ARD×××	黑 APT×××	黑 AY×××
购车时间	2007 年 3 月	2008 年 2 月	2005 年 1 月
行驶里程/km	82000	60000	10500
运行状况	城市工况	城市工况	城市工况

从表 4－9 可以看出，汽车发动机冷却液密度，随着汽车行驶里程的增加而略微减少。密度只是表征冷却液中醇的含量和各种盐的含量，密度的减小说明了冷却液中乙二醇的含量有所消耗，但是行驶到 40000km 时，密度仍大于 1.07 g/cm^3。

表 4-9 冷却液密度随里程变化 g/cm³

行驶里程/km	试验车辆		
	1号	2号	3号
新冷却液	1.080	—	—
2500	1.078	1.075	1.085
10000	1.076	1.075	1.081
20000	1.080	1.076	1.079
30000	1.081	1.074	1.078
40000	1.074	1.073	1.076

从表4-10和表4-11可以看出，随着行驶里程的增加冰点呈小幅上升的趋势，沸点在小幅下降，说明冷却液中乙二醇的含量减少。通常发动机冷却液的冰点越低，其沸点越高，随着乙二醇的消耗增加，使得冰点上升，沸点随之降低。

表 4-10 冷却液冰点随里程变化 ℃

行驶里程/km	试验车辆		
	1号	2号	3号
新冷却液	-40.0	—	—
2500	-39.5	-39.2	-39.2
10000	-39.0	-39.0	-39.0
20000	-38.5	-38.5	-38.0
30000	-38.0	-38.0	-38.0
40000	-38.0	-37.5	-37.5

表 4-11 冷却液沸点随里程变化 ℃

行驶里程/km	试验车辆		
	1号	2号	3号
新冷却液	110	—	—
2500	109.8	110	109.8

续表

行驶里程/km	试验车辆		
	1号	2号	3号
10000	109.5	109.8	109.5
20000	109.3	109.5	109
30000	108.8	109	108.8
40000	108.2	108.2	108

从表4－12可以看出，新冷却液的pH值在7.5～11.0之间。随着行驶里程的增加pH值呈下降的趋势，达到30000km时，pH值已经在7以下。由于发动机冷却液的储备碱度是pH＝5.5时，中和用掉的标准浓度HCl的量，所以不能完全以pH值低于7就判断冷却液失效。从这次行车试验结果看，乙二醇在使用过程中在高温的条件下会转化成乙二酸等酸性物质还是很明显的。

表4－12　冷却液pH值随里程的变化

行驶里程/km	试验车辆		
	1号	2号	3号
新冷却液	8.31	—	—
2500	7.91	7.93	7.90
10000	7.69	7.66	7.43
20000	7.33	7.38	7.23
30000	6.69	7.04	6.98
40000	6.86	6.95	6.51

从表4－13看出，随着行驶里程的增加，冷却液的储备碱度下降很明显，随后降幅度减小。一般储备碱度小于2mL时基本认为冷却液需要更换。储备碱度是衡量发动机冷却液缓蚀剂含量的指标，储备碱度大的发动机冷却液，其使用寿命也长，虽然pH值在一定程度上反映了储备碱度的变化趋势，但不能明

显看出冷却液的劣化程度，通过储备碱度的试验数据，再知道冷却液中缓蚀剂浓度就能判断是否需要更换以及何时需要更换?为合理更换汽车冷却液提供有价值的参考。

表 4－13 冷却液储备碱度 V 随里程变化 mL

行驶里程/km	1 号	2 号	3 号
	V_1	V_2	V_3
新冷却液	11.9	—	—
2500	6.5	6.8	6.3
10000	5.7	5.5	5.3
20000	4.9	4.7	4.0
30000	3.2	3.7	2.9
40000	2.2	2.4	1.9

第 5 章　无机盐型重负荷发动机冷却液

5.1　重负荷发动机的穴蚀问题

穴蚀(Cavatation)，又称空蚀、空化和空泡腐蚀。由于液体内的压力低于液体所处条件下的极限压力时，产生气泡核，气泡核生长，在外界压力下坍塌破裂，产生微射流和冲击波，从而对固体壁面产生破坏。穴蚀破坏的特征有：固体壁面出现孔洞，有时是单个，有时是聚集的小孔群，而在某些条件下则形成大量的麻点，从而使表面变得十分粗糙。

1873 年雷诺从理论上预言，船桨和水之间的高速相对运动会产生影响船桨性能的真空腔。1897 年巴纳比和帕森斯在果敢号鱼雷艇和几艘蒸汽船相继发生推进器效率严重下降事件后，提出了空化的概念，并指出在液体和物体间存在高速相对运动的场合就可能出现空化。船用螺旋桨、舵、水翼、水中兵器、水泵、水轮机、高速涵洞、闸门、槽、液体火箭泵、柴油机气缸套等都会遇到空化问题，造成效率降低，材料剥蚀，并产生振动和噪音。空化与空蚀现象在水利水电、造船、交通、运输及动力机械各领域中普遍存在。美国三里岛核电站 1979 年发生的震惊世界的运行事故也与空化有关。

在内燃机中，振动空化常见于柴油机缸瓦。缸瓦在振动中，水体受到一系列连续的高频压强脉动，使水体中的压强低于饱和蒸气压，形成气核，气核生长和溃灭，产生微射流，对气缸套和机体壁面造成破坏。

柴油机的穴蚀破坏是随着柴油机的发展而出现的。随着科学技术的发展以及用户的需要，柴油机向着轻型化、高转速、高增压的方向发展，使得柴油机的强载度即气缸的平均有效压力及活塞的平均速度越来越高，而缸瓦越来越薄，水腔越来越窄，冷却水在水腔中的流动速度也越来越高，因而导致柴油机的机械负荷和热负荷提高，振动强度越来越大，穴蚀从无到有，以致于发展到非常严重的地步。柴油机冷却系统若不使用缓蚀剂，例如船舶常用的135 柴油机，一般运行不到400 ~ 500h 缸套就出现穴蚀，有的不到1000h 就出现了穴蚀穿孔现象，表5 - 1 列出了某船队常用的三种柴油机的有关数据及穴蚀速度（使用规定：一般缸瓦的穴蚀深度超过壁厚的一半就应报废）。

表5 - 1 中数据表明，重负荷发动机运行1000h，就有80%的缸瓦报废，使很多柴油机运行不到大修期就必须修理更换，从而使柴油机修理频繁，影响了正常使用。

表5 - 1　某船队常用的三种柴油机的有关数据及穴蚀速度

项目	轻12V180	重12V180	重12V180
最大转速/（r/min）	1850	1500	1500
功率/kW	120	1000	300
缸瓦厚度/mm	6	8	6
大修期/h	1000	2000	2400
穴蚀速度/（mm/1000h）	2 ~ 4	3 ~ 5	3 ~ 5
缸瓦报废率（1000h）/%	40 ~ 60	80 ~ 100	70 ~ 80

柴油机气缸水套组件穴蚀的原因很多，如冷却水温度、振动强度、冷却水流速、冷却水压力、冷却水含气量的影响等，但最主要的原因在于缸瓦振动所引起的。

如图5 - 1 所示，活塞在连杆作用下作往复运动，随其运动方向不同，在连杆摆动来回面内有交变的侧压力作用于缸瓦；同时为了保障气缸活塞组件的正常工作，活塞和活塞环组件在气缸内必须起动密封和承压作用，由于热胀冷缩的关系，活塞与气缸有一定的间隙存在，因而也必然会出现活塞的横向摆动，从而对缸瓦产生撞击。几种力的综合作用，使缸瓦产生振动。

当缸瓦局部发生强烈振动时，振动能量的一部分就通过固液相界面，以压力波的形式传播到缸瓦外部的冷却水中。冷却水一般为非纯水，如自来水、井水等，自身含有大量的微小杂质，杂质上依附着许多小气核。当压力波强度足够时，低压区气核周围的液体被汽化，使液体的连续性遭到破坏，气核发育，生成气泡，随后低压区变成高压区，气泡在高压作用下蒸汽液化，气泡溃灭。在溃灭的过程中伴随有微射流，而且微射流的射速大，作用面积小，冲击在金属表面上很容易造成机械剥落破坏。众多的气核在交变的压力波作用下，周而复始地产生气泡并溃灭，形成液体的空化现象，金属表面在空化群的作用下产生麻点，续而发展成凹坑。

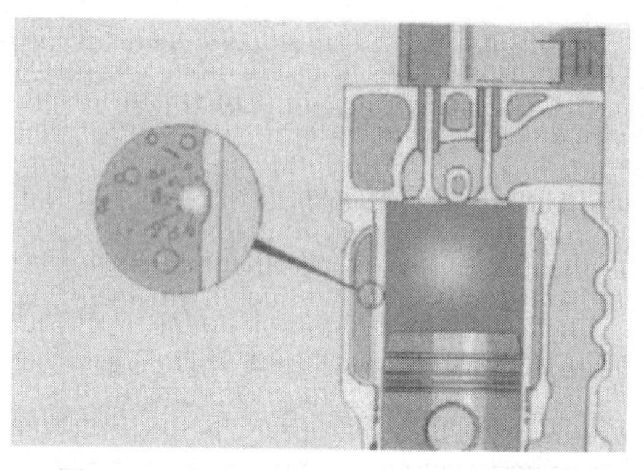

图 5 – 1　柴油机发动机冷却液穴蚀原理图

绝对纯的水具有很大的抗拉应力，但是实际使用的水存在气核、灰尘、杂质等污染物，所以抗拉强度较小；因为水中含（灰尘、气核、污染物等）而使水易于空化；水中含气量越少，抗拉强度越高。实验表明：去尘的和沸腾过的水，液体表面张力对穴蚀具有一定的影响，表面张力高的液体不产生空化，表面张力减缓核子的发育；在不考虑黏滞性、可压缩性和表面张力影响的情况下，若已知空化溃灭/水头和核子起始尺寸，空化溃灭或生长所产生的液体压力大小将与液体的密度成正比。当液体具有可压缩性时，将减少空化的形成。

穴蚀过程主要是机械力的作用。惰性材料如石英、玻璃、黄金、电木、不锈钢、钨、硬质合金等，在空化条件下也能被损坏；液体对材料不发生电化学反应，材料也能被穴蚀破坏。但是，在存在电化学腐蚀的情况下，破坏程度比单一作用之和要大得多。穴蚀加速腐蚀，而腐蚀也加速穴蚀。穴蚀的破坏强度低于破坏材料所需的强度，冲击作用也可使金属表面的疲劳产物被剥离，露出新鲜基体，且在剥离中，增加了基体的表面粗糙度，即增加了接触面积，进一步促进腐蚀；虽然穴蚀的每一次冲击都不足以破坏材料表面，次数不够也不足以导致疲劳破坏，但是，电化学腐蚀可以降低疲劳强度，加速破坏。

柴油机缸瓦穴蚀的一般特征：穴蚀常发生在连杆摆动平面内；多发生在侧推力较大的一边，并呈蜂窝状集中在缸瓦的中下部，孔洞直径一般可达1～5mm，深达2～3mm以上：穴蚀常发生在水套狭窄区，机体在与缸瓦穴蚀的对应位置上也常发生穴蚀，但缸体穴蚀较轻；穴蚀发生在缸瓦上、下止口，特别是下止口与缸体肩脚的配合处(缸体上安装密封圈的凸肩棱沿上)亦常见，如图5－2所示。

图5－2　柴油机缸瓦穴蚀照片

在许多情况下穴蚀破坏会导致意想不到的后果，如气缸套穴蚀穿孔、冷却液渗漏到曲柄箱中。若不能及时发现，将造成内燃机润滑系统的异常磨损，严重时一出现拉缸、抱轴等故障。

作为有效抑制内燃机冷却系统穴蚀的有效措施之一，内燃机冷却水缓蚀剂的使用已引起越来越多的重视，作为冷却介质，冷却液还具有冷却、减缓腐蚀和穴蚀、阻垢、防沸以及防冻等作用。现在绝大多数的发动机冷却液规范和标准是针对轻负荷发动机发动机冷却液的，不能满足重负荷发动机抗穴蚀的要求。

美国材料试验学会(ASTM)将重负荷发动机定义为发动机的平均转速、输出功率和内部温度长期处于最大或接近最大额定工况，这类发动机主要用于农业、采矿业、建筑、运输、越野汽车、大功率的固定电站、机车和船舶的发动机。为解决这些发动机冷却系统的穴蚀问题，使用了冷却液补充添加剂(SCA)，并且在强制性附录中规定了 SCA 必须含有规定浓度的亚硝酸根和钼酸根离子，两者各自的最小浓度不得小于 600μg/g，两者之和大于 1560μg/g。同时提到，一旦测试抗穴蚀性能的试验方法制订以后，就不再规定化学组分要求。德国内燃机协会(FVV)制订了内燃机冷却水添加剂适应性检验试验方法准则，德国 MTU 柴油机公司为其发动机冷却液制订了标准，其中有该公司专门的穴蚀测试方法。

国内市场上使用的发动机不仅有欧洲的 MTU、PC、MWM，还有美国的 Cummings、日本的大发，以及其他进口船舶和工程车辆的内燃机等，且不同国家甚至同一国家的不同型号内燃机指定使用不同型号的缓蚀剂。中国国家标准 GB29743 和石化标准 NB/SH/T 0521 都规定了重负荷发动机冷却液的化学组分，以确保对重负荷发动机穴蚀的抑制。

5.2 重负荷发动机冷却穴蚀评定方法

为了评定重负荷发动机冷却液的气穴腐蚀，科研人员开发了很多试验方法，在后面章节中会有详细介绍。这里列出几个实验室常用的试验方法。

ASTM G32—06 对应于 GB/T 6383—2009 振动空穴实验法

ASTM D2809 对应于 SH/T 0087—1991 铝泵气穴腐蚀试验法

ASTM D7583 约翰迪尔冷却液穴蚀测定法

FVV R 530—2005 腐蚀及气穴腐蚀试验

MTU 试验

5.3 影响穴蚀的因素

田洪祥按照 GB6383 振动空穴实验法设计了磁致伸缩模拟穴蚀试验机，用于研究重负荷发动机缸瓦穴蚀的影响因素。试验装置原理如图 5－3 所示。实验原理简述为：变幅杆顶端装有试件，将试件置于水溶液中，在试件上就产生了由振动导致的穴蚀。

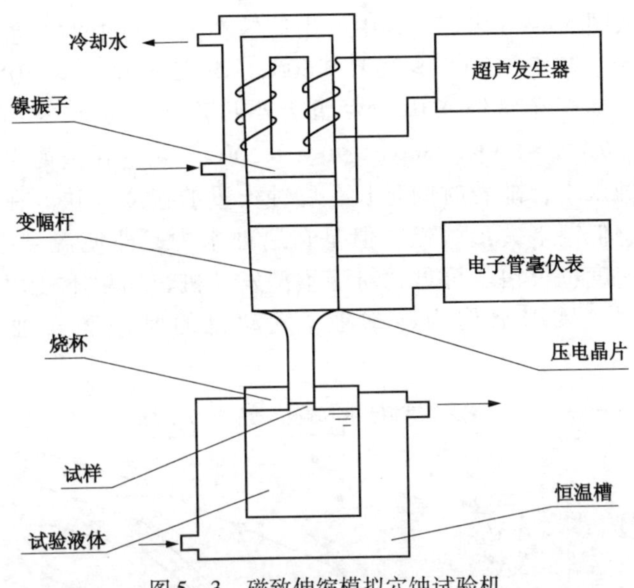

图 5－3　磁致伸缩模拟穴蚀试验机

按原理图连接好仪器后，打开温控仪电源，给恒温池加热，将恒温池内水温保持在(60±2)℃。将试件浸入试液 3mm。打开低频信号发生器、磁化电流、超声波发生器等的电源，预热 15min 后置于工作状态，调节信号发生器的频率，使振动系统处于谐振状态，然后调节超声发生器输出功率以控制试件的振幅。

(1)试验材料。试件材料为硼铸铁，满足 GB HT200 要求，牌号为：MBT250。化学成分：C：3.0%～3.3%；Si：1.7%～2.0%；Mn：0.6%～0.8%；P：＜0.15%；S：＜0.12%；B：0.03%～0.05%。

(2)机械性能。抗拉强度 $Q_b \geq 250N/mm^2$；硬度值 HB200 ~ 260，同一材料硬度值波动≤HB30。

(3)试件的加工。试件经砂纸粗磨、细磨，再用 200 号水砂纸抛光，使试件表面光亮平滑，然后去污，用酒精清洗干净后吹干，置于干燥皿中冷却与干燥，备用。

5.3.1 冷却液温度对穴蚀的影响

从图 5－4 和图 5－5 中看出铸铁在蒸馏水中的失重大小排序为：70℃ >80℃ >90℃ >60℃ >50℃ >40℃ > 30℃ > 20℃；铸铁在腐蚀水中的失重大小排序为：60℃ >50℃ >40℃ ≈70℃ >80℃ ≈30℃ >90℃ >20℃。无论在蒸馏水还是在腐蚀水中，随着时间延长，腐蚀失重的速度加快。在蒸馏水中，低温下失重缓慢，但是在腐蚀水中，即使温度很低，失重速度也很快。可见，对于重型发动机，如果不使用腐蚀抑制剂，只用水作为冷却液，发动机的腐蚀和穴蚀会很严重。

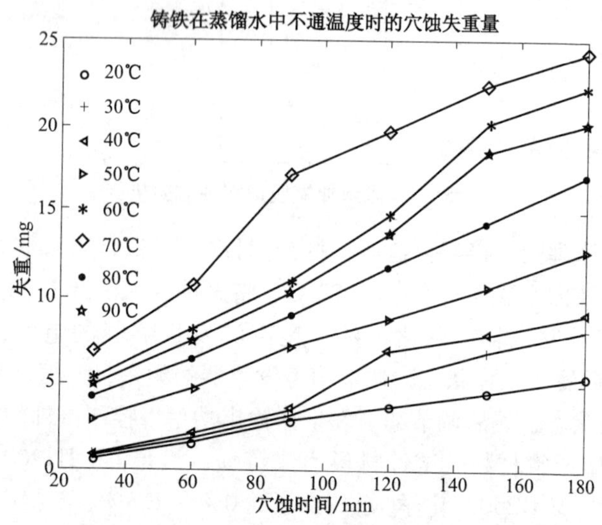

图 5－4 铸铁在蒸馏水中不同温度时的穴蚀失重

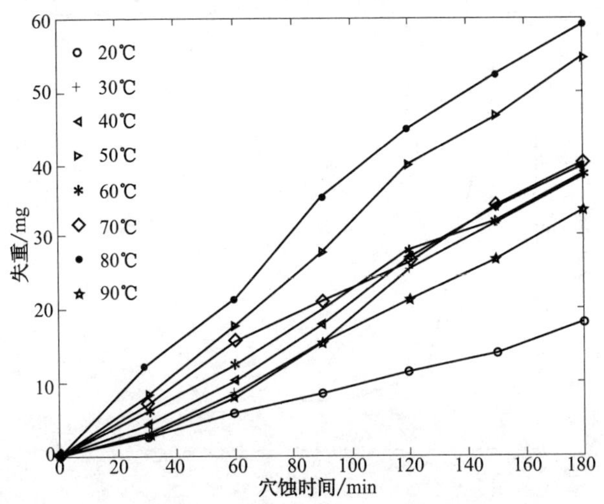

图 5－5　铸铁在腐蚀水中不同温度时的穴蚀失重

5.3.2　pH 值影响

以腐蚀水为基液，用 HCl 或 NaOH 调节 pH 值，pH 值分别为 1、3、5、7、9、11、13，同样认为纯穴蚀为蒸馏水中的穴蚀量，铸铁在不同 pH 值条件下的腐蚀、穴蚀和协同效应见图 5－6，试验时的试液温度为 40℃，腐蚀浸泡和穴蚀时间为 2h，振动幅度为 20μm。

水溶液中的电化学腐蚀反应会有各种价态金属离子生成，也会有水和腐蚀产物参与反应，腐蚀过程的两个主要阴极反应都同 OH^-、H^+ 有关，因此，溶液的 pH 值会影响阳极反应的类型和产物。

从图 5－6 可以看出，随腐蚀水溶液 pH 值的升高，腐蚀和穴蚀失重量减少，当 pH 为 13 时，减缓穴蚀效果非常显著。根据铸铁在水溶液中的相图，pH 值大于 13 时，表面形成钝化膜，具有减缓腐蚀的作用。穴蚀试验表明，该氧化膜同样具有减缓穴蚀的能力，且效果十分显著。

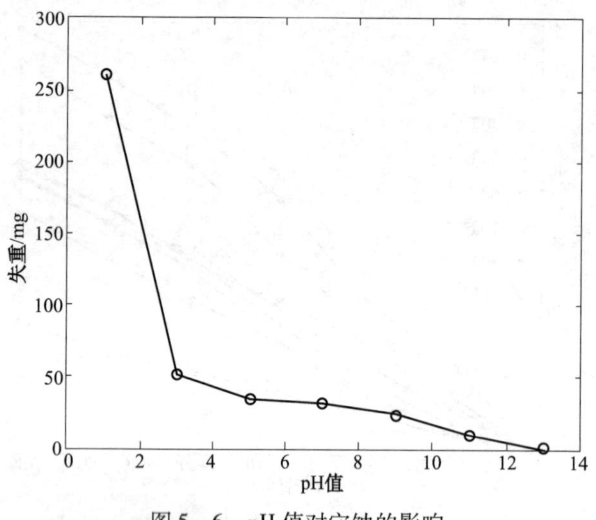

图 5－6 pH 值对穴蚀的影响

5.3.3 震动幅度的影响

从图 5－7 中可以看出，随着机械破坏的增强，振动幅度的提高，机件所受到的微射流损伤加大，铸铁试件失重越来越多。

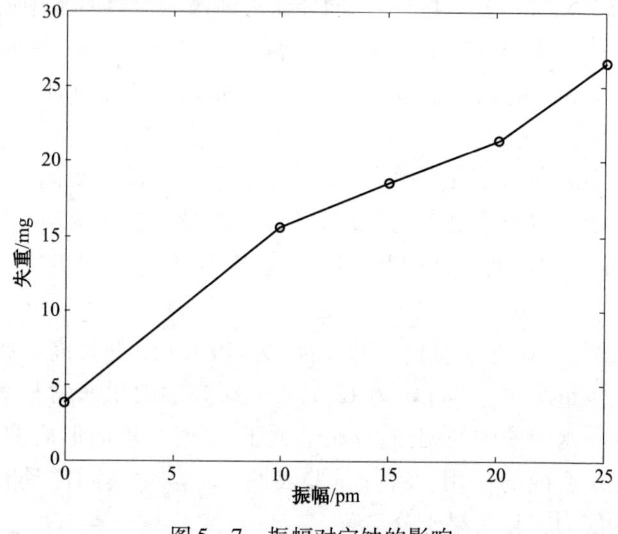

图 5－7 振幅对穴蚀的影响

5.3.4 化学添加剂对穴蚀的影响

从图5－8和表5－2中可以看出，对于铸铁试件而言，在腐蚀水中，随着化学试剂含量的增加，有机羧酸盐具有比钼酸盐和亚硝酸盐更好的减缓穴蚀的效果。

这里缓蚀率定义为：

缓蚀率＝100X(腐蚀水失重－化学添加剂失重)/腐蚀水失重

缓蚀率表征了使用化学添加剂的腐蚀抑制能力。缓蚀率越高，表明添加剂抗穴蚀效果越好。

表5－2　化学添加剂对穴蚀的影响

溶液	穴蚀失重/mg	缓蚀率/%	备　注
腐蚀水	29.5	0	空白试验
$NaNO_2$(2g/L)	11.7	60.3	ASTM 6210—2003规定重负荷发动机冷却液中必须包含的穴蚀抑制剂
$NaNO_2$(4g/L)	10.2	65.4	
$NaNO_2$(8g/L)	9.4	68.1	
$NaNO_2$(16g/L)	8.9	69.8	
Na_2MoO_4(2g/L)	10.3	65.1	ASTM 6210—2003规定重负荷发动机冷却液中必须包含的穴蚀抑制剂
Na_2MoO_4(4g/L)	9.1	69.2	
Na_2MoO_4(8g/L)	8.7	70.5	
Na_2MoO_4(16g/L)	7.3	75.3	
$CH_3(CH_2)_5COOH$(2g/L)	22.1	25.1	$CH_3(CH_2)_5COOH$为典型的一元羧酸
$CH_3(CH_2)_5COOH$(4g/L)	10.3	65.1	
$CH_3(CH_2)_5COOH$(8g/L)	6.8	76.9	
$CH_3(CH_2)_5COOH$(16g/L)	4.0	86.4	
$HOOC(CH_2)_8COOH$(2g/L)	11.6	60.7	$HOOC(CH_2)_8COOH$为发动机冷却液常用缓蚀剂
$HOOC(CH_2)_8COOH$(4g/L)	7.1	74.9	
$HOOC(CH_2)_8COOH$(8g/L)	4.5	84.7	
$HOOC(CH_2)_8COOH$(16g/L)	1.9	93.6	
缓蚀剂A(10%)	2.6	91.2	国外某缓蚀剂
缓蚀剂B(10%)	2.5	91.5	国内某缓蚀剂

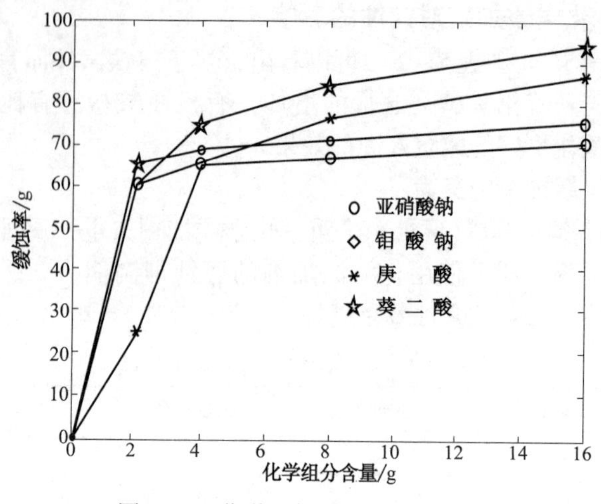

图 5－8　化学添加剂对穴蚀的影响

5.3.5　不同醇浓度的影响

乙二醇（EG）、丙二醇（PG）水溶液作为常年使用的冷却液，具有减少穴蚀的功效。图 5－9 给出了不同比例的乙二醇、丙二醇在蒸馏水中试件的穴蚀情况，与腐蚀水相比，乙二醇和丙二醇

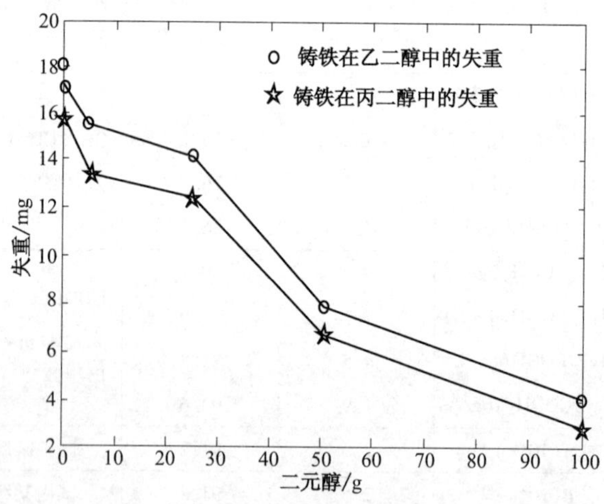

图 5－9　不同醇浓度对穴蚀的影响

水溶液的抗穴蚀性能较好。无论是乙二醇还是丙二醇，随着二元醇浓度的提高，铸铁的失重越来越少，与同浓度的乙二醇相比，在丙二醇溶液中穴蚀的失重较小。丙二醇水溶液的抗穴蚀性能好于乙二醇水溶液。DiaaM. Hosny 分析认为 50% 浓度丙二醇比 50% 乙二醇减缓穴蚀好的主要原因是因为丙二醇黏度的较高。

5.3.6 其他因素影响

冷却液的特性如表面张力、声速、黏度、蒸汽压、密度、压缩性、相对分子质量等与穴蚀之间的联系。乙二醇、丙二醇和水的性质见表 5－3。

表 5－3 蒸馏水、乙二醇、丙二醇的性质比较

物性	蒸馏水	50% 乙二醇	50% 丙二醇	100% 乙二醇	100% 丙二醇
黏度/mPa·s	0.7	3.0	5.0	16.5	44.0
表面张力/[(N/cm)(dyn/cm)]	7.197×10^{-4} (71.97)	5.60×10^{-4} (56.0)	4.50×10^{-4} (45.0)	4.70×10^{-4} (47.0)	3.60×10^{-4} (36.0)
密度/(g/cm^3)	0.998	1.056	1.016	1.113	1.003
相对分子质量	18	18.22*	18.58*	62.1	76.1
蒸汽压/kPa (mmHg)	3.07(23)	(20)	2.67(22)	0.02(0.12)	0.03(0.22)
声速/(m/s)	1498	1578	1642	1658	1786
声速抗/(g/cm^3·m/s)	1495	1666	1668	1845	1845

表面张力大或小时，穴蚀强度均相对较小，表面张力适中时，穴蚀最严重。表面张力越大，气核生长为气泡越难，然而，气泡一旦长成，表面张力的作用就迅速减少。一般说来，表面张力越大，气泡坍塌产生微射流的危害也越大，在坍塌阶段，高的表面张力导致气泡速度增加。以上解释了中间表面张力为

何会导致穴蚀严重的原因。表面张力越小，越易产生气泡，但是坍塌时速度小。表面张力越大，坍塌时气泡速度越大，但是在起始阶段难以产生气泡。因此穴蚀强度与表面张力之间的曲线成钟形曲线。

黏度的影响呈反转的钟形曲线，在不同功率水平上，中间黏度所对应的穴蚀强度较小。黏度的一般作用是在气泡生长和坍塌过程中产生摩擦和机械能的损失，增加黏度，可以减少气泡的最大尺寸，减少气泡产生和坍塌的速度。气泡尺寸越小，坍塌时产生的破坏越大。

在冷却液中加入冷却液补加添加剂(SCA)后，在铸铁表面会产生坚韧的膜，防止了微射流的冲击，从而有效减缓机件的失重，这主要是因为化学影响而非物理影响。

5.4　重负荷冷却液中缓蚀剂在使用中的消耗

重负荷发动机冷却液中各种缓蚀剂的消耗速度是不同的。如图5-10所示。巯基噻二唑类铜钝化剂和硅酸盐的消耗速度最快，在500h就消耗80%。因此，同时采用巯基噻二唑类和硅酸盐添加剂的冷却液，使用时间不能太长，一般在50000km或者一年就要更换。

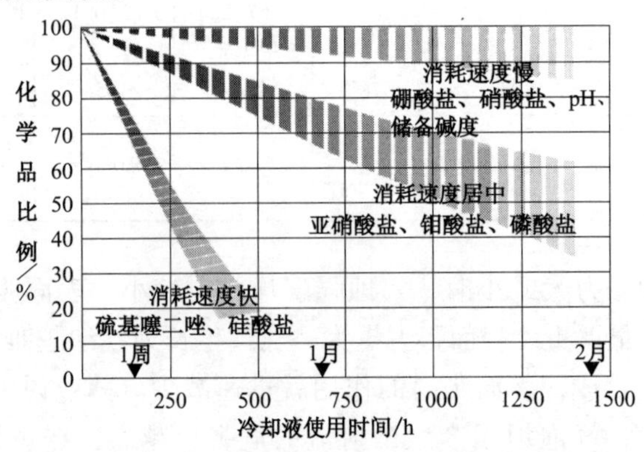

图5-10　不同缓蚀剂在发动机冷却系统的消耗

亚硝酸盐、钼酸盐、磷酸盐的消耗速度中等，在1500h，消耗40%以上。亚硝酸盐、磷酸盐类腐蚀抑制剂必须保持足够浓度，才能保证有效的缓蚀效果。因此，对于重负荷发动机冷却，在使用1500h，要补充化学添加剂(SCA)，以维持发动机冷却液足够的防穴蚀性能。

硼酸盐的消耗速度最慢。对于含铝合金的冷却系统，需要平衡硼酸盐与硅酸盐的浓度，以保证硅酸盐消耗后，硼酸盐对铝合金的腐蚀被控制。

亚硝酸盐在发动机冷却液使用中，会转化为硝酸盐和铵盐，因此硝酸盐的消耗速度也很低。使用SCA的重负荷冷却液，pH值和储备碱度会维持在合理的范围。这一点很重要，如果pH值变化大，所有冷却系统的金属腐蚀抑制效果都会变差。

5.5 重负荷发动机冷却液与补充化学添加剂(SCA)配方举例

重负荷发动机冷却液配方举例见表5-4。

表5-4 重负荷发动机冷却液配方 %(质量分数)

组分	配方
乙二醇	46.75
水	50.83
甲基苯三唑	0.10
硝酸钠	0.05
钼酸钠	0.05
偏硼酸钠	0.50
亚硝酸钠	0.05
硅酸钠	0.10
NaOH	0.12
笨甲酸钠	1.5

在重负荷发动机冷却液中使用SCA，主要是为了保持冷却液的气穴腐蚀保护性能，减少传热表面的沉积物。SCA 配方如下。

SCA 配方举例 1 如表 5 – 5 所示。

表 5 – 5　SCA 补充化学添加剂配方　　%（质量分数）

序号	主要成分	配方
1	去离子水或蒸馏水	75.49
2	50% NaOH 水溶液	5.15
3	硼砂	10
4	硅酸钠	3.5
5	亚硝酸钠	4
6	稳定剂	适量

SCA 配方举例 2 如表 5 – 6 所示。

表 5 – 6　SCA 补充化学添加剂配方　　%（质量分数）

组分	配方
蒸馏水	37.6
$NaNO_3$	3.9
50% 甲基苯三唑钠盐	5.2
45% KOH	15.7
$Na_2B_4O_7 \cdot 5H_2O$	15.6
硅酸钠溶液	4.4
道康宁（Dow Corning）Q1 – 6083	0.52
其他助剂	3.66
$Na_2MoO_4 \cdot 2H_2O$	3.9
$NaNO_2$	10.4

5.6 重负荷发动机冷却液的不足

5.6.1 IAT 配方的硅凝胶问题

在 IAT 配方中，硅凝胶是化学问题，不是由于重负荷发动机或者重负荷发动机冷却系统的设计造成的。该问题在 OAT 配方中得以解决，原因在于这类配方中不含有硅酸盐。

硅凝胶是无机盐发动机冷却液中所含硅酸盐聚合的产物，是大相对分子质量的硅酸盐在乙二醇中的溶解不足导致的。影响发动机冷却液中硅酸盐稳定性的化学结构和系统因素如下：

- 硅酸盐浓度
- 醇的浓度
- 总的固体/盐溶解物
- 空气释放性
- pH 值（范围 8.5～10.5）
- 水硬度
- 淬冷效应

5.6.2 硅凝胶带来的问题与控制措施

- 发动机过热
- 驾驶室取热不足
- 水泵泄露
- 冷却液过滤器堵塞

硅酸盐稳定剂可以改善硅酸盐在发动机冷却系统中的稳定性，但是，长期运行中，聚合问题还是难以避免。

在 IAT 发动机冷却液中控制或者阻止凝胶的措施包括：

- 不要使用超过需要的醇浓度
- 发动机冷却液/水比例不要超过 65/35
- 在充装发动机冷却液时，不要使用 100% 发动机冷却液
- 不要过量使用 SCA
- 使用冷却液过滤器去除最终生成的凝胶

5.6.3 硅凝胶的形成机理示意图

如图 5－11 所示，硅凝胶的生成过程，从单分子二聚，再环化，出现小颗粒。在 pH <7 或 pH 在 7～10 时，有盐存在的情况下，小颗粒会向 A 方向发展，形成三维立体网状的凝胶。如果 pH 值在 7～10 时，没有盐存在情况下，小颗粒就会沿着 B 方向发展，由 1nm 逐渐长大到 5nm、10nm、30nm、100nm，最终形成固体沉积物。

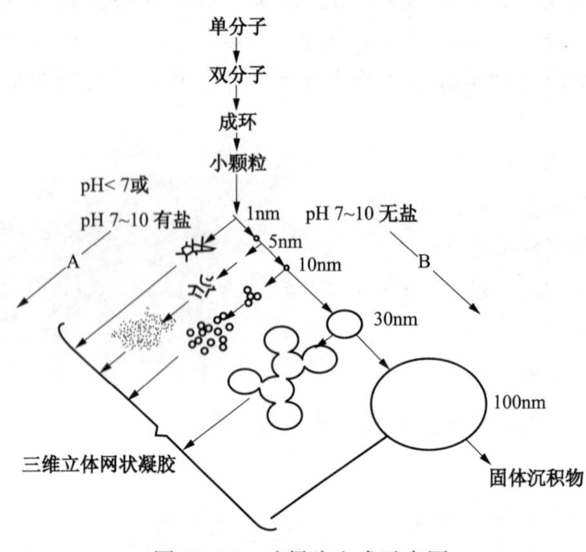

图 5－11　硅凝胶生成示意图

5.6.4 重负荷发动机冷却液中合理使用 SCA

图 5－12 给出了正确选用 SCA 和满足 ASTM D 4985 规格发动机冷却液避免凝胶生成的方法。从图 5－12 中可以看出，每 24000km (15000mile)，使用 4.546L(1gal)的 SCA，发动机冷却液的使用里程可以超过 320000km(200000mile)。如果不加 SCA，约 100000km(行驶 60000mile)，冷却液的缓蚀剂浓度就接近严重穴蚀限值。而每 24000km(150000mile)，加 9.092L(2gal)的 SCA，会在行驶 290000km (280000mile)后，冷却液达到硅酸盐生成凝胶的限值。

因此，对于使用 SCA 的重负荷发动机，要按照使用要求，定期按比例或者根据试纸检测结果加入 SCA，否则，在机动车行驶过程中，会出现 SCA 过浓导致硅凝胶生成或者不能有效控制穴蚀。

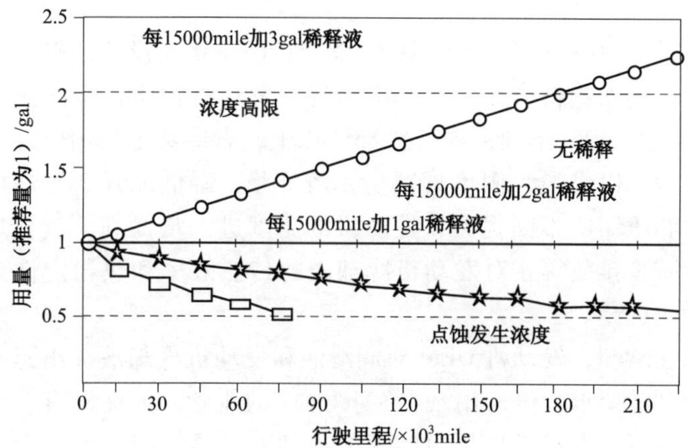

图 5－12　SCA 用量与行驶里程图

注：1mile＝1.609km；1gal＝4.546L

第 6 章　OAT 有机酸型发动机冷却液技术

进入 20 世纪 90 年代中叶，发动机 OEM 大量使用轻质金属合金，例如铝锰合金、铝硅合金等。发动机轻质合金的比例从 70 年代的 30% 不到，提高到 85% 以上，有些甚至采用全轻质合金技术，以求最大限度地减少车身质量，降低能耗。发动机的功率和压缩比不断提升，发动机的温度进一步提高，改善热效率和减少排放等，对发动机冷却液的传热效率和热稳定性要求也相应提高。

在欧洲，发动机 OEM 对润滑油和发动机冷却液提出延长使用周期的要求，进而出现“终身寿命”的概念，即在没有系统损坏情况下，发动机出厂时装入的冷却液，要使用 5 年以上或者 160000km 以上。

针对这些新的市场需求，发动机冷却液制造厂开发出 OAT (Organic Acid Technology)——有机酸腐蚀抑制剂技术。

6.1　有机羧酸

有机酸类(Organic acids)是分子结构中含有羧基(—COOH)的化合物。有机酸多溶于水或乙醇，呈显著的酸性反应，难溶于其他有机溶剂，有挥发性或无挥发性。在有机酸的水溶液中加入氯化钙、醋酸铅或氢氧化钡溶液时，能生成不溶于水的钙盐、铅盐或钡盐的沉淀。

羧酸的官能团是羧基，除甲酸外，都是由烃基和羧基两部分组成。根据烃基的结构不同，羧酸分为脂肪酸和芳香酸。羧基与脂肪烃基相连结者，称为脂肪酸。脂肪酸又根据烃基的不饱和度分为饱和酯肪酸和不饱和脂肪酸。若脂肪羟基中不含有不饱和键，则称为饱和脂肪酸；若脂肪羟基中含有不饱和键，则称为不饱和脂肪酸。羧基与芳香羟基相连结者，称为芳香酸。羧酸还可以根据其分子中所含羧基的数目不同分为一元、二元和多元羧酸。分子中含有一个羧基的称为一元羧酸；分子中含有两个羧基的称为二元羧酸；同理，分子中含有两个以上羧基的统称为多元羧酸。

在饱和一元脂肪酸中，常温下甲酸、乙酸、丙酸为具有强烈刺激性气味的无色液体；含4~9个碳原子的羧酸为具有腐败气味的油状液体；癸酸以上为蜡状固体。二元羧酸和芳香酸都是结晶性固体。羧酸的沸点随着相对分子质量的增加而升高，比相对分子质量相近的醇高。例如，甲酸和乙醇的相对分子质量相同，但甲酸的沸点为100.5℃，乙醇的沸点为78.5℃。这是由于羧酸分子间可以形成两个氢键，而且缔合成双分子二聚体，低级的羧酸甚至在气态下即缔合成二聚体。

一元脂肪族羧酸随碳原子数增加水溶性降低。低级羧酸可与水混溶，高级一元羧酸不溶于水，但能溶于有机溶剂。多元羧酸的水溶性大于相同碳原子的一元酸。

羧酸一般都是弱酸，其酸性强弱可以用 pK_a 来表示，通常 pK_a 在3~5，比强的无机酸弱，但比酚类(苯酚的 pK_a 为9.96)、碳酸(pK_a 为6.38)要强。因此，羧酸能与氢氧化钠、碳酸钠等反应生成羧酸盐，也能与碳酸氢钠反应，同时生成二氧化碳，而酚类则不发生此反应。

$$R—COOH + NaOH \longrightarrow R—COONa + H_2O$$

$$2R—COOH + Na_2CO_3 \longrightarrow 2R—COONa + CO_2\uparrow + H_2O$$

$$R—COOH + NaHCO_3 \longrightarrow R—COONa + CO_2\uparrow + H_2O$$

羧酸的钠盐、钾盐和铵盐一般易溶于水。

6.2 有机羧酸在发动机冷却液中的应用

用于发动机冷却中的羧酸类缓蚀剂包含芳香酸和脂肪酸。

芳香酸有苯甲酸、羟基苯甲酸、对氯苯甲酸、对硝基苯甲酸、肉桂酸、羟基肉桂酸等。Duranleau 等采用萘二酸盐作为缓蚀剂，发现2，6－萘二酸盐和1，5－萘二酸盐的混合物有很好的缓蚀效果。然而，他认为2，3－和1，2－取代物和金属形成的螯合物会促进金属表面降解而没有缓蚀效果。Nishii 等为了保护铸铝和铸镁，采用氟化物和三元酸混合添加，具有显著的协同效应，多元酸包括1，3，5－三苯甲酸、1，2，4－三苯甲酸、2，5，7－萘三酸、1，2，4－萘三酸、苯均四酸、1，2，4－丁三酸、1，2，5－己三酸、1，3－二羧基－2－甲基－甲叉丙烷、1，2，7，8－辛四酸等。

脂肪酸在发动机冷却液中的使用越来越多。其消耗缓慢，是因为其属于活性吸附，不需要成膜，又因为二元酸的溶解性好，使用范围广。Keil 等在液压机的发动机冷却液中加入含 C_6 ~ C_{12}，2 位或 3 位被取代的脂肪酸碱金属盐或胺盐的混合物，如相对分子质量分别为 258、272、300 的异辛基脂肪酸、异壬基脂肪酸、异癸基脂肪酸。在投加浓度达到 1% 时显示出很好的缓蚀效果，在浓度低时，比壬二酸、癸二酸表现出更好的缓蚀效果。Darden 等选用了二环戊二烯二元羧酸盐做发动机冷却液缓蚀剂，如六水－4，7－甲茚－1，5－二酸、1，6－二酸、3，5－二酸、3，6－二酸、2，5－二酸、2，6－二酸的碱金属盐或胺盐。其中，2，3－二酸、5，6－二酸和金属形成的螯合物促进了金属的表面降解而无缓蚀效果。Burns 则采用了环己酸、环己乙酸、环己丙酸、2－羟基苯甲酸、苦杏仁酸、1－羧基苯乙酸。Maes 介绍了含 C_5 ~ C_{16}一元羧酸及其盐、甲基苯三唑、咪唑的全有机配方，旨在更好地防止铝和镁的点蚀和缝隙腐蚀，结果显示 2－乙基己酸有优异的缓蚀效果。Uekusa 提出了含 0.005% ~0.5%（质量分数）柠檬酸的无毒环保配方。Wilson 等使用氨基酸作为铸铝缓蚀剂，配合碱金属磷酸盐和含氮杂环化合物的配方。Preusch 等选取食用级玉米糖浆作为缓蚀剂，投加量为 10%，添加丙三醇制成安全无毒甚至可饮用的发动机冷却液。Wenderoth 等对酰胺类物质进行了大量的研究，证明 0.05% ~10% 磺酰胺或羧酰胺类化合物可以很好地保护镁和镁合金，且效果比芳香三酸和氟化钾的复合配方好。Maes 等采用邻异丁基苯甲酸和辛酸、壬酸或庚酸生成的酯类化合物，配合胺和三唑来保护铸铝。

6.2.1 OAT 的储备碱度(RA)

Weir 等研究了不同类型有机酸的溶解性和储备碱度。使用 50% 浓度的 NaOH 溶液或者 45% 浓度的 KOH 溶液作为基础液，选用 NaOH 还是 KOH，取决于有机酸在基础液中的溶解性。一般有机酸在 KOH 溶液中的稳定性更高。基础液用量为总液量的 95%，加入到 90% 需要量的丙二醇(PG)中，向混合液中加入实验用酸，完全溶解后，加入三唑(TTZ)和抗泡剂，再完全溶解后，加入浓度为 10% 的碱性丙二醇溶液，调节 pH 值为 8.2~8.4。再加入剩余的丙二醇，使总液量达到 100%，配方见表 6-1。

表 6-1　各种酸配制的冷却液的组成和 RA 值

有机酸	PG/%	酸/%	TTZ/%	NaOH/%	KOH/%	RA pH=5.5	RA pH=4.5
直链一元脂肪酸							
丙酸	91.527	4.000	0.201	4.272	—	—	—
丁酸	92.186	4.000	0.206	3.607	—	—	—
戊酸	92.714	4.006	0.203	3.077	—	—	—
己酸	93.087	4.001	0.203	2.709	—	—	—
庚酸	93.329	4.007	0.201	2.464	—	—	—
辛酸	93.569	4.001	0.200	2.229	—	10.0	26.1
壬酸	93.777	4.002	0.200	2.021	—	20.4	25.4
癸酸	93.896	4.003	0.201	1.901	—	22.5	23.7
正十二酸/月桂酸	94.151	4.000	0.200	1.649	—	—	—
其他一元脂肪酸							
异庚酸	93.275	4.050	0.200	2.475	—	—	—

续表

有机酸	PG/%	酸/%	TTZ/%	NaOH/%	KOH/%	RA pH = 5.5	RA pH = 4.5
2 - 乙基己酸	93.617	4.001	0.200	2.183	—	6.4	23.3
环乙基丙酸	93.667	4.000	0.200	2.133	—	7.8	24.5
油酸(40% K paste)	89.793	10.003	0.204	—	0.000	—	—
一元芳香酸和取代芳香基一元酸							
苯甲酸	93.099	4.001	0.200	2.700	—	3.4	17.6
m - Cl 苯甲酸	93.691	4.002	0.200	2.107	—	—	—
p - Cl 苯甲酸	93.695	4.000	0.200	2.105	—	16.0	25.9
m - NO_2 苯甲酸	93.826	4.003	0.200	1.971	—	—	—
p - NO_2 苯甲酸	93.738	4.000	0.200	2.062	—	—	—
肉桂酸	93.635	4.000	0.200	2.165	—	3.0	23.9
氢化肉桂酸	93.728	4.000	0.200	2.072	—	—	—
p - Cl 肉桂酸	94.033	4.007	0.200	1.760	—	24.5	24.9
p - NO_2 肉桂酸	93.360	4.000	0.200	—	2.400	21.4	22.3
p - OH 肉桂酸	93.818	4.000	0.201	1.981	—	—	—
直链二元脂肪酸							
戊二酸	91.078	4.007	0.200	4.715	—	17.8	47.1
亚甲基丁二酸	90.903	4.000	0.201	4.896	—	—	—
己二酸	91.484	4.005	0.200	4.311	—	—	—
庚二酸	91.964	4.000	0.200	3.836	—	17.4	43.3
辛二酸	92.230	4.000	0.200	3.570	—	—	—
壬二酸	90.639	4.000	0.201	—	5.161	15.4	36.9
癸二酸	92.324	3.500	0.200	—	3.976	12.8	34.4
十四二酸	92.114	4.000	0.200	—	3.686	—	—

传统冷却液的储备碱度一般在 10 ~ 14，原因在于无机盐配方缓冲体系的 pK_a 在 7 ~9 范围，例如，四硼酸钠缓冲体系，pH 为 7.5 时，只需要 0.5% 就可以提供所需的 RA。而且，无机缓冲剂在 pH 值低于 3 时仍可以溶解。

仅有 2 - 乙基己酸、环己烷丙酸、辛酸、壬酸和癸酸五种一元直链脂肪酸提供了 RA，并且缓冲能力很弱。其中，4% 的 2 - 乙基己酸和环己烷丙酸用量才能够在 pH 值为 5.5 时使 RA 达到 6 ~8。其他三种酸在滴定过程中均产生沉淀，辛酸中产生少量沉淀，壬酸和癸酸产生的沉淀量依次增多。

一元芳香羧酸的 RA 与苯环上的取代基关系很大，苯甲酸和月桂酸在 pH 值 5.5 的 RA 都很低，但是在 pH 值 4.5 的 RA 都很高，滴定中没有沉淀产生。环取代衍生物(对位有 Cl)在 pH 值高于 5.5 时就有沉淀产生。

二元脂肪酸的缓冲能力要优于一元脂肪酸和一元芳香酸，在 pH 值为 5.5 时的 RA 为 13 ~18，滴定中也没有沉淀出现。这得益于二元羧酸具有两个酸位，一个提供缓冲，一个保持溶解性。在 pH 值 4.5 时，二元羧酸的两个酸位全部被滴定，提供了几乎是一元酸两倍的 RA，除了癸二酸有少量沉淀外，其他二元酸的溶解性都很好。

6.2.2 有机酸的金属腐蚀抑制性能

Weir 等使用改造的玻璃器皿腐蚀试验法。该方法很好地结合了传统 ASTM D1384 试验(偶联的金属试片法)和文献给出的非偶联或者绝缘金属试片法。方法采用 4 个大烧杯，2 ×2 矩阵：Sn30A(30% 锡、70% 铅)和偶联试片，莫迪恩(Modine)焊料(97% 铅、0.5% 银、2.5% 锡的高铅焊料)和偶联试片，Sn30A 和非偶联试片，莫迪恩(Modine)焊料和非偶联试片。特氟龙垫圈用于非偶联金属试片间绝缘。其他试验条件与 ASTM D1384 相同。表 6 -2 给出了采用改造后的 ASTM D1384 方法，对水、EG(乙二醇)、PG(丙二醇)，以及 ASTM D3585 标准参比配方的乙二醇、丙二醇冷却液的试验结果。

表 6-2 参比液体的腐蚀试验结果

液体	因素		失重/mg					
	状态	焊锡	铜	焊锡	黄铜	钢	铸铁	铝
水	偶联	Sn30A	3.3	18.5	3.4	118.5	640.6	132.7
		Modine	3.0	58.9	2.5	178.6	551.1	123.9
	非偶联	Sn30A	3.3	5.9	2.2	479.2	553.5	155.1
		Modine	4.8	55.3	4.3	433.6	706.0	196.1
EG	偶联	Sn30A	2.4	54.6	2.4	158.6	440.3	34.6
		Modine	2.3	635.5	4.1	299.3	863.5	36.9
	非偶联	Sn30A	3.0	12.6	3.2	428.0	601.7	68.5
		Modine	4.6	133.1	6.1	335.2	485.4	84.1
PG	偶联	Sn30A	23.5	122.6	97.8	635.4	1036.1	118.3
		Modine	2.3	1000.0	4.7	566.1	716.0	60.3
	非偶联	Sn30A	10.2	19.9	28.7	651.8	898.2	116.3
		Modine	3.3	115.6	4.5	390.9	483.1	95.8
D 3585 in EG	偶联	Sn30A	-0.1	1.6	1.5	0.6	1.0	5.0
		Modine	-0.2	3.0	1.9	0.2	-0.7	6.1
	非偶联	Sn30A	-0.7	0.2	1.2	0.1	0.3	1.7
		Modine	1.8	1.0	0.8	0.9	1.1	4.6
D 3585 in PG	偶联	Sn30A	2.3	3.9	1.8	-0.3	-0.3	10.6
		Modine	1.8	6.4	1.8	0.1	-0.7	13.2
	非偶联	Sn30A	1.8	2.9	0.9	1.1	-0.1	-12.7
		Modine	1.9	6.2	1.4	0.0	0.4	-2.8

从表 6-2 可知，如果不添加腐蚀抑制剂，金属腐蚀非常严重。偶联时，焊料失重多，原因在于焊料与铜和黄铜偶联时，焊料作为牺牲电极。而钢和铸铝与铸铁偶联时，铸铁失重多，这是因为铸铁作为阴极在保护电极。

表 6-3 给出了一元直链脂肪酸的金属腐蚀试验结果。可以

看出，除了丙酸，一元直链脂肪酸对铜、黄铜、钢、铁和铝都有很好的保护。有趣的是，(Modine)焊料偶联与否，在壬酸中铝的增重量均很大。

表 6－3　一元直链脂肪酸的金属腐蚀抑制性能

酸	因素		失重/mg					
	状态	焊锡	铜	焊锡	黄铜	钢	铸铁	铝
丙酸	偶联	Sn30A	3.4	57.2	4.1	9.6	27.0	7.2
		Modine	5.2	2593.2	5.9	44.1	44.1	39.1
	非偶联	Sn30A	3.0	3.3	3.1	2.1	26.1	12.5
		Modine	3.4	148.6	4.0	0.0	55.2	4.6
丁酸	偶联	Sn30A	2.5	43.8	3.2	0.6	8.4	8.0
		Modine	6.4	510.1	3.5	1.6	－3.6	4.0
	非偶联	Sn30A	3.2	6.3	3.1	－0.7	1.0	4.7
		Modine	4.2	88.0	3.2	0.3	0.7	4.1
戊酸	偶联	Sn30A	3.1	35.6	4.5	－0.3	0.7	0.6
		Modine	5.1	436.8	3.9	0.5	1.4	3.4
	非偶联	Sn30A	3.8	4.3	2.6	－0.2	1.9	3.8
		Modine	3.6	193.3	4.1	0.8	3.9	3.3
己酸	偶联	Sn30A	3.5	6.5	4.6	0.7	1.1	4.4
		Modine	5.2	360.8	5.3	0.1	1.3	3.3
	非偶联	Sn30A	3.7	2.9	3.1	0.1	0.5	4.4
		Modine	3.2	107.2	2.2	0.7	0.7	1.4
庚酸	偶联	Sn30A	1.6	4.6	1.1	－0.4	－0.3	4.2
		Modine	2.5	170.0	1.1	0.0	－0.2	4.7
	非偶联	Sn30A	1.2	3.8	0.9	0.1	－0.5	0.8
		Modine	2.1	94.4	0.7	0.6	－0.9	0.4
辛酸	偶联	Sn30A	2.2	3.8	1.6	－0.2	0.6	0.6
		Modine	3.0	102.1	4.9	0.1	－0.1	－2.0
	非偶联	Sn30A	2.3	1.5	1.4	0.6	－0.4	5.7
		Modine	3.0	75.0	1.7	0.5	－1.0	2.1

续表

酸	因素		失重/mg					
	状态	焊锡	铜	焊锡	黄铜	钢	铸铁	铝
壬酸	偶联	Sn30A	3.7	3.8	2.6	0.5	-0.5	0.8
		Modine	2.3	107.3	3.2	-0.2	-0.5	-53.5
	非偶联	Sn30A	2.1	3.0	2.5	-0.2	0.0	2.8
		Modine	3.5	163.8	2.9	0.8	0.9	-26.1
癸酸	偶联	Sn30A	2.8	7.8	2.4	1.4	-0.2	6.8
		Modine	2.1	-9.8	4.1	-0.2	-0.5	2.1
	非偶联	Sn30A	4.6	6.8	2.8	-0.7	-0.1	6.3
		Modine	3.5	65.6	3.1	0.1	0.0	2.5
十二酸	偶联	Sn30A	5.5	12.5	4.3	0.0	-0.3	-2.8
		Modine	3.8	411.5	3.7	0.2	0.1	4.4
	非偶联	Sn30A	4.0	8.4	3.5	0.9	3.5	6.3
		Modine	4.8	214.3	4.4	1.2	4.3	2.7
异庚酸	偶联	Sn30A	2.5	8.6	1.1	0.2	-0.3	3.0
		Modine	1.3	516.6	0.9	-0.8	-0.9	2.2
	非偶联	Sn30A	1.2	7.0	1.2	-0.1	-0.1	3.2
		Modine	2.1	390.3	0.5	0.1	-0.9	3.9
2-乙基己酸	偶联	Sn30A	1.6	-0.3	1.0	5.0	8.0	0.0
		Modine	1.9	51.1	0.9	8.7	0.4	-0.6
	非偶联	Sn30A	2.3	0.4	0.9	21.5	0.1	0.2
		Modine	2.0	81.9	0.6	9.8	2.7	-3.1
环己烷丙酸	偶联	Sn30A	1.4	-1.1	0.4	-0.4	-0.8	0.3
		Modine	1.5	15.3	1.1	0.1	-0.4	-4.3
	非偶联	Sn30A	2.5	-0.1	0.8	0.7	0.2	-0.6
		Modine	2.2	22.1	0.9	0.2	-0.5	-6.9

续表

酸	因素		失重/mg					
	状态	焊锡	铜	焊锡	黄铜	钢	铸铁	铝
油酸	偶联	Sn30A	1.5	31.6	3.1	-1.9	-71.1	-9.3
		Modine	3.0	560.6	4.2	-5.5	-0.5	-3.1
	非偶联	Sn30A	0.7	25.3	5.0	-1.3	-0.2	-6.5
		Modine	0.7	298.9	4.2	-3.5	2.2	-19.5

表6-4给出了芳香一元酸的金属腐蚀结果，发现芳香酸的金属腐蚀抑制能力差别较大。p-Cl苯甲酸、$p-NO_2$、肉桂酸、p-Cl肉桂酸、$p-NO_2$肉桂酸对所有的金属都有保护。差异在于对焊料的保护，失重在3~12mg。其他类型的一元芳香酸对铸铁和铸铝的保护都很差。

表6-4　一元芳香酸的金属腐蚀抑制性能

有机酸	因素		失重/mg					
	状态	焊锡	铜	焊锡	黄铜	钢	铸铁	铝
苯甲酸	偶联	Sn30A	4.8	3.0	2.8	0.3	252.5	19.3
		Modine	3.9	89.7	3.2	6.3	252.9	16.5
	非偶联	Sn30A	2.4	0.2	2.0	0.2	0.3	-12.3
		Modine	2.4	16.8	1.8	0.8	0.3	3.3
m-Cl苯甲酸	偶联	Sn30A	2.8	3.4	2.7	-0.2	110.1	15.6
		Modine	2.7	25.3	2.4	0.3	127.6	11.1
	非偶联	Sn30A	2.7	1.1	2.2	0.2	-1.5	11.0
		Modine	2.5	8.6	2.8	0.6	186.9	10.5
p-Cl苯甲酸	偶联	Sn30A	1.3	0.3	0.8	0.1	-0.3	-8.2
		Modine	1.5	3.1	0.9	-0.4	-0.2	-2.0
	非偶联	Sn30A	1.1	0.5	0.6	0.0	-1.1	-5.0
		Modine	1.6	2.5	0.8	-0.4	-0.4	1.8

续表

有机酸	因素		失重/mg					
	状态	焊锡	铜	焊锡	黄铜	钢	铸铁	铝
$m-NO_2$ 苯甲酸	偶联	Sn30A	3.1	0.3	2.0	0.5	0.3	2.8
		Modine	3.3	27.4	2.1	0.1	0.0	−0.5
	非偶联	Sn30A	2.2	0.5	2.7	0.0	1.0	−4.1
		Modine	2.7	20.1	3.4	0.3	3.8	3.3
$p-NO_2$ 苯甲酸	偶联	Sn30A	1.8	1.4	1.5	0.6	1.4	3.2
		Modine	2.0	11.6	2.0	1.1	5.9	2.6
	非偶联	Sn30A	1.7	0.8	1.7	0.5	0.9	6.1
		Modine	2.3	9.2	1.7	−0.1	7.3	4.4
肉桂酸	偶联	Sn30A	0.8	1.0	0.3	−0.7	−0.4	3.3
		Modine	1.2	7.1	1.1	−0.6	−0.8	4.3
	非偶联	Sn30A	0.6	0.3	0.2	0.0	−0.3	3.5
		Modine	1.4	4.0	0.5	−0.7	−0.1	0.6
氢化肉桂酸	偶联	Sn30A	1.8	2.1	1.4	0.1	0.1	−4.8
		Modine	1.7	41.0	3.0	−0.3	−1.3	2.0
	非偶联	Sn30A	2.3	2.1	1.2	−0.8	0.0	−1.4
		Modine	1.6	23.6	1.1	0.1	−0.2	1.2
$p-Cl$ 肉桂酸	偶联	Sn30A	2.8	0.7	2.4	−1.2	−0.6	−6.9
		Modine	2.3	11.9	1.5	−0.5	−0.4	0.2
	非偶联	Sn30A	2.1	0.4	1.0	−1.1	0.3	1.3
		Modine	2.6	6.7	1.8	−1.4	−0.6	0.6
$p-NO_2$ 肉桂酸	偶联	Sn30A	0.7	1.0	2.3	0.6	−0.3	4.1
		Modine	2.5	5.9	2.7	0.2	0.0	0.1
	非偶联	Sn30A	2.0	1.9	2.4	−0.1	−0.8	3.4
		Modine	2.1	4.9	2.2	−0.4	1.0	−4.0

续表

有机酸	因素		失重/mg					
	状态	焊锡	铜	焊锡	黄铜	钢	铸铁	铝
p-OH肉桂酸	偶联	Sn30A	2.4	16.1	6.3	-0.2	90.8	38.0
		Modine	2.0	85.2	5.2	-1.0	69.2	37.1
	非偶联	Sn30A	7.7	220.7	13.0	-0.7	35.7	-1.3
		Modine	5.0	39.2	9.4	-0.7	75.1	31.5

二元脂肪酸的金属腐蚀抑制性能如表6-5所示。二元直链脂肪酸的腐蚀抑制能力分为两类：一类包括戊二酸、甲叉丁二酸和己二酸，焊料和铸铁的失重量大；另一类包括剩余的二元酸，对铸铁和Sn30A腐蚀抑制性能好，但是对Modine焊料的保护依旧不好。

表6-5　二元脂肪酸的金属腐蚀结果

有机酸	因素		失重/mg					
	状态	焊锡	铜	焊锡	黄铜	钢	铸铁	铝
戊二酸	偶联	Sn30A	3.6	0.0	2.7	0.9	3.4	4.2
		Modine	5.6	490.7	5.5	-1.5	3.2	2.3
	非偶联	Sn30A	2.0	10.6	2.1	-0.2	-1.0	-0.5
		Modine	3.1	124.3	1.6	1.2	1.2	-7.9
亚甲基丁二酸	偶联	Sn30A	2.1	27.2	1.6	2.6	368.4	11.6
		Modine	1.7	477.6	5.7	22.5	466.0	19.7
	非偶联	Sn30A	2.6	20.8	1.5	4.8	93.3	9.9
		Modine	1.8	354.3	1.2	3.2	306.8	11.7
己二酸	偶联	Sn30A	4.3	32.0	3.7	30.3	28.4	6.3
		Modine	2.4	291.4	5.9	4.1	24.2	8.6
	非偶联	Sn30A	2.5	22.9	3.3	-0.5	0.6	7.0
		Modine	3.2	223.4	1.8	0.1	2.9	1.8

续表

有机酸	因素		失重/mg					
	状态	焊锡	铜	焊锡	黄铜	钢	铸铁	铝
庚二酸	偶联	Sn30A	1.8	6.1	3.3	0.7	0.2	0.3
		Modine	2.2	535.3	2.5	0.0	0.0	0.4
	非偶联	Sn30A	1.4	1.7	1.2	0.1	-0.6	-7.3
		Modine	1.5	511.2	2.3	0.5	1.7	0.0
辛二酸	偶联	Sn30A	4.9	2.0	3.3	0.2	-0.7	-0.3
		Modine	3.9	33.1	3.1	0.4	-0.1	-2.3
	非偶联	Sn30A	4.0	4.5	1.8	1.1	0.1	-1.9
		Modine	3.2	9.9	3.4	0.2	0.8	-5.4
壬二酸	偶联	Sn30A	3.2	8.2	2.7	0.6	-0.8	2.9
		Modine	4.1	542.8	4.3	-0.2	0.3	1.1
	非偶联	Sn30A	3.3	8.3	4.1	0.5	2.7	4.4
		Modine	3.3	531.5	2.9	1.4	0.6	2.3
癸二酸	偶联	Sn30A	2.8	0.9	3.4	-0.3	-0.4	2.7
		Modine	2.6	20.4	3.5	-0.6	-0.6	-3.3
	非偶联	Sn30A	3.2	0.4	4.7	0.5	-0.8	8.1
		Modine	3.3	6.0	4.1	0.2	-0.7	9.0
十四二酸	偶联	Sn30A	4.7	0.2	4.2	0.2	-0.2	1.5
		Modine	4.5	2.5	3.3	-0.2	0.1	-0.9
	非偶联	Sn30A	6.0	0.4	2.8	-0.1	0.0	3.7
		Modine	6.2	7.8	2.4	-0.1	-0.2	6.0

6.3 有机酸技术 OAT 在发动机冷却液中的使用

6.3.1 IAT 与 OAT 技术腐蚀抑制机理的比较

发动机冷却液腐蚀抑制保护的模式主要有两种：

(1)传统无机型发动机冷却液技术，在金属表面形成外部膜，如图 6－1 所示。

(2)有机酸发动机冷却液技术，由金属表面内源生的、非成膜性的氧化保护膜，如图 6－2 所示。

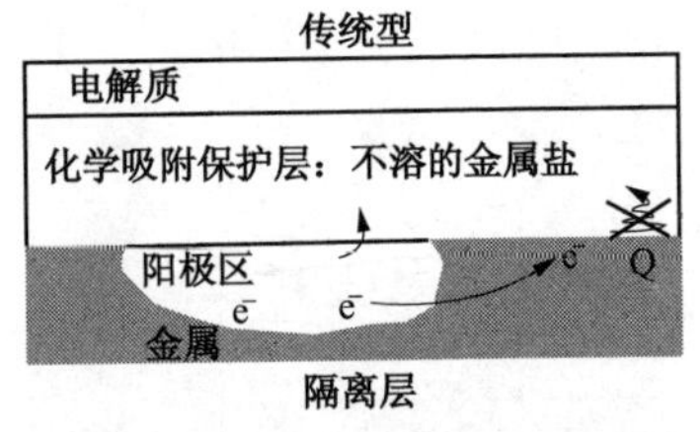

图 6－1　传统无机型冷却液外部保护膜示意图

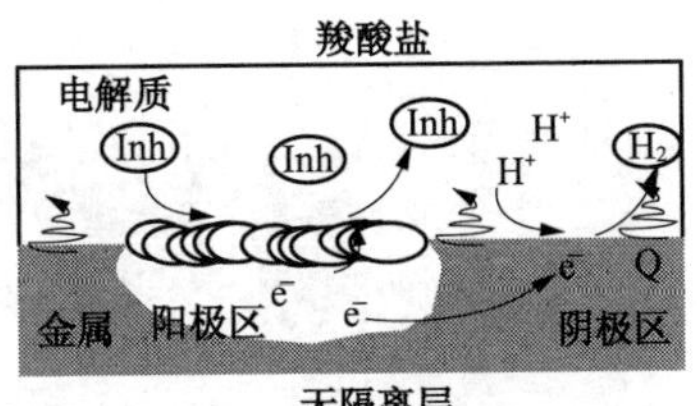

图 6－2　有机酸内源非成膜性抑制层示意图

与无机型 IAT 腐蚀抑制剂的氧化或者物理沉积的外部成膜技术相比较，有机酸腐蚀抑制剂对金属的保护方式是一种激发金属在其表面形成一层氧化物保护膜的金属自膜保护技术。因此腐蚀抑制剂的消耗微乎其微，从而达到长周期保护的目的。

6.3.2　IAT 配方与 OAT 配方的腐蚀抑制效果比较

图 6－3 中可以看到，亚硝酸盐和硅酸盐的消耗最快，在 15000～25000mile(24000～40000km)的里程，就已经消耗殆尽。硼酸盐和硝酸盐的消耗速度较慢。

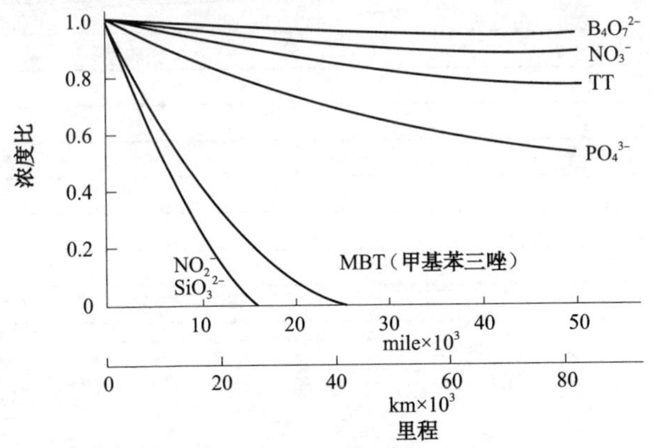

图6－3　IAT 配方中腐蚀抑制剂消耗与行驶里程变化曲线

从图 6－4 看出，OAT 配方中一元羧酸盐的含量与里程趋势图中可以看出，在 100000～300000km 的里程时，单羧酸的含量高，甚至在 600000km 以上，一元羧酸盐的含量仍旧在 60%。

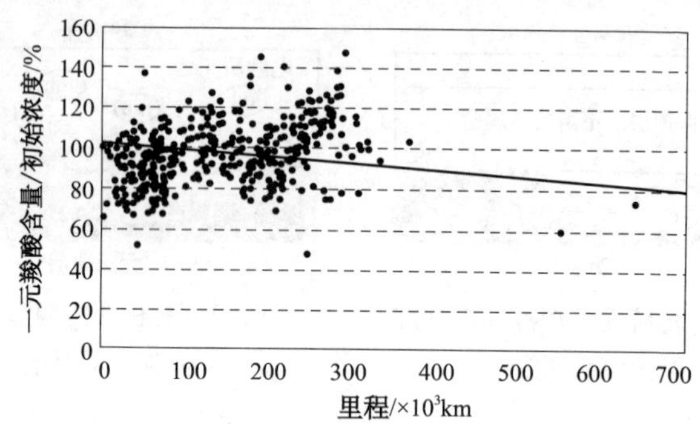

图 6－4　OAT 配方中一元羧酸盐含量与行驶里程趋势图

常见的无机腐蚀抑制剂和有机癸二酸腐蚀抑制剂的消耗速率比较如图 6－5 所示。可以看出，硅酸盐与亚硝酸盐消耗速度很快，在 50000km，就已经消耗了 80%～90%。硝酸盐、硼酸盐和羧酸消耗比例相对小得多，160000km 消耗量不到 5%。磷酸盐的消耗速率介于两类腐蚀抑制剂之间，150000km 后，就消耗了 50%。

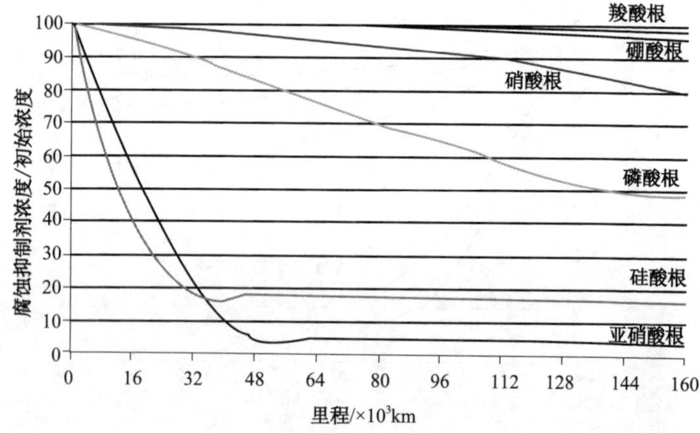

图 6－5　IAT 配方与 OAT 配方的腐蚀抑制剂的消耗速率比较

6.4 OAT 在重负荷发动机冷却液中的使用

6.4.1 美国 ASTM 标准的解决方案

ASTM D6210－10 对与解决穴蚀问题作出规定：发动机制造商和冷却液供应商可基于双方协议，或者通过 ASTM D7583 气穴腐蚀台架试验，或者使用添加剂（含有 2400μg/g 亚硝酸根、1560μg/g 亚硝酸盐或者亚硝酸根/钼酸根混合液，其中不少于 600μg/g 亚硝酸根和 600μg/g 钼酸根离子的浓缩液）以解决穴蚀问题。

含有其他化学物的新配方技术能够提供足够的保护，所用的化学物和测试方法由用户和供应商协商决定。

从 ASTM D6210 规定中可以推论：由于亚硝酸盐自身的毒性和潜在形成强致癌物——亚硝酸铵的原因，其应用并非是唯一的解决方案。

6.4.2 工业界的解决方案

自 1950 年开始，汽车业界就被湿式缸瓦的穴蚀问题困扰。传统的轻负荷发动机冷却液不能满足重负荷发动机的防护。研究者发现了氧化型腐蚀抑制剂的效果：满足铬酸盐开始用于 SCA，将轻负荷发动机冷却液转化用于重负荷发动机。

自 20 世纪 70 年代中期开始，亚硝酸盐开始替代铬酸盐，在新型硼酸盐/硅酸盐配方中使用。亚硝酸盐的大量使用很快就出现问题：对铝泵和焊锡防护性差（即焊锡开花）。自 20 世纪 80 年代中期，优良的重负荷发动机冷却液和 SCA 配方中，含有均衡的亚硝酸盐和钼酸盐。

很多欧洲 OEM 在发动机冷却液配方中放弃使用亚硝酸盐，甚至放弃钼酸盐（例如 MAN 324 NF）。但是在 IAT 配方中，只有含有亚硝酸盐或者亚硝酸盐和钼酸盐的配方才能满足 ASTM D6210 的要求。

最具影响力的美国车队，如 Caterpillar、Cummings、Detroit

Diesel、Navistar 等。经过累计 4×10^6km 的行车试验，无论使用的有机酸冷却液是否含有亚硝酸盐，试验结果(见表 6－6)均证明在早期开发羧酸类配方时车辆行车试验的结论为："羧酸类的发动机冷却液对所用冷却系统的金属提供足够的保护"。在合理维护的情况下，有机酸腐蚀抑制剂可在有或无亚硝酸盐时，在长达 600000km 的行驶里程中，有效防止缸瓦穴蚀和铝质垫片腐蚀。可见有机酸类冷却液与传统重负荷发动机冷却液的特殊优势在于：不再需要预先补加 SCA 和频繁补加 SCA。

表 6－6　美国商用车队行车试验结果

制造商	车型	发动机数	总里程/mile	平均里程/mile	最长里程/mile	亚硝酸盐
Caterpillar	3116	6	1233648	205608	273493	不含
Caterpillar	3176	50	14588164	291763	642663	不含
Caterpillar	3406	68	26354655	387568	795158	不含
Caterpillar	3406	6	573613	95602	132963	含
Caterpillar	3612NG	3	528524①	176175	192768	含
Cummins	N－14	22	3250953①	147770	331454	不含
Detroit Diesel	Series 60	5	2479208	495841	540547	含
Detroit Diesel	149	1	594429①	594429	594429	含
Navistar	T444	6	343399	57233	119362	含
Navistar	1530	2	112050	56025	63781	含
Navistar	T466	2	251133	125566	225196	含
MTU	TE44	3	420000	140000	156000	含
总计		175	50729776	289884	795158	

注：①1mile＝1.609km，下同。对于非高速公路车辆发动机，工作时间与里程转换(1h＝64km)。

6.4.3 亚硝酸盐与 OAT 配方合用的效果

行车试验结果证明：不含亚硝酸盐的 OAT 发动机冷却液提供了适度的抗穴蚀性能，但是加入亚硝酸盐会增强该性能。一些 OEM 实际上要求使用“OAT + 亚硝酸盐”或者“OAT + 亚硝酸盐/钼酸盐混合物”(例如 Caterpillar EC 1)。如果使用“OAT + 亚硝酸盐的 N - OAT”配方，亚硝酸盐的衰减速率要比在 IAT 和 SCA 配方中时间要长很多，如图 6 - 6 所示。

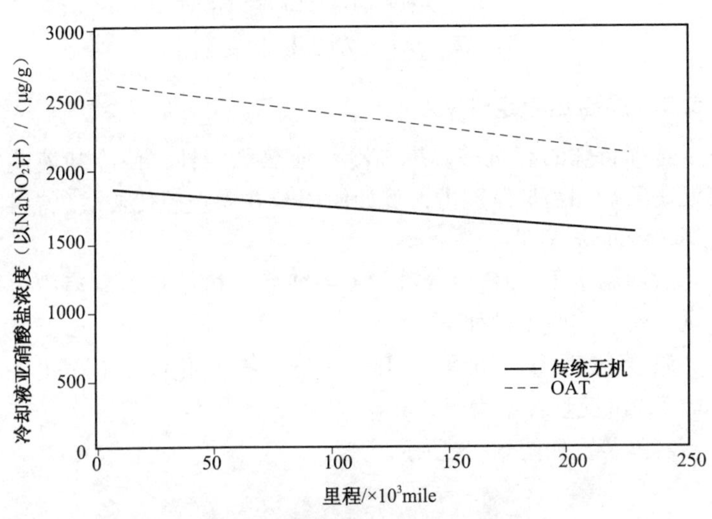

图 6 - 6　亚硝酸盐浓度随里程的变化

6.5 OEM 标准要求变化趋势

欧美发动机 OEM 颁布更为苛刻的标准，要求提高冷却液的热稳定性和使用寿命。更多的 OEM 要求禁止使用亚硝酸盐和重金属。由此带来如下变化。

6.5.1 提高储备碱度 RA

增加腐蚀抑制剂的加入量，从而提高储备碱度 RA(从最小到 14 以上)例如 Total CHP 重负荷发动机冷却液的 RA 值约为 20，见图 6 - 7。

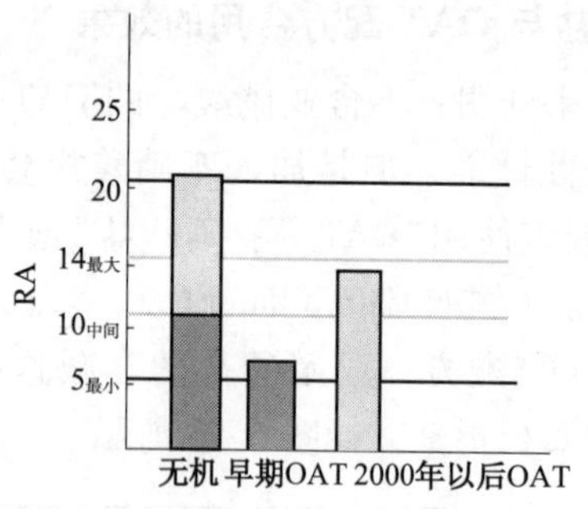

图 6－7　OAT 配方的 RA 值变化图

6.5.2　提高热稳定性

选择特殊的有机酸，提高冷却液热稳定性，使冷却液获得与亚硝酸盐相当抑制能力，例如使用苯并噻唑硫代羧酸(特科多公司 Tecnocor ABT)。

欧洲制定了 CEC FI－21－A－02 发动机冷却液高温稳定性测试方法。实验条件如下：

温度与压力：165℃＋压力；pH 值变化：±1.0mL HCl (max)；沉淀量：不大于 3mL。

实验装置如图 6－8 所示。

图 6－8　CEC FI－21－A－02 发动机冷却液高温稳定性测试装置

6.5.3 混合型 OAT 技术

混合型 OAT(HOAT)技术结合 OAT 和硅酸盐或硅酸盐和硼酸盐、或磷酸盐及其有机盐类的性能优势。重负荷发动机冷却液加入亚硝酸盐的 OAT 配方，被称为 N－OAT，典型例证如卡特皮勒 ELC 型冷却液。

对于含有硅酸盐的 OAT 配方，一般称为 Si－OAT，含有硼酸盐和硅酸盐的 OAT，称为 B－Si－OAT，在美国应用较多；含有磷酸盐的配方，则称为 P－OAT，在日本应用较多。

美国 GM 在 1996 年、Chrysler 在 2002 年、Ford 在 2003 年都开始应用 HOAT 冷却液。欧洲也在这之前使用 HOAT 或者 OAT 冷却液。日本在 1996 年开始应用 HOAT 和 OAT 技术。硅酸盐在冷却液中的用量减少已成明显的发展趋势。

第 7 章　发动机冷却系统的金属腐蚀及试验方法

人们通常认为发动机冷却就是简单地在水和二元醇溶液中加入一些化学添加剂，并不复杂。但实际上，发动机冷却液与发动机润滑油一样，是发动机正常运转所必须的。润滑和冷却，无论哪一方面失效，都将致使发动机严重故障。发动机冷却系统中的腐蚀种类繁多，因此冷却液的腐蚀性能评价范围大、项目多。同时，为了满足新型发动机的冷却系统腐蚀抑制性能的要求，新的评价方法和设备仍然在持续开发中。

7.1　冷却系统腐蚀的主要因素

发动机冷却液在冷却系统中要满足很多方面的要求，如图 7－1所示，必须保证的性能有：

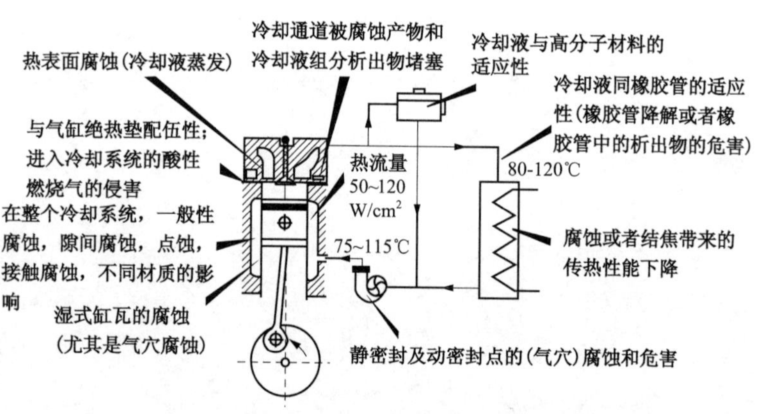

图 7－1　发动机冷却液的主要性能要求示意图

(1)防止金属的各种腐蚀，包括热表面腐蚀、气穴腐蚀、点蚀、隙间腐蚀、冲蚀等；

(2)与各种密封材料、橡胶管、塑胶管等高分子材料配伍性好；

(3)中和酸性燃烧气以及冷却液中组分受热或者氧化、降解生成的酸性物质；

(4)分散系统的沉积物、污染物等，保持金属表面有一定的导热系数。

其中，防止金属腐蚀的性能是非常重要的。制订发动机冷却液的配方时应该综合考虑以下主要因素和变量，以保证配方性能有效优化：

$\sum$ = 接触腐蚀 + 热/传热表面腐蚀 + 气穴腐蚀 + 点蚀/隙间腐蚀 + 冲蚀 + 结垢/结焦的作用* + 热/氧化/催化降解*

注：*此处主要关注由此产生的腐蚀作用以及对腐蚀抑制的影响。

对应于不同的腐蚀影响因素，国际上主要标准制定者，包括 ASTM、CEC 等以及一些重要 OEM 等，开发并制订了一系列的标准试验方法，下面一一介绍。

图7－2 给出欧、美、日各个国家标准指定的腐蚀试验项目，主要有：

①玻璃器皿腐蚀试验；

②模拟腐蚀试验－循环泵试验，带有温度和时间周期；

③铸铝传热试验；

④铝泵气穴腐蚀试验；

⑤EMPA 试验；

⑥FVV 腐蚀试验；

⑦发动机台架试验；

⑧车队行车试验。

7.2 接触腐蚀及试验方法

接触腐蚀又称电偶腐蚀，是指两种不同的金属相互接触而

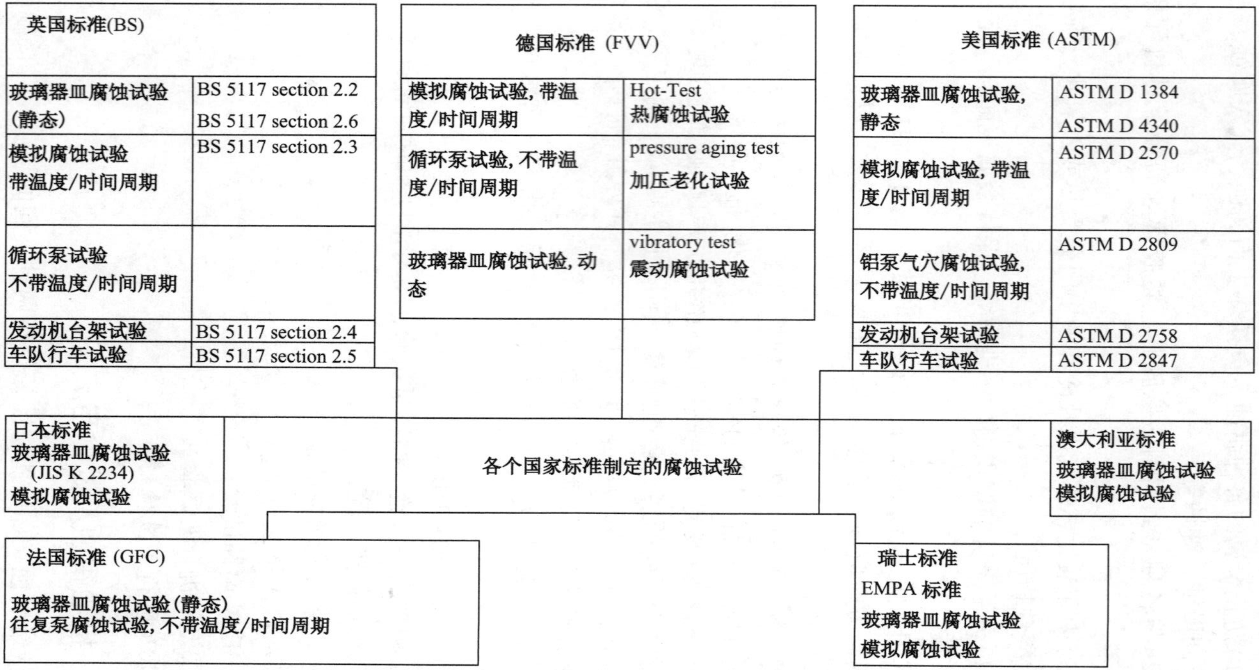

英国标准(BS)	
玻璃器皿腐蚀试验(静态)	BS 5117 section 2.2 BS 5117 section 2.6
模拟腐蚀试验 带温度/时间周期	BS 5117 section 2.3
循环泵试验 不带温度/时间周期	
发动机台架试验	BS 5117 section 2.4
车队行车试验	BS 5117 section 2.5

德国标准（FVV）	
模拟腐蚀试验，带温度/时间周期	Hot-Test 热腐蚀试验
循环泵试验，不带温度/时间周期	pressure aging test 加压老化试验
玻璃器皿腐蚀试验，动态	vibratory test 震动腐蚀试验

美国标准（ASTM)	
玻璃器皿腐蚀试验，静态	ASTM D 1384 ASTM D 4340
模拟腐蚀试验，带温度/时间周期	ASTM D 2570
铝泵气穴腐蚀试验，不带温度/时间周期	ASTM D 2809
发动机台架试验	ASTM D 2758
车队行车试验	ASTM D 2847

各个国家标准制定的腐蚀试验

日本标准
玻璃器皿腐蚀试验
(JIS K 2234)
模拟腐蚀试验

澳大利亚标准
玻璃器皿腐蚀试验
模拟腐蚀试验

法国标准（GFC)
玻璃器皿腐蚀试验(静态)
往复泵腐蚀试验，不带温度/时间周期

瑞士标准
EMPA 标准
玻璃器皿腐蚀试验
模拟腐蚀试验

图7-2　各个国家标准制定的腐蚀试验要求

同时处于电解质中所产生的电化学腐蚀。由于它们构成自发电池，故受腐蚀的是较活泼的即作为阳极的金属。例如，用铁铆钉联结的铜板在潮湿的空气中即发生接触腐蚀，铁为阳极，发生溶解而被腐蚀。

7.2.1 ASTM D1384 发动机冷却液玻璃器皿腐蚀试验

ASTM D1384 发动机冷却液玻璃器皿腐蚀试验通常作为发动机冷却液的基本试验。测试的黄铜、紫铜、焊锡、钢、铸铁、铝金属试片代表了冷却系统的典型金属。将这些金属试片完全浸入在鼓气的标准腐蚀液中 336h(温度 88℃)。通过测定试片质量变化以判定冷却液的腐蚀抑制性能。试验仪和金属试片架的的示意图见图 7-3 和图 7-4。

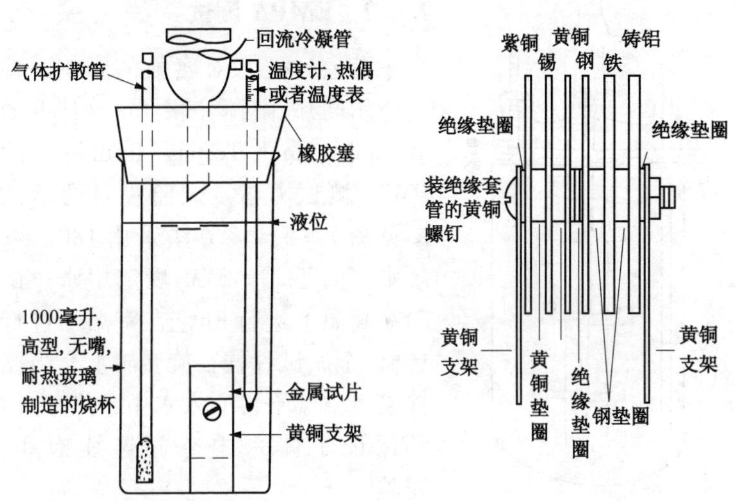

图 7-3　玻璃器皿腐蚀试验仪示意图　　图 7-4　金属试片架示意图

不同标准对玻璃器皿测试条件存在以下差异：

(1)金属样品。一些公司要求使用 ASTM D1384 规定的金属，如通用(General Motors)、欧宝(Opel)和福特欧洲(Ford Europe)。其他 OEM 使用不同的金属样品，甚至增加了金属合金，尤其是铝合金。例如，VW/Audi/NSU 使用全套 8 金属片，增加 AlMn 和 AlSi 12 与 AlSi 6 Cu 4；Daimler Benz、BMW、MAN、Fiat，以及其他制造商采用其他铝合金试片；一些制造商使用高铅含量的焊锡，如 95% 含量的铅，而不是 ASTM 规定的含 65% 的铅。

(2)温度。BS 6580 规定采用热和冷两种条件，甚至有要求更高的试验温度，例如 96℃、110℃。

(3)试验时间。一些日本的 OEM 规定测试时间超过 1000h，甚至达到 4000h，例如 Mazda 或者 Toyota 冷却液规格。

7.2.2 EMPA 测试

考虑到硬水对腐蚀的影响，瑞士应用联邦计量测试委员会(Federal Measuring and Testing Institute)的 EMPA 测试方法。试验设备的示意图见图 7-5。该方法采用 180μg/g 硬水，而不是 ASTM 规定用水。试验在高温下进行 8h，在室温下进行 16h，金属试片挂在旋转轴上充当搅拌桨，空气不再通入水中，热/冷循环保证了体系中空气连续饱和、充盈。

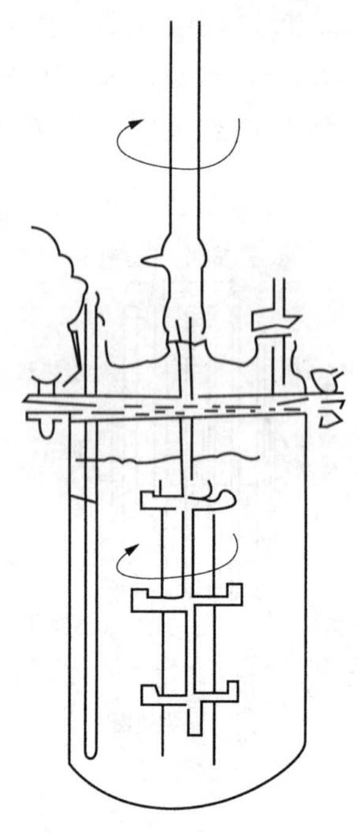

图 7-5　EMPA 试验仪示意图

Tecnofluid 认为，EMPA 试验很好地模拟了循环系统的温度条件，同时也引入了一个动态因素。

7.2.3 Tafel 极化法

Tafel 极化和线性极化测试仪示意图如图 7-6 所示。

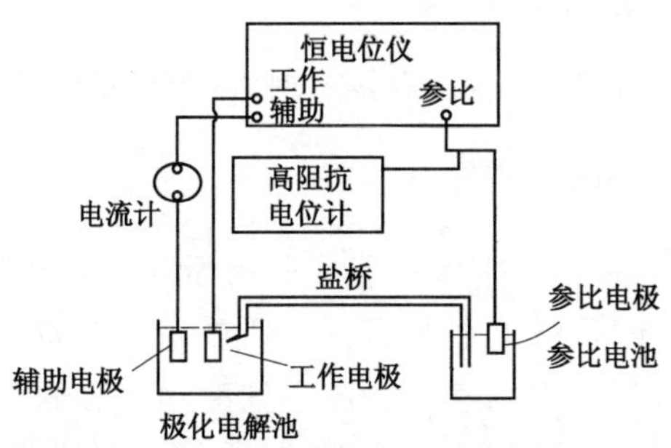

图7－6　Tafel 极化和线性极化测试仪示意图

Tafel 极化和线性极化测试在三电极系统中进行，工作电极采用环氧树脂封装，工作面积 $1cm^2$；辅助电极铂电极；参比电极为饱和甘汞电极，通过盐桥连接；工作电极经砂纸逐步打磨至金相，经丙酮和酒精擦洗后，置入 50mL 含有一定浓度缓蚀剂或复合缓蚀剂配方溶液中。缓蚀剂配方溶液采用发动机冷却液腐蚀水配制，腐蚀水组成为：Na_2SO_4 148mg/L、NaCl 165mg/L、$NaHCO_3$ 138mg/L，即 SO_4^{2-}、Cl^-、HCO^{3-} 各 0.1mol/L，采用一次蒸馏水配制。Tafel 极化区间为 －500 ~ ＋500mV，扫描速度为 1mV/s，并通过 i_{corr} 和极化曲线判断缓蚀效果的优劣。缓蚀效率(η)按下式计算：

$$\eta = \frac{i_{corr} - i'_{corr}}{i_{corr}} \times 100\%$$

式中　i_{corr}——在未加缓蚀剂的溶液中 Tafel 拟合得到的腐蚀电流密度；

i'_{corr}——加缓蚀剂的溶液中 Tafel 拟合得到的腐蚀电流密度。

线性极化电阻法极化区间为 －10 ~ ＋10mV，扫描速度为 0.2mV/s，通过线性拟合求得极化电阻 R_P 值来判断缓蚀效果的优劣。缓蚀效率(η)按下式计算：

$$\eta = \frac{R'_P - R_P}{R'_P} \times 100\%$$

式中　R_P——未加缓蚀剂的溶液中线性区拟合得到的极化电

阻值；

R'_P——加缓蚀剂的溶液中线性区拟合得到的极化电阻值。

7.3 温度及试验方法

ASTM D1384 或 EMPA 试验中的热环境是冷却系统中部分金属所经历的，但是对于缸盖而言，则是完全不同的热源或者温度，热量来自气缸中的燃烧，传递到冷却液界面。铝缸盖的温度会达到或者超过 135℃，导致金属上发生的腐蚀现象要比 ASTM D1384 试验中的腐蚀严重得多。

7.3.1 非压力下铝的导热性(福特)

在各种评定冷却液对铝缸盖腐蚀抑制效果的试验中，非压力下铝的导热性试验就是其中之一。腐蚀箱和铝试片安装原理图见图 7－7。金属试片是缸盖用铝合金 AA 355.2。试片准备过程包括使用 600 粗砂冲砂抛光，然后用水和乙酮清洗。试片用加热板加热并在(135 ± 2)℃保持 168h。通过插在冷却液中试片 2mm 下的热电偶监控温度，实验用的冷却液浓度 25%。由于测试过程中没经过加压，因此冷却液一直沸腾，铝腐蚀的评定采用与 ASTM D1384 相同的清洗处理程序，称量试片评定失重。

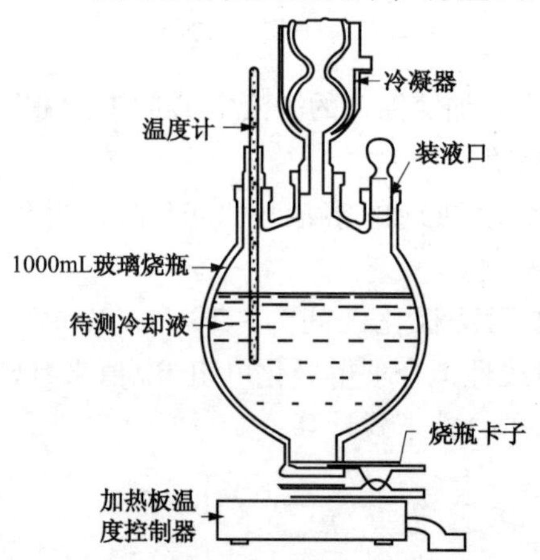

图 7－7　非压力下铝的导热性(福特)测试试验仪示意图

7.3.2　ASTM D4340 发动机冷却液铸铝传热腐蚀试验

试验在 135℃和 193kPa 压力下，在装满浓度为 25% 的冷却液的腐蚀箱中进行，见图 7－8。通过插在试片中的热偶控制温度。铝试片的一端与冷却液接触，另一端与电加热器接触，试验持续一周时间，通过评定试片失重来判定腐蚀率[单位为 mg/(cm^2/周)]。

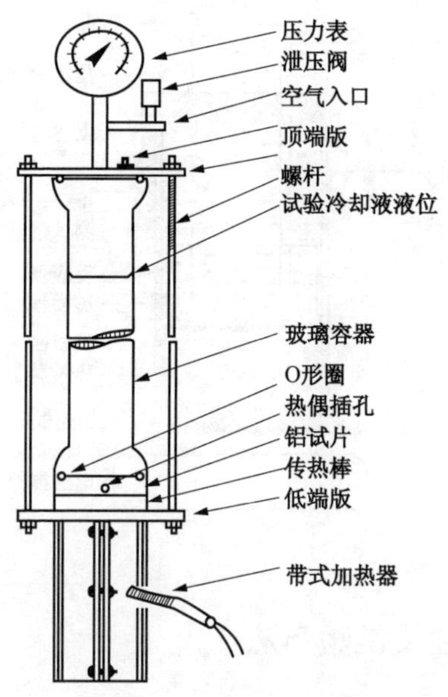

图7－8　ASTM D4340 试验仪示意图

7.4　高温稳定性及试验方法

冷却管道不仅会被腐蚀产物堵塞，也会被腐蚀抑制剂的析出物堵塞。如果腐蚀抑制剂析出，就会导致有效抑制剂减少，以及冷却液的 pH 值降低，最终引起腐蚀加剧。稳定性的问题，数年前已提出主要与硅酸盐的析出有关。有机酸发动机冷却液的高储碱值趋势，从不小于 5 到 14 以上，要求不断增加的有机酸抑制剂的含量，高温稳定性更加严重。

CEC FI－21－A－02 发动机冷却液高温稳定性测试：

条件：165℃＋正压力；时间：N. E.；

pH 值变化：±1.0mL HCl(max)；沉淀：3mL(max)。

试验仪见图 7－9。

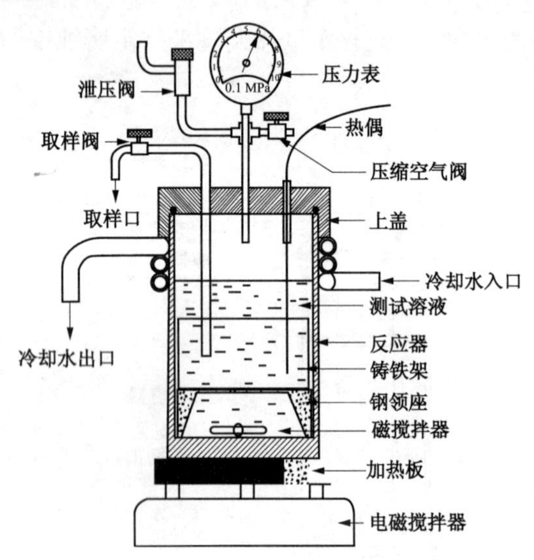

图 7－9　CEC F1－21－A－02 冷却液高温稳定性测试仪

7.5　气穴腐蚀及试验方法

缸瓦和(或)曲轴的震动，会导致冷却液压力的摆动。在压力下降时，冷却液蒸气或者溶解在冷却液中的部分气体会逸出，当下降到临界点后，蒸气或者气体会产生气泡。气泡的压缩比率变化时，气泡就会破裂，见图 7－10。液体中的气泡破裂后，从理论上讲，内向爆炸总会在同心方向发生，从而产生压力波。在邻近的金属表面阻挡回流到气泡的液体时，内爆不对称地发生，液体发生短路，被称为微迸射(Microjets)，喷向金属表面，见图 7－10。压力波和微迸射能够导致金属表面破裂和破坏。由于冷却系统中应力不只是单一机械因素，在水性环境中，观察到一种腐蚀作用，由此造成的破坏被称为气穴腐蚀。在冷却系统较多暴露在这一腐蚀状态下的部件，是湿式钢瓦(HD 发动机)和冷却水泵。

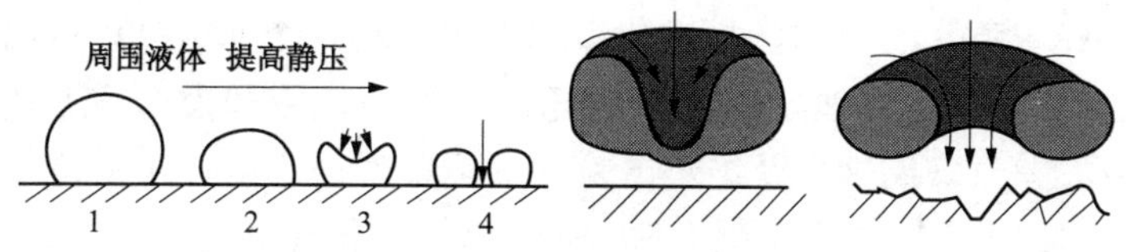

图 7－10　气穴腐蚀机理示意图

7.5.1　ASTM D2966 超声波法测定发动机冷却液气穴腐蚀性能

在某些频率范围，超声波在金属表面的作用与气穴腐蚀很相似。ASTMD 2966 尽管已经被摒弃，但一直是很有效的筛选试验方法。菲亚特汽车至今仍在规格 Fiat 9. 55523 中使用该方法。

铝制试片在浓度为 15% 的冷却液中全浸 20h，温度(82 ± 2)℃，使用超声波槽，见图 7－11。通过比较在超声波测试溶液中试片平均失重量，与在参比发动机冷却液中的试片失重量，评定冷却液的抗气穴腐蚀性能。每次试验使用三片铝试片，用平均失重量用来计算铝气穴腐蚀，评级从 1 到 10。

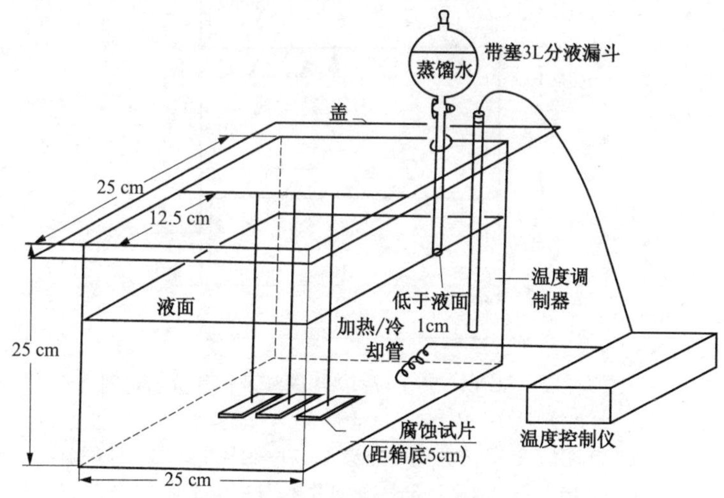

图 7－11　ASTM D2966 试验仪示意图

7.5.2 CUNA 956 – 17/1984 试验

联碳公司最早开发的试验方法，用于对冷却液的内部评价。CUNA 956 – 17 是欧洲标准化组织采用的第一个非 ASTM 试验方法，用于评定柴油发动机和奥托循环发动机冷却液。该方法包括动态/气穴腐蚀以及绝热试验，试验条件由于测试中温度变化大，使用了大面积的紫铜（腐蚀催化剂）而异常苛刻。

CUNA 956 – 17 试验仪包括一个集水箱，4 个 Type AA 355.2 铝气缸（见图 7 – 12），每个气缸内装有一个 1000W 电加热器。

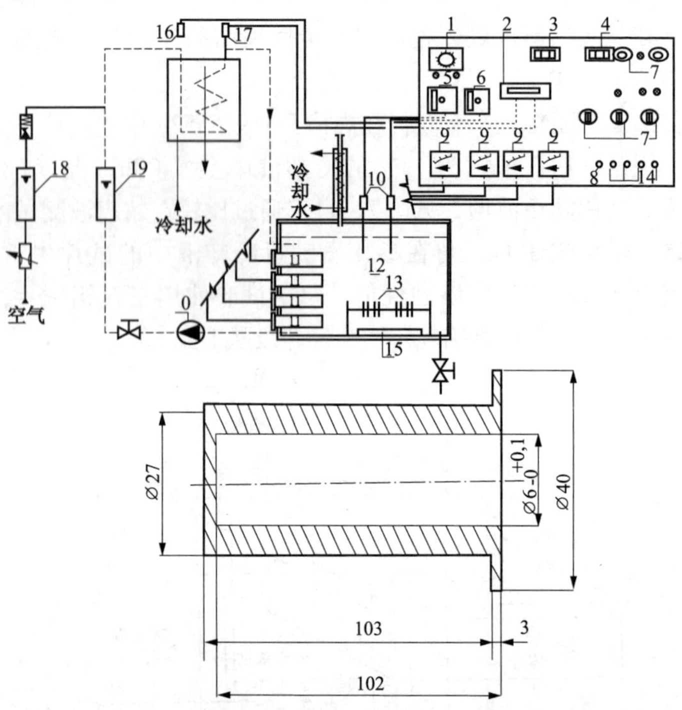

图 7 – 12　CUNA 956 – 17/1984 试验及铝气缸示意图

0—泵；1—程控器；2—温度计；3—温度表；4—温控器；5、6—温度计；
7—电流控制器；8—泵开关；9—电流表；10—温控热偶；11—铝气缸；
12—待测冷却液；13—金属试片架；14—熔断保险；
15、16、17—温控热偶；18—空气流量计；19—冷却液流量计

液体温度(90±2)℃，共4.3L液体，流量在1.680cm^3/min，试验时在溶液冲入空气。温度通过一个紫铜热交换器控制，其内外温差25~35℃。使用符合ASTM D1384标准的金属试片，但是铸铁试片面积更大，组装在集水箱中。冷却液先循环5天，每天16h，然后连续循环48h，重复前面的循环一次。评定项目包括与ASTM D1384相同金属失重，加上铝气缸的失重。检查红铜换热器，确保无可视沉积物，外表无损伤、脱色，在加热和冷却系统没有沉积物生成。

7.5.3 GM-OPEL热手指(HOT FINGER)试验

实验装置示意图如图7-13所示。传热表面试验装置包括一个玻璃压力釜、两个电子加热的热手指，材质是$AlSi_6Cu_4$、$AlSi_{10}Mg$，或CG26。加热后的热手指表面温度在170~190°C，液体温度为100~120°C。液体由一个旋转泵驱动，携带铝砂循环。两个带金属试片的容器，每个容器中含有两套ASTM试片和两套六种铝合金试片（$AlSi_6Cu_4$、$AlSi_7Mg$、$AlSi_{12}$、$Al_{99.5}$、

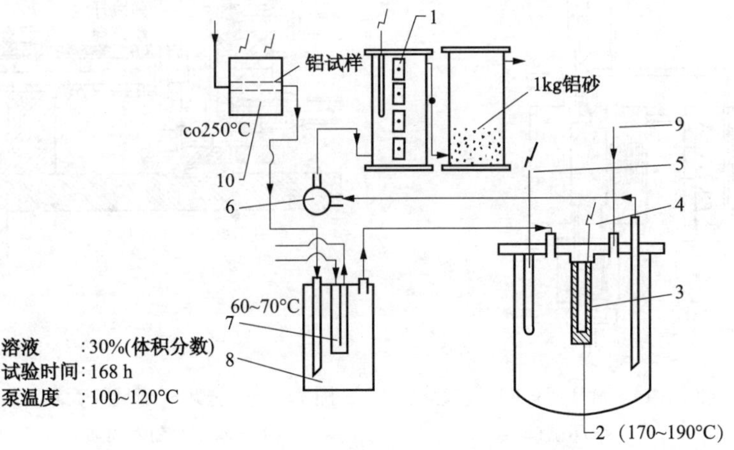

图7-13 GM-OPEL热手指试验仪示意图

1—金属试片；2—热手指；3—电子加热管；4—电子控温；5—温度测量；6—泵；7—冷却盘管；8—换热器；9—空气进口；10—加热器

AlMn、和 $AlCuMg_2$）。铝砂用来模拟粗糙的铝表面，如在散热器和马达中的部分，液体然后通过表面温度达到250℃铝管表面，以模拟发动机中的极限高温，例如发动机缸盖，最后液体在水冷却的换热器中冷却到70～90°C，回到玻璃压力釜中。评价项目包括由于腐蚀和气穴腐蚀造成的失重，目测破坏程度，变色以及加热和冷却系统生成的沉积物。

7.5.4 MTU 试验

MTU 腐蚀和气穴腐蚀循环试验仪基本上由三个金属罐、一个玻璃槽、一台泵和气穴腐蚀室组成，图 7－14 给出了气穴腐蚀室和冷却液流动示意图。

一根弹跳杆被凸轮顶开，再被弹簧拉回试验板，形成频率约 4kHz 的振动，冲击振幅在 2μm。试验介质在实验板之间，如图 7－15 所示。如果试验冷却液的抗气穴腐蚀能力不足，两个试验板都将被破坏。

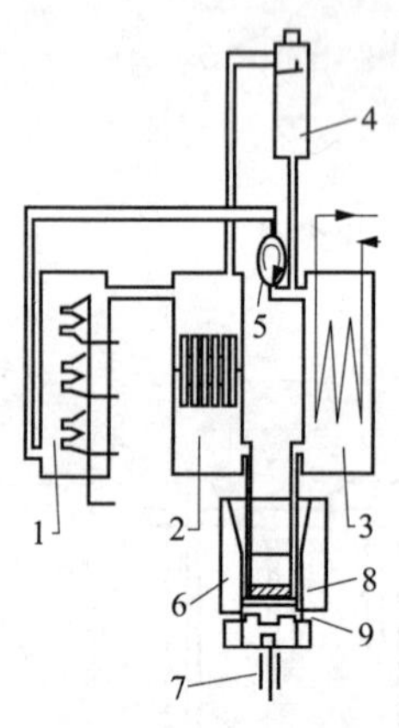

图 7－14　MTU 腐蚀和气穴腐蚀循环试验仪

1—加热器；2—试片检测室；3—冷却器；4—储液器；5—泵；6—气穴腐蚀室；7—弹跳杆；8—静态金属片；9—动态金属片

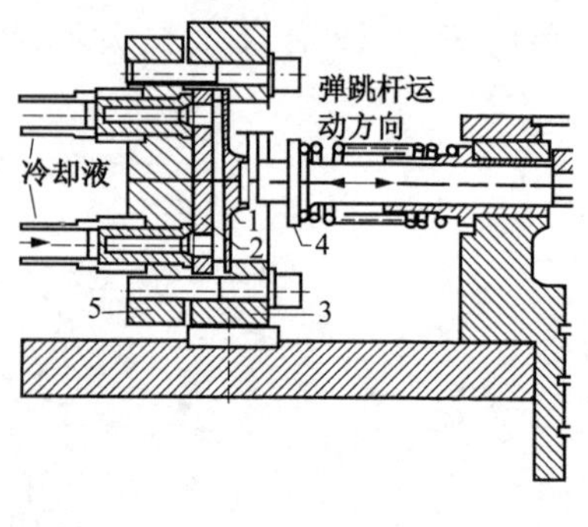

图 7－15　弹跳杆区域放大示意图

1—动态片（缸瓦材质）；2—静态片（发动机材质）；3—气穴腐蚀室；4—弹跳杆；5—实验室；气穴腐蚀样品

气穴腐蚀的强度由使用的弹簧来控制，如果抗气穴腐蚀能力足够，测试的材质不会显示任何的破坏痕迹。测试材质的组成与在用发动机相当，评价项目包括腐蚀或者气穴腐蚀引起的失重、目测受损表面外观、变色以及加热或者冷却系统生成的沉积物等。

7.5.5 ASTM G32/GB 6383 振动穴蚀试验

震动穴蚀试验法用于测定各种材料在震动空蚀条件下的累积空蚀量和空蚀速率与时间的关系。所谓空蚀，就是材料由空泡和腐蚀引起的损伤过程。原理是，由变频器使试样在溶液中产生轴向震动，变频器采用 20kHz 的超声波传感器或者速度传感器，装在变幅杆上，测试试样装在变幅杆的端部，如图 7－16 所示。

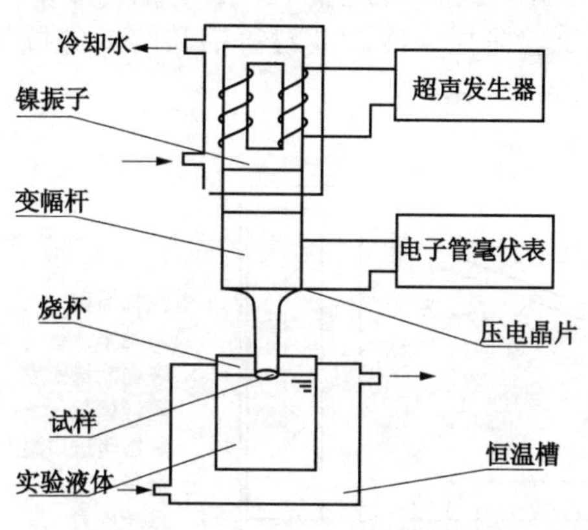

图 7－16　高频穴蚀试验装置

7.5.6 FVV 443/1986 腐蚀及气穴腐蚀试验

FVV 在 2005 年停止采用这一测试，但是德国的一些 OEM 规格仍旧保留。试验分三个阶段：

(1)加压老化试验阶段，冷却液在 115～130℃ 老化 120h。见图 7－17。

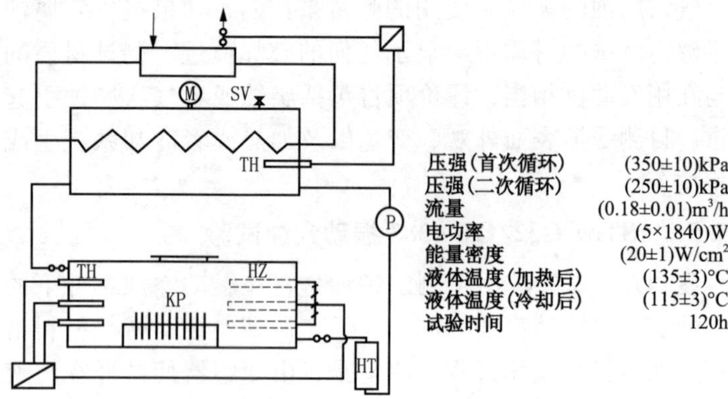

图 7－17　加压老化试验仪示意图

P—泵；HZ—加热器；M—压力感应器；HT—换热器；

SV—安全阀；KP—试片组；TH—温度感应器

(2)振动试验阶段，冷却液对铸铝和铸铁的抗气穴腐蚀能力得到测试，见图 7－18。

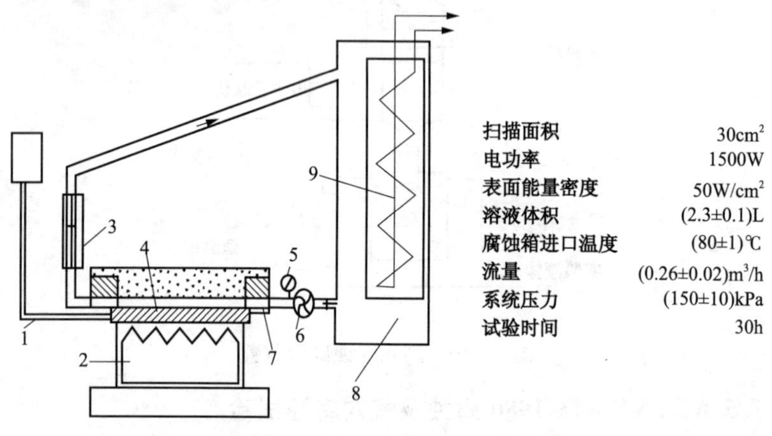

图 7－18　气穴腐蚀试验仪示意图

1—温度感应器；2—加热器；3—流量计；4—试片；

5—压力感应器；6—泵；7—腐蚀箱；8—冷却液容器；9—冷却管

(3)热试验阶段，模拟了通过热缸壁的热传导和铝及铸铁的防腐蚀性能，并且测试了传热性能，见图 7－19。

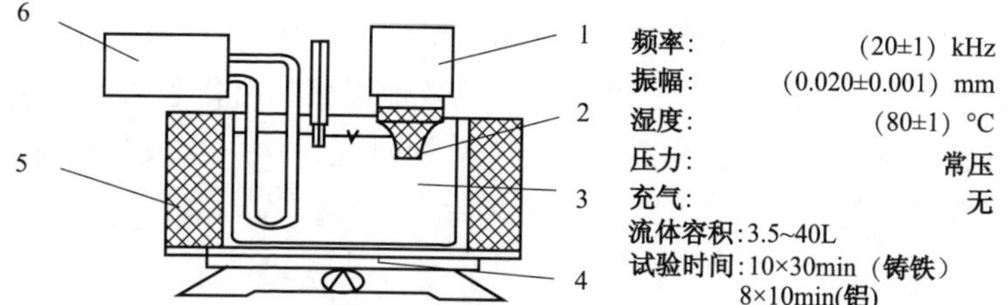

图 7－19　加热试验仪示意图

1—超声波设备；2—试片；3—冷却液；4—加热器；5—绝热层；6—换热器

使用加压老化后的液体与所测冷却液的混合物，40% 和 20%（体积分数）去离子水和硬度为 10°dGH（100mg/L）的硬水，完成热试验和气穴腐蚀测试。

7.5.7　FVV R530—2005 腐蚀及气穴腐蚀试验

规格保留了气穴腐蚀试验，但是把老化试验和热试验合并在一个试验程序中。这要归功于新的耐高温模块结构、惰性的合成材料。系统中样品的腐蚀过程能够很好地控制，使得腐蚀抑制具有可比性。模块结构的优势在于如果所用的模块被移动，对参数影响的研究仍可以进行。因此，实验设备不仅可用于标准试验和认证过程，而且可用于冷却液添加剂的研发过程。

表 7－1 给出了 R443 和 R530 的试验条件差异。可以看出 R530 的试验条件比 R443 要苛刻很多。

表 7－1　FVV R443 和 FVV R530 试验条件比较

项目	R443	R530
自由扫描区材质/cm^2	30（G－AlSi10Mgwa）	2×30（GG25；GK－AlSi6Cu4）
电功率/W	1500	5000
表面能量密度/（W/cm^2）	（50）	2×70
装入体积/L	3	1
检测室入口温度/℃	80±0.5	115±0.5（outlet 130℃）
流量（L/min）	4.3±0.05	4.3±0.05
系统压力/kPa	150±0.05	free
试验时间/h	30	72

R530 的试验设备如图 7－20 所示。每个模块都有一个特定功能，使用透明的惰性 PFA 管，有效地提高和简化了清洗工艺，避免了钢管的不良影响。根据 IFW 的研究，使用合成材料提高了统计品质。

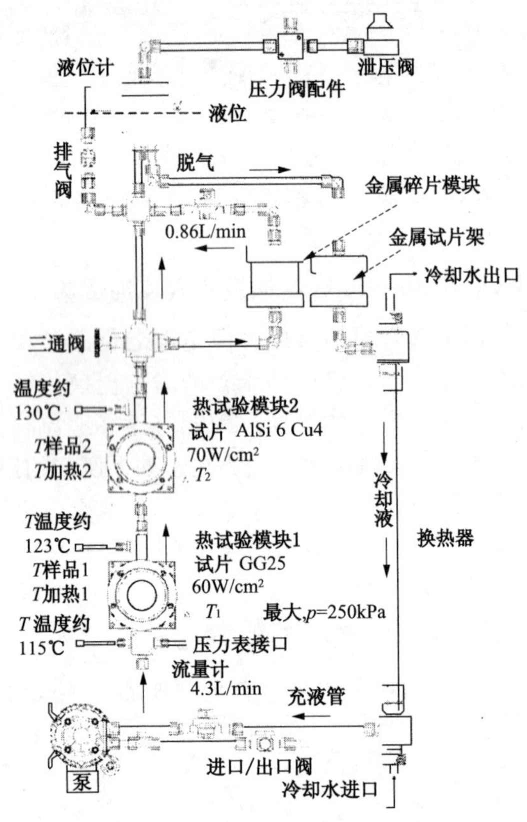

图 7－20　FVV R530－2005 腐蚀及气穴腐蚀试验仪示意图

与 CEC 的双室试验(后面提到)相似，两个热试验室垒高放置，每个室内放置一个圆形试样，而两个热试验模块在系统中是独立的。

每个由 PEEK 制成的合成材料室中，在圆形试样上生成 70W/cm 的表面能量密度，这个能量密度值在试验开始可以调整，实验过程中保持不变。

冷却液形成吸附层，导致了温度的升高，在试验中被记录下来，作为一个评定项目。冷却液加热到 115℃，进入第一个检测室，室中有两个喷射器和铸铁试片，出口经过三个喷射器。然后进入二级检测室，室中有铸铝试片，温度约 130℃。调整后的能量密度和温度与现代发动机相当。随后冷却液进入第二个热试验模块——合并的试验模块。该模块包括两个试验。试验材质包括 GK - AlSi6Cu4、AlCuMg2、AlMn、E - Cu57、L - PbSnI5Sb、CuZn37 和 GG25。新的实验设备同时包括加压老化试验（参照 FVV R443/1986）。

为了营造真实的发动机所具有的冷却液和金属材料表面比例，由奔驰公司开发的金属碎片试验模块被合并进来，300g 铸铁碎片和 300g 的铝碎片置于塑料箱中，两种材料分开放置，三分之一的冷却液流过该模块。所有金属试验碎片只用一次，生成的气体在除气模块收集，在试验后予以分析。

冷却液通过流量计后，进入管式换热器。冷却液在塑料管中，冷却剂在铝管中，冷却剂将冷却液温度降低到 115℃，每次试验更换铝管。

这种设计可以增加或者减少系统的铝表面，而且建立了模拟的管式换热器。此外，还可以模拟积垢的情况，即与热冷却液接触的冷壁上生成的沉积物，与车辆散热器上的沉积物现象相同。采用 FVV 试验，可以检测到哪些冷却液的腐蚀抑制剂无效，哪些添加剂与冷却系统胶管反应，甚至可以观察到硫黄熟化胶管与冷却液添加剂反应，在冷却表面上形成的黏滑的沉积物，降低热传导效率，而过氧化氢熟化的胶管则不存在该问题。

换热器也被用于模拟冷却系统原装胶管，来自于换热器的冷却液磁力驱动的塑料泵，每一根连接胶管都可以换成发动机在用胶管，以便对其影响进行分析。每次试验后冷却液胶管都应更换。设备由一套编程逻辑控制系统 PLC(Programme Logic Control System)控制和管理，并记录试验全部过程。

试验设备大约长2m，宽1m，装在一个移动的箱子里，置于空调房间，PLC 系统与箱体分开。如果要增加试验的苛刻度，可以通过增加表面能量密度和提高冷却液温度实现，延长试验时间也可达到强化试验的目的，鉴于加压老化试验被淘汰，这一做法更显得必要。

德国 FW R530—2005 方法是否作为正式的欧洲 CEC 试验方法，目前仍在讨论中。

7.5.8 CEC C23 动态腐蚀/气穴腐蚀试验

这里给出 CEC(Coordinating European Committee)开发的动态腐蚀/气穴腐蚀试验，编号为 CEC C23，见图 7-21。该试验没有在认证程序中给予规定，原因在于其成员不能认可实验的稳定性和再现性。该试验设备设有双腐蚀室，可以对铸铁和铸铝的气穴腐蚀情况给予评定。

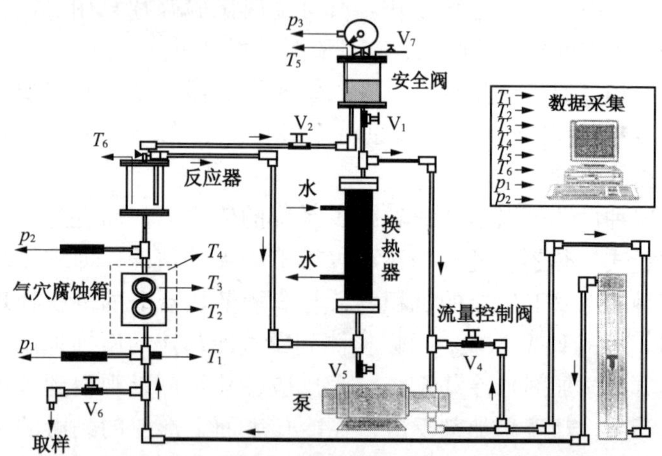

图 7-21 CEC C23 动态腐蚀/气穴腐蚀试验仪示意图

T_1—进口温度；T_2—铸铁试片温度；T_3—铝试片温度；

T_4—加热块温度；T_5—安全阀温度；T_6—反应器温度；

p_1—进口压力；p_2—出口压力；p_3—安全阀压力

7.5.9 ASTM D7583－09 约翰迪尔气穴腐蚀测试法

ASTM D7583－09 采用了一台柴油发动机，通过台架评定发动机冷却液对缸瓦气穴腐蚀保护能力。

试验发动机：John Deere 6101H 发动机，6 缸，10.1L 排量，涡轮增压、中冷；

试验程序：清洗冷却液系统，装上新的缸瓦和垫片；

19min 发动机走合；

20h 的冷却液系统走合；

230h5 工况循环运转；

5 个工况：低怠速(1.5min)、峰值扭矩(1min)、全载荷(4min)、超速(1min)、高怠速(0.5min)。

在实验过程中，监控发动机转速、冷却液进出口温度、燃料流量、进气歧管温度、扭矩、冷却系统压力等项目。

使用显微镜，计算缸瓦上的所有点蚀面积，作为冷却液抗穴蚀性能的评价结果。

在发动机冷却液性能评价试验中，ASTM D7583 是唯一一个通过发动机台架试验验证冷却液一项性能的试验方法，其成本无疑是很高的，但是，相对于大规模的行车试验，其成本就很有优势。

由于该方法在 2010 年才被 ASTM D6210 作为气穴腐蚀保护的评价方法，目前在国际上的流行性还不高，要获得业界的普遍接受和认可，还需要假以时日。

7.6 点蚀和隙间裂蚀及试验方法

针尖腐蚀或点蚀是局部的强烈腐蚀它，导致金属表面形成小孔。驱动力在于小面积的金属外表钝化失败，呈阳极电位，而其他大面积金属表面可能呈阴极电位，导致局部化学腐蚀，腐蚀洞穿金属体，而没有向铁内扩散，见图 7－22。

隙间裂蚀的机理与点蚀相同，只是隙间裂蚀在空间上与工作液体行为有关，环境的影响有限，这个空间被称为间隙。例如部件之间的缝隙和接触点、垫圈或者密封圈边上、裂隙中以及缝合部位、沉积物及污物中的空隙。

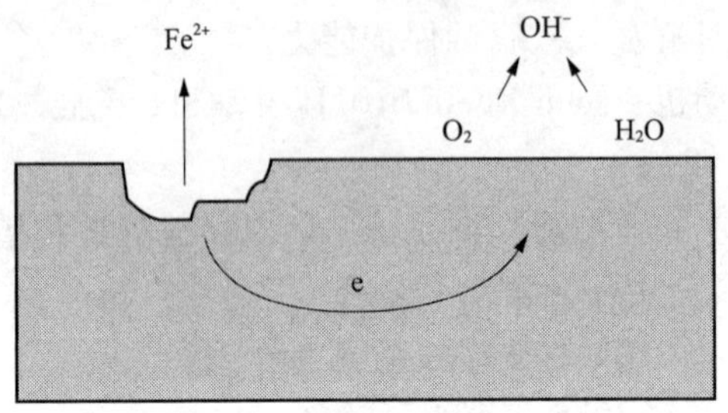

图 7-22 点蚀机理示意图

首个评价发动机冷却液的再钝化能力的官方规格是 AFNOR 15-601(FR)，测试方法是 NFR 156029。最近对 NFR 156029 方法做了少量改动，CEC 制订了 GFC-CEC-FL-31-A-05 方法，即发动机冷却液腐蚀抑制性能测试法(无机型腐蚀抑制剂的冷却液极化测量法)。之后，FORD 制订了 BL5-1 快速预测冷却液中铝换热腐蚀抑制能力的方法。2007 年，美国 ASTM D15 委员会基于 FORD BL5-1 方法，颁布了 ASTM D6208-07 恒电流法测量铝及合金的再钝化性能试验方法。该方法用于快速测量腐蚀抑制剂减缓铝及其合金，尤其是 AA3003-H14 点蚀的性能，其再现性好，试验原理见图 7-23。

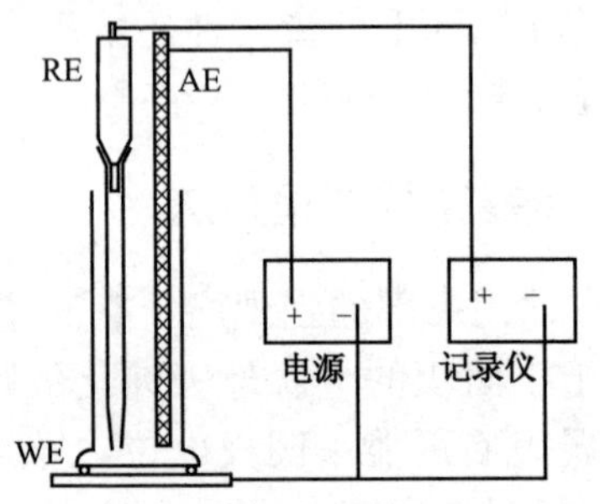

图 7-23 ASTM D6208-07 恒电流法测量铝及合金的再钝化性能试验仪示意图

试验结束后，目测样品的外观，可以获得点蚀及点蚀防护机理的信息，记录点蚀数量、腐蚀点深度、沉积物数量、表面变色情况等，有助于评价腐蚀抑制剂的效果。

7.7 冲蚀及试验方法

冲蚀指的是由于腐蚀性或者粗糙的流体与金属表面相对运动，加速了金属腐蚀速度。在复杂的交互作用模式下，冲蚀现象经常与气穴腐蚀一起发生。系统中内表面的点蚀造成湍流能够快速提高冲蚀速度，最终导致渗漏。冲蚀和腐蚀一起又会加速点蚀形成。

与冲蚀伴生的是流体流动冲掉了金属表面的保护膜，加速了电化学和化学腐蚀速度。对于特定的材料，当流体速度超越一个临界值后，由于冲击流体造成的机械损伤，给金属表面和(或者)保护层形成的破坏性的剪切应力和压力摆动，颗粒物(固体或者气泡)，以及致密的多相流体都会加剧冲蚀作用。冲蚀形成表面形态可能是点型凹槽，或者马蹄形或者其他沿流体方向下切的局部形状。冲蚀的形态包括凹槽、波纹、冲沟、泪滴形坑、表面马蹄形下切凹槽。流体作用还不能完全明晰，下切作用无论在上游还是下游都能发生。图 7－24 给出了示意图，湍流漩涡冲薄了局部保护膜形成下切。

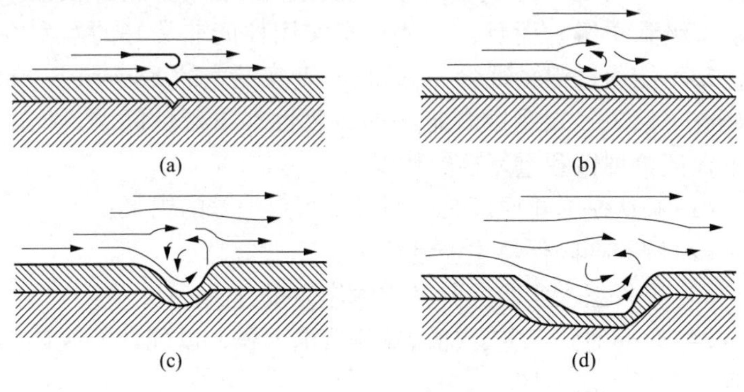

图 7－24　金属表面冲蚀示意图

ASTM D2809是评定冷却液抗冲蚀性能的常用方法，冲蚀只在特定条件下发生。例如，与气缸壁相比，冲蚀更易发生在铝泵上。该方法中使用的是Buick 1984泵，如果无此泵，一般会选用当地较大众化的冷却水泵。测试的冷却液温度113℃，压力103kPa，流经模拟的发动机冷却系统，铝泵转速4600r/min，运转100h后对外观做评级，一般评级分为1~10级，如图7-25所示。

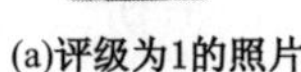

(a)评级为1的照片

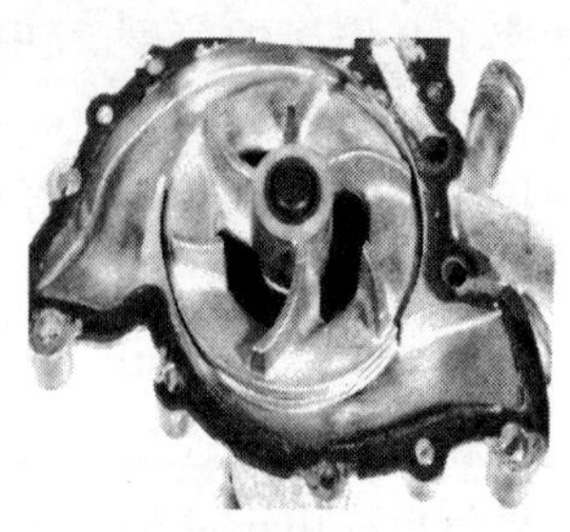

(b)评级为10的照片

图7-25　ASTM D2809铝泵腐蚀试验评级

试验泵为美国通用汽车公司生产的Buick泵GM 25527536号和发动机前盖GM 25515465号。

铝泵气穴腐蚀试验方法的重复性和再现性受到了人们的质疑。如图7-26，同样的GM6038冷却液，福特公司安排在多个不同实验室，重复做铝泵气穴腐蚀试验。采用同一批次的铝泵，而且采用完全统一的试验程序和方式，但是结果差异很大，评级从1级到9级。而且，一些行车实用性能非常好的新型冷却液，却不能通过铝泵试验。Amalgatech实验室的Edward R. Eaton等研究了铝泵气穴腐蚀测定法的重复性和再现性问题。提出了以下保证再现性和重复性的建议：

(1)确认是GM原厂泵，而且是指定编号的铝泵；

(2)试验期间保持主流量稳定；

(3)重复三次实验，其平均值作为报告值；

(4)改变清洗工艺，加入硫酸清洗工程，以确保每次试验的铅管没有氧化层残留。

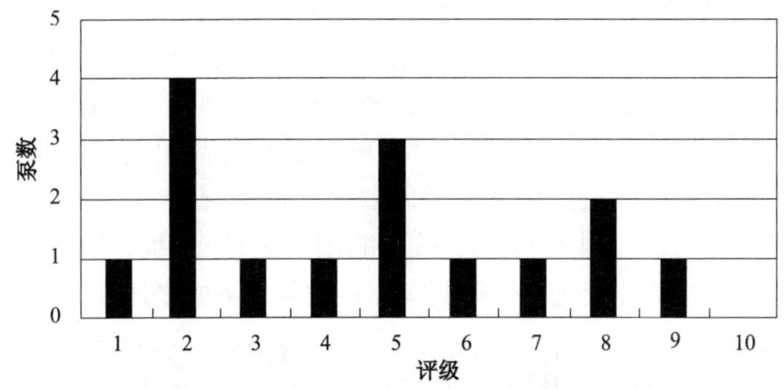

图 7－26　福特公司的铝泵气穴腐蚀试验重复性和再现性试验

7.8　模拟实验 ASTM D2570 发动机冷却液模拟腐蚀试验

前面介绍的腐蚀试验，都只是考察冷却液特定的性能，能够尽可能与实际工况条件相当的模拟试验方法也已经得到了开发应用，目的在于提高结果的真实性。

金属表面和冷却液体积的比例大幅提高，使用了发动机的零件，具有大表面积的铸铁罐或者铝罐，以模拟发动机内部条件，使用这些大尺寸的部件，加大了冷却液用量直至与发动机冷却系统相当，冷却液的流速相当于车辆以 96km/h 的速度行驶，试验时间提高到 7 周。

尽管试验温度依旧没有实际的高，但是做了一种尝试，即每周冷却系统温度降到室温两次。为了提高与实际工况的仿真度，做了很大的努力，但是仍旧不能完全把引起腐蚀的确切条件得以还原。不同实验室的测试结果表明焊锡和铝合金的试验结果再现性较差，尽管再现性有好转的趋势，依旧不能令人满意。

现实行驶状态下产生的腐蚀，在 ASTM D2570—73 试验中没能模拟，原因在于车辆的操作条件在实验室无法模拟。

7.9　测功机试验和发动机台架试验

发动机测功机，试验条件可以调整，从而有效模拟车辆发动机行驶状态，如图 7 – 27 所示。试验发动机在实验台上运转，而没有在公路上，完成实验要求的开开停停循环。发动机试验运转起来不需要太多的维护，比较经济，普遍作为非路试发动机试验。实验结果的重复性和再现性通常比简单的测试要好。测功机试验也有缺点。试验时间要比实际工况的短，尽管操作时间有可比性，因此实验结果不能用于表征车辆长寿命应用，发动机试验条件变化不能重复实际行驶条件下的多样性。

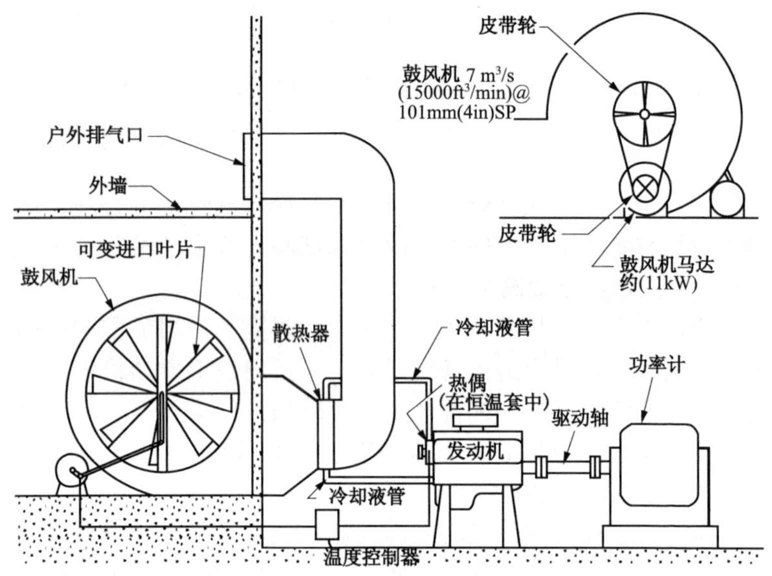

图 7 – 27　测功机法模拟腐蚀试验机示意图

发动机台架试验采用了与车辆行驶相同的条件，即相同的发动机型号、金属比例、金属传热情况等，实验结果的真实性预期比其他试验要好，但是依旧是实验室数据、试验条件是受控的，甚至是更加严格的条件试验，试验后发动机零件被检测，但实验结果基于测定暴露于冷却系统的腐蚀试片。

除了 ASTM D7583 John Deere 发动机气穴腐蚀测试台架试验之外，由于没有统一标准的试验方法，而且费用较高，一些发动机和车辆 OEM 仅把发动机台架试验的内部试验。

7.10 ASTM D2847 车辆及机械发动机冷却液道路测试方法

对于材质腐蚀的最终评价是在实际应用条件下测试，比如ASTM D2847 方法，发动机冷却道路测试法。金属试件集成在冷却系统中确定腐蚀速度，或者在试验后评价零部件。在大多数情况下，会在实验前后分析冷却液以判定变化，试验中的调整因素与车辆实际变化关联，可以分为如下三种场合。

7.10.1 试验场测试

发动机在特定、可控的条件下运行。例如，在试验场或者一个有特定路线或模式的场外，发动机连续运行以加速腐蚀速度。

7.10.2 车队试验

特定的一组车辆在一些重复性的条件下运行，例如警车、出租车或者市政车辆。一些因素或者腐蚀类型在这种条件下变得苛刻。例如，出租车长周期运转，很多时间在高温下怠速行驶，或者警车的迅速加速以及高速行驶带来的严苛的金属气穴腐蚀。

7.10.3 分组试验

除了行驶条件更不可控或者未知，这些试验与车队试验很相像。试验所选的车辆包括公司职员、销售人员或者出租的车辆。如果所选的车辆数目足够大，结果就会与实际行驶工况相当，对于实验结果要进行认真分析，否则，由于车辆工况类型、车辆养护状态、车辆状态及行驶里程等变化使得数据不可信。如果试片用于评判腐蚀速度，发生在高温表面的腐蚀结果就没有表征意义。但是，这种腐蚀可以通过测定金属表面或者冷却液中的不溶物来表征。

车辆行驶试验费用非常高，只要做好抽样统计工作，该实验是获得可靠的发动机冷却系统材质性能数据和发现潜在问题的最佳途径。

第 8 章　发动机冷却液的 pH 值与储备碱度

布拜图(电位 E – pH 图)是腐蚀控制研究很重要的热动力学工具。在发动机冷却液中，通常是阳极保护或者钝化态保护，腐蚀电位正移。回顾发动机冷却系统中的主要金属与水 pH 值的电位平衡图，就会发现精确平衡腐蚀抑制体系的重要性：

铝：最佳保护的 pH 值范围为 4 ~8.5；

铜：有效钝化的 pH 值范围为 7 ~12.5；

铁：最佳保护的 pH 值范围为 8.5 ~12.5；

铅/焊锡：最佳保护的 pH 值范围为 7.5 ~9.5。

选择腐蚀抑制体系，不仅要考虑对金属腐蚀抑制的性能，也要考虑到体系具备足够的缓冲能力，确保体系在尽可能长的时间内，维持与新冷却液一样优化的 pH 值。冷却液的这种缓冲能力就是储备碱度(RA)。

8.1　发动机冷却系统金属的布拜图

8.1.1　铝的腐蚀态、免蚀态和钝化态的理论工况

依据环境条件，铝会以几种氢氧化物存在。如图 8 –1 所示，在 25℃温度下，三水氧化铝是稳定的形态，其钝化态存在于 pH 值 4 ~8.5 范围。而一水氧化铝不稳定，钝化态只存在 pH 值 4.5 ~6.2 的范围。

8.1.2　铁的腐蚀态、免蚀态和钝化态的理论工况

在酸性溶液中，铁非常活泼。在表面电势降低时，即使 pH 值为 10，腐蚀依旧能够发生。铁的氢氧化物在水中大量存在，当 pH 值低于 8 时，很难进行钝化。如图 8 –2 所示。

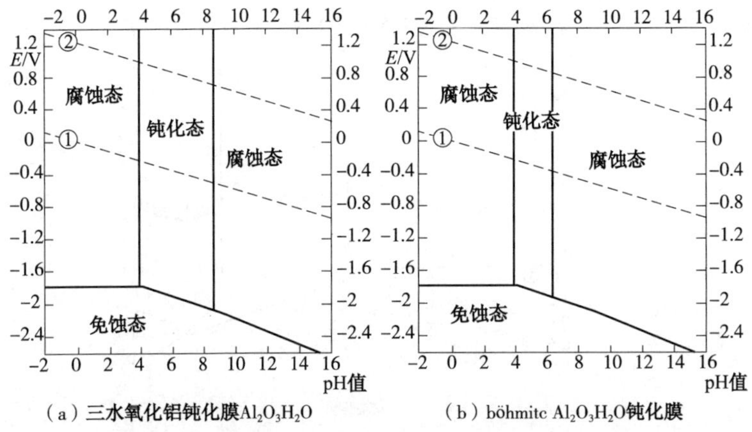

（a）三水氧化铝钝化膜$Al_2O_3H_2O$　　（b）böhmitc $Al_2O_3H_2O$钝化膜

图 8－1　铝的腐蚀态、免蚀态和钝化态的理论工况

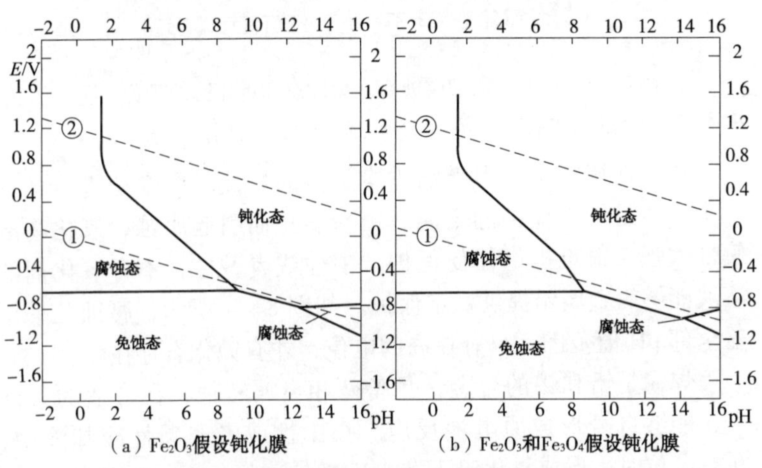

（a）Fe_2O_3假设钝化膜　　（b）Fe_2O_3和Fe_3O_4假设钝化膜

图 8－2　25℃，铁的腐蚀态，免蚀态和钝化态的理论工况

8.1.3　铜腐蚀态、免蚀态和钝化态的领域

铜是贵金属，在发动机冷却液或发动机冷却液系统中属于最好保护的金属。在酸性或者强碱性环境下，有强氧化剂存在时，才会被腐蚀。如图 8－3 所示，钝化态存在于 pH 值为 7～12.5的范围。

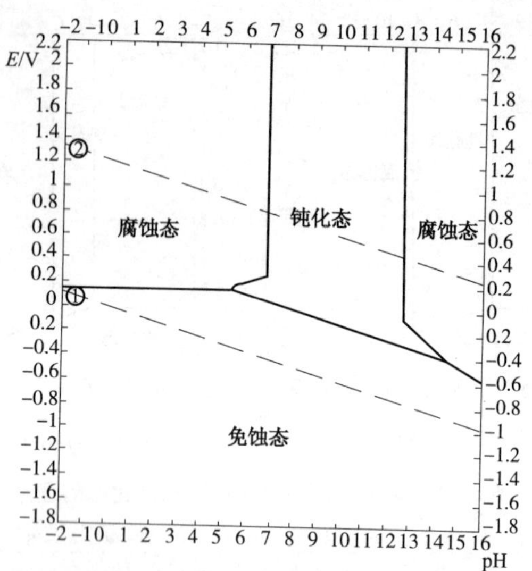

图 8 - 3　25℃，铜的腐蚀态、免蚀态和钝化态的理论工况

8.1.4　铅的腐蚀态、免蚀态和钝化态的理论工况

铅存在焊锡中，用于铜质换热器的焊接。在发动机冷却系统中，铅是最难保护的金属。铅易氧化而引起腐蚀，氧化物溶解性太强，很难提供任何保护。中性或者碱性，不含氧化剂的溶液能够为金属铅提供稳定保护。如图 8 - 4 所示，腐蚀几乎覆盖全部 pH 值范围，只有在高的电位，才有钝化态存在。

焊锡是铅和锡的合金，具备两相金属特征，在合适的条件下，能够自身形成原电池反应。在中性或者弱碱性冷却液中，在高电位时，形成氧化铅不溶于冷却液，但是在 pH 值高于 9. 5 时，氧化铅又会溶解。因此，对于焊锡或铅，合适的 pH 值范围在 7. 5 ~9. 5。控制冷却液/发动机冷却液的 pH 值，对于铅的保护是至关重要的。

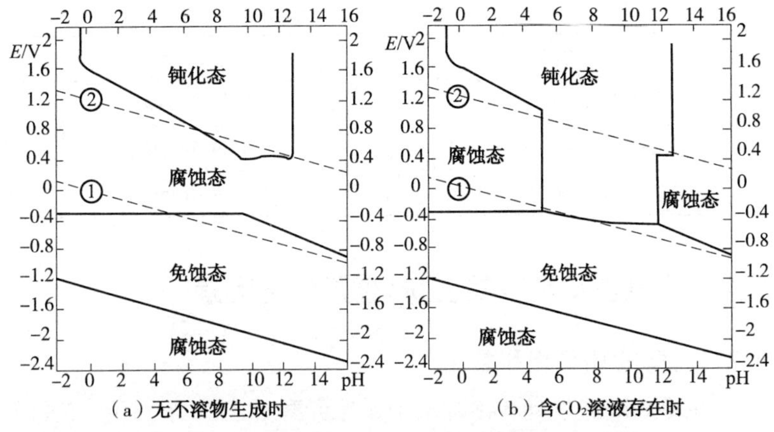

图 8-4 25℃，铅的腐蚀态，免蚀态和钝化态的理论工况

8.1.5 汽车公司对冷却液 pH 值的要求

汽车公司，尤其是欧洲和日本汽车公司，大量使用轻合金和塑料减少自重，而且使用增压以及增压中冷技术，提升比功率、降低油耗。现代汽车的换热器、缸盖、水泵、分水管，以及部分汽车的缸体都使用了轻合金制造。发动机设计越来越紧凑，冷却系统承受的温度更高，铝合金更容易出现问题。高的 pH 值会对铝的腐蚀抑制不利，一般现代冷却液的 pH 值都在 9.5 以下。为了保证冷却液金属腐蚀控制的性能，很多汽车 OEM 对 pH 值做出了严格规定，见表 8-1。

表 8-1 汽车公司对于 pH 值的规定

汽车公司规范名称	pH 值
奔驰 DBL 7700.00	7.0~8.5(33%)
大众 TL-VW774	7.5~8.5(33%)
宝马 BMW N60069.0	7.5~9.0(50%)
欧宝 Opel B040068	7.0~9.0(44%)
菲亚特 Fiat 55523/1	7.5~8.5(50%)

续表

汽车公司规范名称	pH 值
沃尔沃 Volvo 98505	7.1~7.5(45%)
标致 Peugeot FH06	7.6~9.6(30%)
欧曼 MAN M9.210-01	7.5~9.0(30%)

8.2 导致发动机冷却液 pH 值降低的因素

8.2.1 醇的热氧化和裂化

在冷却液或发动机冷却液中，二元醇如乙二醇(EG)或者丙二醇(PG)是常用的降冰剂。在现代电控发动机、增压发动机等中，冷却液温度在 95~125℃，瞬间接触的缸壁、增压气、润滑油冷却器或者缸盖温度在 180~300℃，二元醇在如此高温条件下，会被冷却系统的溶解氧气氧化，发生降解。降解过程如下：

EG 降解：

$$\underset{\text{乙二醇}}{HOCH_2CH_2OH} \xrightarrow{O_2 + Heat} \underset{\text{草酸}}{HOOCCOOH} + \underset{\text{乙醇酸}}{HOCH_2COOH} + \underset{\text{甲酸}}{HCOOH}$$

PG 降解：

$$\underset{\text{丙二醇}}{CH_3CH(OH)CH_2OH} \xrightarrow{O_2 + Heat} \underset{\text{丙酮酸}}{CH_3COCOOH}$$

$$+ \underset{\text{乳酸}}{CH_3CH(OH)COOH} + \underset{\text{草酸}}{HCOOH} + \underset{\text{乙酸}}{CH_3COOH}$$

降解生成的甲酸属于强酸，腐蚀性强。草酸为弱酸，与乙醇酸、丙酮酸、乳酸等，影响体系酸碱平衡，导致 pH 值下降。

8.2.2 冷却液系统吸收发动机废酸性排气

冷却系统在长时间的使用过程中，不可避免地会吸收发动机的排气，以及空气中的酸性气体，尤其是国内燃料的硫含量偏高，排气中硫化物比例大，进入冷却系统中，会与水反应形成酸性物：

$CO_2 \longrightarrow H_2CO_3$

$SO_2 \longrightarrow H_2SO_4$

$Cl^- \longrightarrow HCl$

$Br^- \longrightarrow HBr$

8.2.3 酸性洗液残留

冷却系统的清洗是现代发动机的维护的一项重要内容。在更换冷却液之前，一般都会使用清洗剂清洗发动机。市场上存在的发动机冷却系统清洗剂较多为酸性的，清洗后清水清洗不彻底，残留物对冷却液的 pH 值也会影响。

8.2.4 pH 值降低的机理

迄今还没有完善的发动机冷却液 pH 值降低的机理研究结果。发动机燃气渗入或者冷却系统洗液残留因素，几乎不可控，而且在实验室中不能有效模拟，但是在确定冷却液性能指标时，却又必须认真予以考虑。

基于以上考虑，以及冷却系统中不同配方类型，笔者认为：

(1)强酸(例如硫酸)存在的时的中和是不可逆的，冷却液的储备碱度逐渐被消耗，系统 pH 值逐渐由高到低，提供缓冲能力。冷却液的 pH 值一直依靠进入更低 pH 值时体系的缓冲能力，直至所有的储备碱度消耗完毕。

(2)弱酸(乙醇酸或者碳酸)中和自由碱或者更弱酸的碱式盐，也就是说，弱酸在低 pH 值时，提高“缓冲区域”，或者说，只要碱性存在，就能制造新的“缓冲区域”。

这种复杂的机理，不可避免地驱动系统 pH 值朝着与腐蚀抑制不相匹配的方向移动。

8.3 储备碱度 RA

8.3.1 ASTM 关于储备碱度 RA 的定义

ASTM 1121 标准中规定：储备碱度是指滴定 10mL 冷却液浓

缩液加入 90mL 蒸馏水到使 pH 值达到 5.5，用掉的以 0.1mL0.1mol/L 盐酸计算的数值。由此定义，自由碱和成盐的弱酸(如硅酸根、硼酸根、膦酸根)都被滴定。相对弱酸盐(例如苯甲酸和亚硝酸)只能粗略滴定，相对强酸(例如磷酸二氢钠)不被滴定。

8.3.2 腐蚀抑制剂的缓冲性能

8.3.2.1 无机盐技术冷却液——IAT

传统无机酸技术冷却液的碱储备度的典型范围在 10～14，是因为无机酸碱缓冲系统的 $p\mathrm{K}_a$ 值在 7～9。例如，四硼酸钠，缓冲系的 pH 值为 7.5，只需要重量的 0.5% 就能提供足够的储备碱度 RA，无机盐要维持溶解能力，pH 值要保持在 3 以下。

酸度系数，又名酸离解常数，在化学及生物化学中它是一个特定的平衡常数，以代表一种酸离解氢离子的能力。在不同的酸这个常数会有所不同，所以酸度系数会以常用对数 $\mathrm{p}K_a$ 来表示。一般地，较大的 K_a 值(或较小的 $\mathrm{p}K_a$ 值)代表较强的酸。这是由于在同一的浓度下，离解的能力较强。利用酸度系数，可以容易地计算酸的浓度、共轭碱、质子及氢氧离子。如果一种酸是部分中和，K_a 值是可以用来计算出缓冲溶液的 pH 值。

8.3.2.2 有机酸技术——OAT

(1)脂肪族一元酸　缓冲能力通常相对较差，$p\mathrm{K}_a$ 值(酸离解常数)小于 5，也就是说，极少一元脂肪在 pH 值为 5.5 时被滴定。然而，在 pH 值为 4.5 时，一元脂肪酸会从冷却液中沉淀出来。

(2)芳香酸　其储备碱度 RA 随环取代基不同而呈现巨大差异。例如，苯甲酸和肉桂酸在 pH 等于 5.5 时，储备碱度 RA 较低，而在 pH 等于 4.5 时，具备较高的储备碱度 RA，与 $p\mathrm{K}_a$ 预测结果相当。无取代基的芳香酸，具有非常高的储备碱度，但是一般比其无取代同系物更不稳定。有取代的芳香酸即使 pH 值在5.5以上，也容易出现沉淀，pH值在4.5时，沉淀基本全部结束。

(3)脂肪族二元酸　二元酸的缓冲能力好于脂肪族和芳香族一元酸，在pH值为5.5时，能够获得较高的储备碱度，而不会有沉淀。原因在于，这种类型的酸，一个羧基官能团提供储备碱度RA，另外一个羧基官能团提供溶解度。在pH值为4.5时，这种二元酸的储备碱度RA与两个羧酸根被滴定，比同样链长的一元酸获得多一倍的储备碱度RA，只有碳数≥10的有机酸才会有沉淀出现。

8.3.2.3　OEM和一些国家标准对于碱储备值RA的要求

对于IAT无机盐配方，冷却液的可接受的最小储备碱度在10，例如，OEM规格：Mercedes Benz DBL 7700，VW TL 774C，BMW 320.1，GM 1825 M，Chrysler MS 7170，MAN NF；国家标准：意大利CUNA 916，法国AFNOR 15601，美国SAE 1941。

对于OAT配方，可接受的最小储备碱度为5，例如，OEM：Mercedes Benz DBL 7700 OAT，VW TL 774 D，BMW 320.3。

OAT配方冷却液的发展方向是不断提高储备碱度RA，而且愈见明确(I.E. PSA 715110，VW TL774G)，见图8－5。

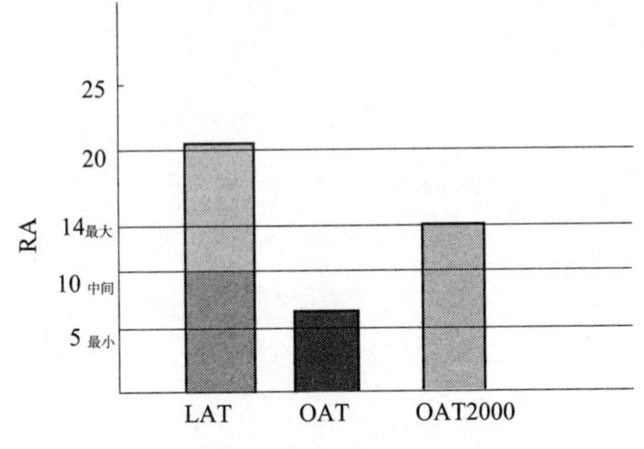

图8－5　冷却液储备碱度变化

8.4 合适的 pH 值与 RA 范围

对金属最佳保护只能在合适的 pH 范围内，一些腐蚀抑制剂能够对某些金属提供优异的保护，但是缓冲能力差。如果一个发动机冷却液配方不具备足够的储备碱度 RA，即使能够通过实验室腐蚀测试实验，在实际使用中，一定存在 pH 值短时间降低的风险，从而导致腐蚀发生。判断冷却液的质量好坏，应该同时考查腐蚀测试数据和足够的储备碱度 RA。对于无机盐 IAT 配方，最低可接受的储备碱度 RA，普遍被认为不小于 10mL 0.1mol/L HCl，对于有机酸 OAT 配方，广泛认可的最低可接受储备碱度 RA 是 5mL 0.1mol/L HCl。冷却液的储备碱度 RA 低于这个水平的，应该作为风险产品，任何情况下，此类低储备碱度的产品，只能用作“超短寿命”用途。

第9章　美洲、欧洲、亚洲OEM对发动机冷却液要求

世界各国对发动机冷却液都有专门的法规委员会来负责制定、修订和核查。表9－1给出了常见的发动机冷却液的国际或者国家标准管理机构。

表9－1　世界各国冷却液的标准管理机构

名　称	缩写	国家
Boitish Standards	BS	英国
Forschungsvereinigung Verbrennungskraftmaschinen e. V. , Frankfurt	FVV	德国
Deutsche Industrie – Norm(en)	DIN	德国
Österreichisches Norminstitut	ONORM	奥地利
Eidgenössische Materialpüfungs – und Versuchsanstalt	EMPA	瑞士
Groupement Francaise de Coordination	GFC	法国
Association Francaise de Normalisation	AFNOR	法国
Commissione Tecnica di Unificazione Nell' Autoveicolo	CUNA	意大利
Una Norma Española	UNE	西班牙
Polski Komitet Normalizacji, Miar i Jakosci	PN	波兰
Magyar Szabvány	MSZ	匈牙利
Czeska Statni Norma	CSN	斯洛伐克
Jugoslovenski Standard	JUS	波黑
Standard Association of Australia (Australian Standard)	AS	澳大利亚
Japanese Industrial Standard	JIS	日本

续表

名　称	缩写	国家
Society of Automotive Engineers	SAE	美国
Engine Manufacturers Association	EMA	美国
Truck Maintenance Council	TMC	美国
American Society for Testing and Materials	ASTM	美国

9.1　美国发动机冷却液标准

从表9－1可以看出，美国负责发动机冷却液标准的机构有四个：美国汽车工程师协会(SAE)，发动机制造商协会(EMA)，卡车维修委员会(TMC)，美国测试和材料协会(ASTM)，由ASTM制定的发动机冷却液标准有：ASTM D3306、ASTM D6210、ASTM D4985。

这些标准不仅在美国执行，也在其他很多国家作为参考标准。

SAE J814，是美国冷却液的国家标准，由冷却液标准委员会制定。

9.1.1　ASTM D3306—11

ASTM D3306是一个国际上比较通用和接受的标准。该标准规定了乙二醇或者丙二醇基的冷却液，用于车辆，尤其是轻负荷车辆冷却液，推荐使用浓度40%～70%范围。2011版标准按照防冻剂和浓度不同，把发动机冷却液产品分六类：

Ⅰ．乙二醇基浓缩液(MEG)

Ⅱ．丙二醇基浓缩液(PEG)

Ⅲ．乙二醇基预稀释液(50%V)

Ⅳ．丙二醇基预稀释液(50%V)

Ⅴ．含甘油的乙二醇基浓缩液

Ⅵ．含甘油的乙二醇基预稀释液(50%V)

ASTM D3306—2011 规定，标准冷却液使用的二元醇要满足 ASTM E1177 要求。Ⅴ类和Ⅵ冷却液分别适用于采用乙二醇为基础，加有精制甘油的发动机冷却液，甘油质量必须满足 ASTM D7640 规格。

使用不满足 ASTM E1177 要求的再生二元醇或者二次处理工业二元醇的冷却液浓缩液和稀释液，分别适用 ASTM D6471 和 D6472 规格。浓缩液及稀释液的性能要求见表 9－2～表9－4。

1. 浓缩液物理化学性质

表 9－2　ASTM D3306 发动机冷却液浓缩液的物理化学性质

性　质	Ⅰ型	Ⅱ型	Ⅴ型	ASTM 试验方法
相对密度（15.5℃/15.5℃）	1.110～1.145	1.030～1.065	1.110～1.160[1]	D1122，D5931
冰点[2,3]/℃最大（50%去离子水溶液）	－36.4	－31.0	－36.4	D1177，D6660
沸点[2,4]/℃最小（50%去离子水溶液）	108	104	108	D1120
灰分/％最大	5	5	5	D1119
pH 值，（50%去离子水溶液）	7.5～11	7.5～11	7.5～11	D1287
氯离子/（μg/g）最大	25	25	25	D3634，D5827[5]
水/％最大	5	5	5	D1123

续表

性　质	Ⅰ型	Ⅱ型	Ⅴ型	ASTM 试验方法
储备碱度/mL	报告[6]	报告[6]	报告[6]	D1121
对汽车涂料的影响（热固性涂料，聚氨酯或者丙烯酸聚氨酯涂料）	无	无	无	D1882[7]

注：1. Ⅴ类冷却液是含有甘油的乙二醇基冷却液，乙二醇要满足 ASTM E1177 标准，丙三醇(甘油)要符合 ASTM D7640 标准。

2. 标准读数的最后一位应四舍五入，遵照 ASTM D29 使用有效数字确定试验数据与规范符合性做法。

3. 二元醇和甘油的混合物适用 ASTM E1177 和 D6660。

4. 实验结束后会有沉淀产生，这不成为拒收的理由。

5. 如有争议，按 ASTM D3634 方法仲裁。

6. 供需双方确定接受的指标。

7. 现今很多汽车厂使用了独有的涂料和镀膜，因此他们要求特殊的试验板。冷却液制造商和车辆制造厂应该就试验的程序和标准达成一致。

2. 预稀释液的物理化学性质

表 9－3　预稀释液的物理化学性质

性　质	Ⅲ型	Ⅳ型	Ⅵ型	ASTM 测试方法
相对密度　最小 (15.5℃/15.5℃)	1.065	1.025	1.065①	D1122，D5931
冰点②,③/℃(无稀释)　最大	－36.4	－31.0	－36.4	D1177，D6660
沸点②,④/℃(无稀释)　最小	108（226）	104（219）	108（226）	D1120
灰分/%　最大	2.5	2.5	2.5	D1119
pH 值(无稀释)	7.5～11	7.5～11	7.5～11	D1287
氯离子/(μg/g)　最大	25	25	25	D3634，D5827⑤
水/%	—	—	—	D1123

续表

性　质	Ⅲ型	Ⅳ型	Ⅵ型	ASTM 测试方法
储备碱度/mL	报告[⑥]	报告[⑥]	报告[⑥]	D1121
对汽车涂料的影响（热固性涂料，聚氨酯或者丙烯酸聚氨酯 涂料）	无	无	无	D1882[⑦]

注：①V类冷却液是含有甘油的乙二醇基冷却液，不能满足 ASTM E1177 车辆冷却液用乙二醇标准和 ASTM D7640 发动机冷却液用丙三醇标准的其他原料不得使用。

②为确保满足本标准，这里的读数的最后一位应该四舍五入，遵照 ASTM D29 使用有效数字确定试验数据与规范符合性做法。

③二元醇和甘油的混合物适用 ASTM E1177 和 D6660。

④实验结束后会有沉淀产生，这不成为拒收的理由。

⑤如有争议，ASTM D3634 为仲裁方法。

⑥供需双方确定接受的指标。

3. 发动机冷却液性能要求

表 9－4　发动机冷却液性能要求[①]

性　质	要求	ASTM 试验方法	试验溶液浓度/%（体积分数）
玻璃器皿腐蚀试验，失重/（mg/试片）　最大		D1384[②]	33
铜	10		
焊锡	30		
黄铜	10		
钢	10		
铸铁	10		
铝	30		
模拟腐蚀试验，失重/（mg/试片）　最大		D2570[③]	44
铜	20		
焊锡	60		
黄铜	20		
钢	20		
铸铁	20		
铝	60		

续表

性　质	要求	ASTM试验方法	试验溶液浓度/%（体积分数）
铸铝传热腐蚀试验/（mg/cm^2/周）　最大	1.0	D4340④	25
抗泡性 体积/mL　最大 消泡时间/s　最大	150 5	D1881⑤	33
穴蚀－冲蚀　最小	8	D2809⑥	17

注：①大于发动机冷却液浓缩液，试验溶液也依照对应的试验方法中规定的溶液配制要求配制，而对于预稀释液，则根据表9－5指导配制试验溶液。

②～⑥预稀释液，试验溶液配方见表9－5。

表9－5　性能试验腐蚀水要求

试验项目	配制比例，二元醇/%（体积）	腐蚀水配方（每升试验溶液中）/mg
玻璃器皿腐蚀	33	Na_2SO_4：99 NaCl：110 $NaHCO_3$：92
模拟使用腐蚀	44	Na_2SO_4：83 NaCl：92 $NaHCO_3$：77
泡沫倾向	33	—
铸铝合金传热腐蚀	25	NaCl：165
铝泵气穴腐蚀	17	Na_2SO_4：123 NaCl：137 $NaHCO_3$：115

4. 杂二元醇的定义及含量要求

对乙二醇基冷却液，其他二元醇是指：二乙二醇、三乙二醇、四乙二醇、丙二醇、二丙二醇、三丙二醇和1，3－丙二醇。含量要求为：浓缩液中其他二元醇含量不大于15%，50%预稀释液不大于7.5%。

对丙二醇基冷却液，其他二元醇是指：乙二醇、二乙二醇、三乙二醇、四乙二醇、二丙二醇、三丙二醇和1，3－丙二醇。含量要求为：浓缩液赫总其他二元醇的含量不大于1%，50%预稀释液不大于0.5%。

9.1.2 ASTM D6210

ASTM D6210是乙二醇和丙二醇重负荷发动机冷却液标准。推荐二元醇浓度在40%～60%，或者50%(体积)预稀释液，不需要进一步稀释。无论冬夏都可使用，具有防冻、防沸、防腐蚀和防穴蚀性能。适用于使用新产的乙二醇或者丙二醇调制的冷却液，不包括使用以下原料调和的冷却液：

- 二元醇釜底物
- 聚酯厂废液
- 机翼或者道路除冰剂
- 医疗废液

实际上，近年来已经报道了多起由此类回收或者二次加工二元醇调制的冷却液造成的严重事故。

ASTM D6210把重负荷冷却液产品分为乙二醇基浓缩液、丙二醇基浓缩液、乙二醇基预稀释液和丙二醇基预稀释液四类，均是全配方冷却液，不需要加SCAs补充化学添加剂。

1. ASTM D6210引用的其他ASTM标准

D1126 水硬度测试法

D1293 水pH值测试法

D3306 二元醇基车辆和轻负荷发动机冷却液标准

D4327 离子色谱法测定水中阴离子含量

D5828 SCA化学补充添加剂与发动机冷却液浓缩液相容性测定法

D7583 约翰迪尔冷却液气穴腐蚀测定法

2. ASTM D6210对冷却液的一般性能要求

(1)满足ASTM D3306全部理化要求和性能要求；

(2)冷却液浓缩液与水混合液，或者预稀释液，使用 SCA 养护时，应该按照厂家推荐浓度，或者 SCA 产品标签上的规定浓度，在正常养护的冷却系统中，冷却液的使用周期应不少于 2 年。

3. 气穴腐蚀保护的要求

气穴腐蚀保护性能方面，给出了三个选项，见表 9－6。

表 9－6 气穴腐蚀保护选项

选　项	预稀释液或浓缩液	接收标准
行车试验	依照约定	发动机制造商与冷却液供应商约定试验标准
台架试验	按照测试配方	最多 200 个穴蚀点方法采用 D7583
化学组分 亚硝酸盐配方	预稀释液	NO_2^- 不少于 1200μg/g
亚硝酸盐配方	浓缩液	NO_2^- 不少于 2400μg/g
亚硝酸盐和钼酸盐配方	预稀释液	NO_2^- 和 MOO_4^{2-} 合计不少于 780μg/g 每种离子含量不少于 300μg/g
亚硝酸盐和钼酸盐配方	浓缩液	NO_2^- 和 MOO_4^{2-} 合计不少于 1560μg/g 每种离子含量不少于 600μg/g

表中对气穴腐蚀保护的三个选项都是基于现有的条件，大量行车试验表明，对于重负荷发动机的气穴腐蚀，使用化学组分亚硝酸盐或者亚硝酸盐与钼酸组合、或者不使用化学组分，而使用一些经过检验的配方，发动机都可以获得有效保护。因此，使用方和供货方可以协商选用约定的配方、通过 ASTM D7583 台架验证的配方、根据经验加有化学组分的配方。这种配方约定的方式，就给推广新开发的被市场证明有效的配方，例如不含化学组分的配方，包括纯有机酸配方和混合有机酸配方提供了机会。

4. 防垢性能的要求

无论浓缩液还是预稀释液，都必须含有减少热表面结垢的添加剂。某些添加剂(聚丙烯酸盐或者其他类型)能够减少钙镁离子在传热表面的结垢，在标准中还没有设定阻止或者减少传热表面结垢或者沉积物的化学物要求，相关试验方法正在开发中，一旦开发成功，就可能编入标准。

5. 关于冷却液的维护要求

水质影响添加剂性能。任何不经处理的水，由于固溶物含量高、腐蚀性强，不适合用于冷却液。用于稀释冷却液的水质应达到表9－7要求，请咨询当地自来水公司或者水务部门了解水质，或者送样品到相关检测中心进行检测。

表9－7　现场用水性能要求

项目	指标
总固溶物/(μg/g)	340
总硬度/(μg/g)	170
氯离子含量/(μg/g)	40
硫酸根离子/(μg/g)	100
pH 值	5.5～9.0

6. 对于SCAs补充化学添加剂的规定

SCAs补充化学添加剂弥补了在冷却液应用中添加剂的消耗，但是不能改善冷却液的防冻性能。重负荷冷却液用户经验表明：不满足穴蚀保护要求的冷却液，不能长期对缸瓦点蚀给予有效防护，加入SCAs或者全配方冷却液中的亚硝酸盐，尤其能够有效防止穴蚀发生。含有其他化学品的技术也能提供有效的防穴蚀能力，这些化学品的性能可以由供需双方基于ASTM D7583试验结果确定。

9.1.3　ASTM D4985—2010

ASTM D4985—2010《需要预先加入SCA的低硅酸盐乙二醇基重负荷冷却液标准》，规定的冷却液，满足三个方面的条件：

(1)乙二醇作为防冻剂，满足 ASTM E1177 规定；

(2)使用时，需要先加入 SCA 补充化学添加剂；

(3)浓缩液中硅含量不得高于 250μg/g，50% 预稀释液中硅含量不大于 125μg/g。

ASTM D4985 适用于重负荷发动机，即：汽油和柴油内燃机，工况接近发动机设计能力且长周期运转的发动机，例如：农业机械、矿山机械、建筑机械；公交汽车、大卡车、商务车辆等公路车辆；高功率固定式发动机、铁路机车和船用发动机等。

ASTM D4985 对于冷却液的性能要求与 ASTM D3306 相当。对于 SCA 的使用和冷却液的维护规定，与 ASTM D6210 一致。

9.1.4 GM 6277M、GM 1899M 和 GM1825M

GM 6277M 为长寿命的有机酸冷却液规格，要求更换周期在 5 年或者 240000km。铸铝传热试验要求试验时间 300h。

GM 1899M 为低硅酸盐配方规格，储备碱度要求大于 10。规格要求不能用于铝制缸盖，因此不做铸铝传热试验。

GM 1825M 为高硅酸盐配方规格，储备碱度要大于 10。铝泵气穴腐蚀试验的时间要求 300h。

9.1.5 Chrysler MS－9769

克莱斯勒 MS9769 是有机酸配方冷却液规格。储备碱度要求大于 5。除了 ASTM D3306 标准要求外，增加了 ASTM D6208 恒电流点蚀测定，电位不小于 －400mV 。冷却液要求通过 ASTM D2809 穴蚀和冲蚀试验、改进的 ASTM D2809 试验(试验泵是 5.9L 发动机的铝泵，方法采用 SAE 1999－01－0136)、内部试验 MS－EA－122“软管相容性试验”和行车试验(方法参照 ASTM D2847)等。

9.2 欧洲发动机冷却液标准

欧洲发动机冷却液标准受到美国 ASTM 标准影响较大见

表9－8，大多数国家标准都采纳了 ASTM D1384 玻璃器皿腐蚀试验。但是德国和瑞士，采用不同的测试方法。

表9－8　欧洲主要国家发动机冷却液标准

国家	冷却液标准
英国	BS6580 和 BS5117，试验要求和测试方法与 ASTM 相似
德国	DIN 没有冷却液的标准，只有私立的研究机构和 FVV 共同订立的 FVV Heft R443 动态腐蚀试验方法，在德国被广泛认可，FVV 标准中不包括静态的玻璃器腐蚀试验和理化性能试验要求
法国	同时存在 GFC 和 AFNOR R15/601，GFC 是为欧洲统一标准开发，与 AFNOR 部分内容一致：理化性质、电化学腐蚀试验和玻璃器皿腐蚀试验要求相同，理化性能试验参照 ASTM 要求，静态玻璃腐蚀试验与 ASTMD1384 和 ASTMD 4340 相似，条件更加苛刻。GFC 增加了模拟腐蚀试验和高温稳定性试验（氧弹试验）
意大利	CUNA NC956－16，与 ASTM 在理化、玻璃器皿和模拟腐蚀试验要求相当，增加了超声波穴蚀试验要求
瑞士	动态玻璃器皿试验 EMPA，与 ASTM D1384 没有可比性
奥地利	ONORM V5123，基于奔驰的标准 DBL7700，理化性能要求参考了 ASTM 标准，推荐采用 ASTM D1384 作为腐蚀试验。
西班牙	UNE 26361，理化性能要求与 ASTM 和 BS 标准要求相当，采纳了 ASTM D1384 和 ASTM D2570 腐蚀试验
波兰	WT－ITS/ 3/94/ZLG，理化性能要求与 ASTM 标准要求相当，采纳了 ASTM D1384 和 ASTM D2570 腐蚀试验
匈牙利	MSZ 924，与俄罗斯标准相似，理化性能同 ASTM 标准，采纳了静态玻璃器皿腐蚀试验

注：丹麦、比利时、挪威、荷兰等没有冷却液标准。

CEC 是欧洲负责发动机润滑剂、燃料和特殊液体产品测试方法的管理协会，其 ECTC 发动机冷却液测试分会，订立的冷却液测试方法包括 P10、P20、P30、P40 四个部分。

P10 指物理化学性质项目，测试方法见表9－9。

表 9 - 9　ECTC 冷却液物理化学性能测试项目

项　目	方　法	备　注
黏度	ASTM D445 - 96	采用 ASTM 方法，不用使用 CEC 方法
pH 值	ASTM D1287 - 91	采用 ASTM 方法，AFNOR，ISO，DIN 方法相似
冰点	ASTM D1177 - 94	不用转用 CEC 方法
密度	ASTM D4052 - 96	不用使用 CEC 方法
水含量	ASTM D1123 - 93(DIN 51777)	两种方法相似，不用 CEC 方法
储备酸度	DN 505343(Peugeot Method)	不必用欧洲方法
储备碱度	ASTM D1121 - 93	滴定终点 pH = 5.5
泡沫倾向	GFC Pr - L - 113 - 02 ELF	转用 CEC C - 10 - X - 97
沸点	ASTM D 1120 or GFC - L - 104 - A - 90	不用 CEC 方法
折光指数	GFC - L - 102 - A - 90 or DIN 51423	没有 CEC 方法
硬水相容性	GFC - L - 106 - A - 90 or BS 5117，1.5	转用 CEC C - 06 - X - 95
灰分	GFC - L - 103 - A	转用 CEC C - 02 - X - 95

PC20 包括静态玻璃器皿试验和动态腐蚀试验。静态腐蚀试验基于 ASTM D1384 和 ASTM D4340，欧洲玻璃器皿腐蚀试验方法与 ASTM D1384 的主要差别是试验温度，欧洲试验温度是 (100 ± 1)℃。表 9 - 10 为美国和欧洲玻璃器皿腐蚀试验比较。

表 9 - 10　美国和欧洲玻璃器皿腐蚀试验比较

	ASTM D 1384		CEC C - 03 - X - 97
设备		相似	
空气流速	(100 ± 10) mL/min		(100 ± 8) mL/min
温度	(88 ± 2)℃		(100 ± 1)℃
时间		相似	
浓度		相似	
水		相似	

玻璃器皿腐蚀试验采用的金属试片标准，各国不太相同，见表9－11。

表9－11　各国玻璃器皿腐蚀试验采用的金属试片标准

METALS	COPPER	SOLDER	BRASS	STEEL	CAST IRON	ALUMINIUM
STANDADS (CEC C－03－T－97)	UNS C 11000 or UNS C 11300	ASTM B 32 Alloy Grade 30A or 30B	UNS C26000	UNS G10200	NF A 32－101FGL 200	NF A 57－702－Feb 81 A－S5U3 Y30
CERMANY standard name/number	DIN E－Cu 57 2.0060	DIN L－Pb Sn 30	DIN Cu Sn 30 2.0265	DIN C 15 1.0401	DIN GG 20 0.6020	DIN Al Si 6 Cu 4 3.2151
FRANCE standard name/number	NF Cu－al	NF	NF Cu Zu 30	NF XC 12	NF FGL 200	NF A－S5 U3
UK standard name/number	BS C 101	BS	BS Cz 106	BS 080 M15	BS Grade 220	BS LM 21
ITALY standard name/number	UNI Cu－ETP	UNI	UNI P－Cu Zn 30	UNI C 15 (CK 15)	UNI G 20	UNI 3052
SPAIN standard name/number	UNE Cu－ETP C1110	UNE	UNE Cu Zu 30 C6130	UNE F 15 M (CK15)	UNE FG 20	UNE L－2620
USA standard name/number	UNS C11000	UNS Alloy Grade 30B	UNS C26000	UNS G 10200	UNS Class 30B	UNS AA 319.0
INTERNATIONAL standard name/number	ISO Cu－ETP	ISO S－Pb 70 Su 30	ISO Cu Zn 30	ISO C15 E4 (CK15)	ISO Grade 200	ISO Al－Si 6 Gu 4

动态腐蚀试验，主要指德国 FVV 和瑞士的 EMPA。

ECTC 的 PC30 部分主要是电化学试验方法。针对 OAT 冷却液技术的极化阻抗试验和点电位试验方法一直没能成为标准化方法。

PC40 为调查委员会，发现现在推荐的穴蚀 - 冲蚀试验不能满足试验要求，因此，FVV443 和 MTU 试验需要修订，FVV R530 试验方法建立。

总体而言，欧洲各国，除了英国等少数国家，较少订立国家冷却液标准，而是参照 ASTM 标准和汽车企业自己的内部标准。

9.2.1 大众汽车公司 VW TL774 标准

大众集团（Volkswagen Group）品牌包括：大众汽车、Audi（奥迪）、NSU、Seat（西亚特） - 西班牙汽车公司、SKODA（斯柯达） - 捷克汽车公司、Bentley（宾利） - 英国豪华汽车制造公司、Bugatti（布加迪） - 法国超级跑车制造商、Lamborghini（兰博基尼） - 意大利超级跑车制造商、Porsche（保时捷）。

大众集团的冷却液标准分为 C、F、G、H 4 种：

TL 774C：适用于所有的发动机，包括轻金属发动机。

TL 774F：适用于所有的发动机，包括全铝发动机。

用于博世公司 colorado 项目为黄色，禁止用于大众公司生产的汽车上。

TL 774G：适用于所有的发动机，包括全铝发动机。

TL 774H：只适用于发动机超速状态。

标准件代号为：

TL 774C，蓝绿色　N 052 774 C0

TL 774F，紫罗兰色　N 052 774 F0

TL 774F，黄色　N 052 774 F1（只用于博世公司产品）

TL 774G，紫罗兰色　N 052 774 G0

TL 774H，无色　N 052 774 H0

各个冷却剂添加剂必须在不影响使用特性的情况下以任何比例与所有同样冷却剂混和。同样，C、F、G、H 冷却剂必须可以在不影响使用特性的情况下以任何比例互相混和。

在不破裂的原厂包装中，冷却剂添加剂可以在 -30 ~ 50℃ 存储一年。

9.2.1.1 大众 TL 774 物化要求

大众 TL 774 C、F、G、H 的物理化学性能如表 9-12 所示。

表 9-12 大众 TL 774(C、F、G、H)的物理化学性能

<table>
<tr><th>特 性</th><th colspan="4">要 求</th></tr>
<tr><td></td><td>C</td><td>F</td><td>G</td><td>H</td></tr>
<tr><td>乙二醇/%(质量分数)</td><td colspan="4">剩余</td></tr>
<tr><td rowspan="3">缓蚀剂/%(质量分数)</td><td colspan="2">≥5</td><td colspan="2">3.5 ~ 5</td></tr>
<tr><td colspan="4">不允许使用硼砂作为唯一的缓蚀剂</td></tr>
<tr><td colspan="4">不允许使用重金属(比如钼酸盐、钒酸盐)作为缓蚀剂</td></tr>
<tr><td>水含量(减去结晶水)/%(质量分数)</td><td colspan="4">≤3</td></tr>
<tr><td>硅酸盐 ICP - OES 或 AAS 测定/(mg/L)</td><td colspan="2">500 ~ 680(以 SiO_2 计算，包括含量为 10% 的含 Si 稳定剂)</td><td>不允许</td><td>200 ~ 300</td></tr>
<tr><td>硼砂</td><td colspan="2">—</td><td colspan="2">不允许</td></tr>
<tr><td>胺</td><td colspan="4">不允许</td></tr>
<tr><td>咪唑</td><td colspan="4">不允许</td></tr>
<tr><td>磷酸盐</td><td colspan="4">不允许</td></tr>
<tr><td>亚硝酸盐①</td><td colspan="4">不允许</td></tr>
<tr><td>苦味剂“Bitrex”®/(μg/g)</td><td colspan="3">25</td><td>不含</td></tr>
<tr><td>颜色</td><td>蓝绿色</td><td>紫罗兰</td><td>紫罗兰</td><td>无色</td></tr>
<tr><td>颜料②</td><td>可选择</td><td colspan="2">Remazol Brillent 紫色颜料 5R(10 ± 1)μg/g</td><td></td></tr>
<tr><td>气相防蚀剂</td><td>—</td><td>—</td><td>—</td><td>另加添加剂</td></tr>
</table>

注：①含 NO_2 的芳烃也不允许含有。

②颜料不能影响防腐蚀效果。

大众冷却液不允许使用磷酸盐，胺盐、亚硝酸盐等，为 NAP-Free 配方。F 类型冷却液为全有机配方，不允许使用硅酸盐；G、H 类型冷却液为含硅混合配方，但也不允许含有硼酸盐和咪唑。

9.2.1.2 大众 TL774 使用性能

大众 TL774(C、F、G、H)的使用性能如表 9-13 所示。

表 9-13 大众 TL774(C、F、G、H)的使用性能

特　性	要　求				试验方法
	C	F	G	H	
相对密度 d_{20}	1.11~1.14				DIN 51757
着火点	≥110				DIN EN 22719
折射率 n_D	1.425~1.438				DIN 51 423-1
沸点，(未稀释)/℃	170~185				ASTM D1120
储备碱度，(0.1 mol/L HCL 溶液)/mL	≥11		≥5.0		
pH 值					
用去离子水 33%（体积分数）稀释	7.7~8.5				
用去离子水 50%（体积分数）稀释	≥7.5	—	—	—	
腐蚀试验					ASTM 1384
铜、铁、钢、铅等重金属失重(g/m^2)	≤4		≤3		
水净化后的质量增加(g/m^2)	没有		≤1		

续表

特　性	要　求		试验方法
铝合金，铝试片采用 $AlSi_6Cu_4$，增加了 AlMn，AlSi12 试片			
金属失重（g/m^2）	≤2		
水净化后的质量增加/（g/m^2）	没有	≤2	
PV1432 裂纹腐蚀防护试验	不高于 2		
研磨的测试面	允许氧化色		
铣削的测试面	允许氧化色和变黑		
抗泡性			
在试验后产生泡沫量/mL	≤20		
1min 后剩余的泡沫量/mL	≤5		
有机涂料影响	无影响		ASTM D1882
硅酸盐稳定性	没有絮凝	不必检测	ASTM D4340/PV1426
抑制剂稳定性	没有	没有絮凝	ASTM D4340
硬水稳定性	没有	没有絮凝	PV1426
腐蚀度			DIN 51360－2
浓度 20%（体积分数）（评级）	不大于 3	不大于 4	
浓度 40%（体积分数）（评级）	不大于 1	不大于 2	
超过 30h 的温度升高程度/℃	—	≤6	

大众无机盐配方的储备碱度要求大于 11，有机酸配方大于 5，最新的 TL 774G，储备碱度要求大于 8。33% 浓度的 pH 值在

7.7~8.5，一般只有有机酸配方才能满足。金属腐蚀试验铝试片的失重要求很苛刻，相当于不大于26mg/片，而且增加了两种铝试片。

9.2.1.3 腐蚀和穴蚀性能

根据内燃机研究联合会(以下简称 FVV) 的试验要求检测以下性能。

(1)震动腐蚀试验中的性能。浓度为冷却剂添加剂 20% 和 40% 的体积含量。参见表 9－14。

表 9－14 震动腐蚀试验的性能要求

金属	介质	标准失重/mg			
		C	F	G	H
铝	新	≤1.2	≤2.0		
灰铸铁	新	≤0.10	≤0.15		

注：这里的标准失重是指在试验冷却液中的失重除以在 10°dGH 的水中的失重。

(2)根据 FVV 规定高温测试以及外观评价。C 型浓缩液和 F、G、H 浓缩液分别参见表 9－15 和表 9－16。

表 9－15 C 型浓缩液 FVV 规定高温测试

冷却剂添加剂的体积含量		20%	40%
金属	介质	失量/mg	
铝	去离子水，新鲜	≤50	≤20
	水，10°dGH，新鲜	≤50	≤20
灰铸铁	去离子水，新鲜	≤40	≤20
	水，10°dGH，新鲜	≤40	≤20

注：允许表面有腐蚀，但不允许出现点蚀。

表 9－16 F、G、H 浓缩液 FVV 规定高温测试

冷却剂添加剂的体积含量		20%	40%
金属	介质	失重/mg	
铝	去离子水，新鲜	≤100	≤40
	水，10°dGH，新鲜	≤80	≤30

续表

冷却剂添加剂的体积含量		20%	40%
灰铸铁	去离子水，新鲜	≤80	≤40
	水，10°dGH，新鲜	≤60	≤30

注：允许表面有腐蚀，但不允许出现点蚀。

(3)高温腐蚀试验(水清洗后)。F、G、H浓缩液，参见表9-17。

表9-17　F、G、H浓缩液高温腐蚀试验

冷却剂添加剂的体积含量		20%	40%
金属	介质	失重/mg	
铝	去离子水，新鲜	≤20	≤5
	水，10°dGH，新鲜	≤25	≤10
灰铸铁	去离子水，新鲜	≤20	≤5
	水，10°dGH，新鲜	≤20	≤10

注：允许表面有腐蚀，但不允许出现点蚀。

(4)重复FVV高温腐蚀试验后的剩余硅含量(C型冷却液)。浓缩液稀释比例为40%(体积百分数)。

不换试验冷却液，用新的铝试片，重复进行一次FVV高温测试。在第二次通过后不测量铝试样的失重，主要是测定试验冷却液中剩余硅的含量。

剩余硅含量必须大于100μg/g。

9.2.1.4　试验说明

(1)按照卡尔费休试验方法测定水含量；

(2)腐蚀试验。在金属表面形成的有机酸(一元酸和二元酸)腐蚀抑制保护层，在化学清洗时会被完全破坏，因此，在化学清洗前要先用水洗。然后再用乙酮清洗，在干燥箱100℃下干燥1h。水洗后，再采用正常的清洗程序。

(3)TL 023使用的AlSi6Cu4，替代ASTM D1384的SAE 329

Al 试片。在 ASTM 钢铝试片组中增加：AlSi12 和 AlMnL 试片。V8 发动机使用 AlSi10Mg(Cu)替代 TL023 铝合金。允许试片变色，但不允许点蚀。

(4)抗泡性试验。100mL 量筒中，转入 50mL33% 浓度的冷却液，上下震荡 1min，冷却液温度 20℃，80℃，20℃时，重复试验，计量实验结束和 1min 后的泡沫体积。

(5)稳定性。由 ASTM D4340 试验衍生而来，试验用水满足 FVV R430 附件 1 第 2 部分规定。浓缩液浓度 40%。

(6)30h 温升范围。温升不能高于 6℃，试验开始 30min 后开始计算。

(7)腐蚀和气穴腐蚀。按照 FVV R483 - 86 程序试验，不作为每月测试项目。

9.2.3 MAN 公司冷却液

MAN 曼商用车股份公司是世界著名的重型卡车制造商之一。MAN(曼)商用车辆股份公司是欧洲第三大卡车和客车生产商，也是 MAN(曼)集团中最大的一个企业。重型卡车产品品牌包括 MAN、STEYR、OAF、ERF 和 STAR，公交车中 MAN 是重要品牌，NEOPLAN(尼奥普兰)则是在旅游车中的知名品牌。

MAN 公司冷却液标准 MAN 239 要求，通过纽伦堡工厂 TUC - N处进行材料初次试验、材料交付使用和回答问询。获得许可的防冻剂才能送入交付使用在线清单载货车辆、安装设备和有轨车辆作为维修推荐用冷冻剂。不得含有按照 VDA 法规 232 - 101禁止和不希望含有的物质。禁用的物质的名称和数量由 VDA 法规给出。冷却液型号包括：

N 型：　含有亚硝酸盐和硅酸盐；
N/Arctic 型：　同 N 型，但是可以用到 -65℃；
NF 型：　不含亚硝酸盐，但含有硅酸盐；
SNF 型：　不含硅酸盐和亚硝酸盐(有机酸工艺 OAT)。

MAN 曼冷却液一般不允许含有磷酸盐、胺和亚硝酸盐。

防冻剂均按照 BWB TL 6850 - 0038 遵照了德国联邦国防军

SY 7025 标准，当其与水混合后，无论如何不得有任何的副作用。

9.2.3.1 化学与物理性能

MAN 冷却液物理化学性能见表 9－18。

表 9－18 MAN 冷却液物理化学性质

性 能	要 求	试验方法
外 观	清澈透明	—
在 20℃时的密度/(g/mL)	1.11～1.14	DIN 51 757
折射率 n_D^{20}	1.430～1.437	DIN 51 423－2
沸点/℃	最低 150	ASTM D 1120
闪点/℃	最低 110	DIN EN 22719
灰分/%(质量分数)	报告	ASTM D 1119
水分/%(质量分数)	最高 5	DIN 51 777－1
储备碱度 (0.1 mol/L HCl 溶液)/mL	最低 10	ASTM D 1121
硅酸盐/(mg/kg)	最高 600	DIN 51 390－4
pH 值 浓缩液 33.3%(体积分数)稀释液	6.5～8.5 7.5～9.0	ASTM D 1287
抗泡性能 [在 33.3%(体积分数)水中] 泡沫体积/mL 泡沫稳定性/s	最高 150 最高 5	ASTM D 1881
低温性能(冰絮凝点)/℃ 33.3%(体积分数)稀释液 50.0%(体积分数)稀释液	低于－18 低于－36	ASTM D 1177

续表

性 能	要 求	试验方法
浓缩物的储存稳定性（在80℃保持10天）沉淀量/(mg/100g)	最高10	TUC 07.207
在硬水中的混合性能（在80℃保持10d）沉淀/(mg/100g)	最高10	TUC 07.207

MAN曼冷却液的储备碱度要求大于10，无论有机还是无机配方。33%稀释液的pH值要求在7.5~9.0。储存稳定性采用了80℃保持10天的方法，允许值沉淀量10mg/100g浓缩液。同样方法测定耐硬水性能。

9.2.3.2 橡胶适应性

(1)EPDM橡胶，按照DIN 53 521进行试验。

试验材料： EPDM过氧化的网状连接的，按CONTI IKGE 6390；

试验物体(试样)： 按照DIN 53 504各取3标准试棒，厚度(2±0.2)mm；

试验液体积： 50%预稀释液，试验液的体积应该为150~180倍的试样体积；

试验条件： 在125℃的压热锅中168h；

要求： 需要确定临界值。

(2)FPM橡胶，按照DIN 53 521进行试验。

试验材料： AK 6–材料(弗罗依登贝格)；

试验物体(试样)： 按照DIN 53 504各取3标准试棒，厚度(2±0.2)mm；

试验液体积： 50%预稀释液，试验液的体积应该为150~180倍的试样体积；

试验条件： 在125℃的压热锅中168h；

要求： 需要确定临界值。

9.2.3.3　ASTM D 1384 腐蚀试验

试验液体：33.3% 容积的防冻剂 + 腐蚀性的水（冰点：-18℃）

试样：	灰铸铁 GG15	DIN 1691
	钢 C15	DIN 17 210
	铝-铸造合金 G-AlSi6Cu3	DIN 1725-2
	锡焊料 L-PbSn 30Sb	DIN 1707
	黄铜 CuZn37	DIN 17660
	E-铜 E-Cu57	DIN 1708

经过 336h 后失重：铸铝合金　　最高 1g/m²(13mg/片)

其他金属　　最高 2g/m²(26mg/片)。

9.2.3.4　TUC 07.203 试验规程修改的 EMPA-试验

试验液体：15% 容积的防冻剂 + 非碳酸盐硬度为 100 的水（冰絮凝点：-7℃）

试样：

灰铸铁 GG25	DIN 1691
钢 St 1405	DIN 1623-1
铝-铸造合金 G-AlSi6Cu3	DIN 1745
铝-塑性合金 AlCuMg2	DIN 1707
锡焊料 L-PbSn 30Sb	DIN 1707
黄铜 CuZn37	DIN 17660
E-铜 E-Cu57	DIN 1708

28d 后的失重：灰铸铁和铝合金　最高 5g/m²(65mg/片)

其他金属　　最高 2g/m²(26mg/片)

9.2.3.5　FVV-R443-1986 腐蚀和穴蚀试验

必须得到完整的 FVV-试验报告。

试验液体：20%～40% 容积的防冻剂 + 非碳酸盐硬度(dGH)为 100 的水。

振动试验的性能要求见表 9-19。

表 9-19 FVV- R443-1986 振动试验性能要求

项 目	温度/℃	浓度体积/%	腐蚀(剥蚀)速度/(mg/h)	
			灰铸铁	AlCuMg2
新配制的试验液	80 80	20 40	最高 5 最高 5	最高 9 最高 9
使用过 120h 的旧试验液	80	40	最高 5	最高 9
去离子水+重铬酸钾盐	80	3g/L	3.4~4.6	6.6~7.8
非碳酸盐硬度(dGH)为 100 的水	80	—	41.5~57.0	6.3~9.9

防冻剂的浓度：40 容积%；

在结束清洗后的重量损失：最大 $2g/m^2$。

9.2.3.6 MAN 公司-冷却液台架试验

试验液体：　按照 ASTM D 1384 在 25 容积% 防冻剂的水中；

试验时间：　1000h；

空气流量：　约 400L/min；

温度：　93~94℃；

空气含量：　3%~4%(体积分数)；

系统预压力：　0bar；

对发动机部件的评定：曲轴箱，油缸轴套，油冷却器外壳的腐蚀和沉积物，合成橡胶零件如 O 形环，轴套密封，水泵风箱，损害的角形密封环，水泵箱密封的沉积物形成和漏泄。

9.2.3.7 MAN 公司水泵腐蚀试验

试验液体：　按照 ASTM D 1384 在 50 容积% 防冻剂的水中；

试验时间：　1000h；

流量：　　　约400L/min；

温度：　　　93～94℃；

空气含量：　0容积%；

系统预压力：0bar。

对水泵箱密封沉积物形成和漏泄的评定。

9.3 日本冷却液标准

日本发动机冷却液的发展历史很长，而且独具特色。JISK 2234冷却液标准为其国家标准，各个汽车OEM建立有自己的标准体系。

9.3.1 JISK2234－2006

日本JISK 2234冷却液标准，把冷却液分为两种：AF（冬季使用的发动机冷却液）和LLC（全年使用的长寿命冷却液）。

冷却液的性质要求见表9－20。

表9－20 JISK2234－2006冷却液的性质要求

项　目	技术要求	
	AF	LLC
密度（20.0℃）/（g/cm³）	不小于1.112	
冰点/℃ 50%水溶液（体积分数） 30%水溶液（体积分数）	 不高于－37.0 不高于－14.5	
pH值（30%水溶液）（体积分数）	7.0～11.0	
水分/%（质量分数）	不大于5.0	
泡沫性能（30%水溶液）（体积分数）	不大于4.0	

日本冷却液的稀释液多采用30%体积浓度，而不像美国试验多采用33%体积浓度。pH值规定为：30%体积浓度，pH值范围7.0～11.0。另外，日本冷却液的泡沫试验方法比较独特。

试验方法号是 JIS R3535，是在 100mL 量筒中，装入 50mL 30% 体积浓度的冷却液，以拇指堵住量筒口，反转 100 次，放置 10s 后读泡沫体积。

9.3.2 冷却液使用性能

表 9－21 为 JISK2234—2006 冷却液的使用性能要求

表 9－21 JISK2234—2006 冷却液的使用性能要求

<table>
<tr><th colspan="3" rowspan="2">项 目</th><th colspan="2">技 术 要 求</th></tr>
<tr><th>AF</th><th>LLC</th></tr>
<tr><td rowspan="12">玻璃器皿腐蚀
30% 体积浓度
[(88 ±2)℃,
(336 ±2)h]</td><td rowspan="6">质量变化/
(mg/cm²)
不大于</td><td>紫铜</td><td>0.3</td><td>0.15</td></tr>
<tr><td>黄铜</td><td>0.3</td><td>0.15</td></tr>
<tr><td>钢</td><td>0.3</td><td>0.15</td></tr>
<tr><td>铸铁</td><td>0.3</td><td>0.15</td></tr>
<tr><td>焊锡</td><td>0.6</td><td>0.3</td></tr>
<tr><td>铸铝</td><td>0.6</td><td>0.3</td></tr>
<tr><td colspan="2">试片外观</td><td colspan="2">允许变色，除垫圈与
试片接触的部分外，
无肉眼可见的明显腐蚀</td></tr>
<tr><td colspan="2">试验中泡沫</td><td colspan="2">不应从冷却器中溢出</td></tr>
<tr><td colspan="2" rowspan="4">试验后冷却液性质</td><td>pH 值</td><td>6.5 ~ 11.0</td></tr>
<tr><td>pH 值变化</td><td>±1.0</td></tr>
<tr><td>液体外观</td><td>颜色无明显变
化，无凝胶、
分层等显著变化</td></tr>
<tr><td>沉淀量/%
(体积分数)</td><td>不大于 0.5%</td></tr>
</table>

续表

<table>
<tr><th colspan="3" rowspan="2">项　目</th><th colspan="2">技　术　要　求</th></tr>
<tr><th>AF</th><th>LLC</th></tr>
<tr><td rowspan="12">模拟使用腐蚀
[(88 ±3)℃，
30%体积浓度 AF，
(336 ±2)hLLC，
(1064 ±2)h]</td><td rowspan="6">质量变化/
(mg/cm^2)</td><td>紫铜</td><td colspan="2">0.30</td></tr>
<tr><td>黄铜</td><td colspan="2">0.30</td></tr>
<tr><td>钢</td><td colspan="2">0.30</td></tr>
<tr><td>铸铁</td><td colspan="2">0.30</td></tr>
<tr><td>焊锡</td><td colspan="2">0.60</td></tr>
<tr><td>铸铝</td><td colspan="2">0.60</td></tr>
<tr><td colspan="2">试片外观</td><td colspan="2">允许变色，除垫圈与
试片接触的部分外，
无肉眼可见的明显腐蚀</td></tr>
<tr><td colspan="2" rowspan="3">试验后冷却液性质</td><td>pH 值</td><td>6.5 ~11</td></tr>
<tr><td>pH 值变化</td><td>±1.0</td></tr>
<tr><td>液体外观</td><td>颜色无明显变化，无
凝胶、分层等显著变化</td></tr>
<tr><td colspan="2" rowspan="2">配件状态</td><td>泵密封部位</td><td>没有杂音，漏液，
运转不良等问题</td></tr>
<tr><td>泵壳内表面及泵页</td><td>无明显腐蚀现象</td></tr>
<tr><td colspan="2" rowspan="2">铸铝合金传热腐蚀
[(135 ±1)℃，(168 ±2)h，
25%体积浓度]</td><td colspan="2">质量变化/(mg/cm^2)</td><td>±2.0</td></tr>
<tr><td colspan="2">外观</td><td>允许变色，无肉眼
可见的明显腐蚀。</td></tr>
</table>

JISK 2234 标准对于应用性能要求，没有铝泵穴蚀和冲蚀腐蚀试验要求。对于玻璃器皿腐蚀试验和模拟腐蚀试验的溶液体积浓度都是30%。对于试验后 pH 值及变化范围、以及试片的外观做了规定。对于铸铝传热腐蚀，试片失重的允许范围是 ASTM D3306 的两倍，为 2.0mg/cm^2。

9.3.3 OEM 规格

为了保证冷却液的终身寿命要求，Toyota TSK 2601G－8，MAZDA MES121C－F22 规格规定了玻璃器皿腐蚀试验和铸铝传热试验时间加长，要求在 1000h 和 4000h 腐蚀试验后，试片失重仍旧在范围内。

第 10 章　解读中国国家发动机冷却液标准

目前，中国现行的发动机冷却液标准有两个：GB 29743—2013《车辆发动机冷却液》和石油化工行业标准 NB/SH/T 0521—2010《乙二醇型和丙二醇型发动机冷却液》。这两个标准均参考了 ASTM D3306 和 ASTM D6210，只是参照的 ASTM 标准的时间点不同。GB 29743—2013 作为第一部发动机冷却液的强制执行标准，在 2014 年 5 月 1 日执行后，必将推动发动机冷却液市场质量水平的提升。国家标准执行后，NB/SH/T 0521—2010 是否依旧作为产品市场监控标准？按照新标准要求，重负荷发动机冷却液的化学组分含量要高于 ASTM D6210 要求；乙二醇基冷却液稀释液的沸点要求高，需要调整市场已有冷却液配方。另外，国内外很多重负荷车辆 OEM 厂商，要求配方中不能使用亚硝酸盐，而新国标中则要求必须加入，解决这种矛盾需要发动机 OEM、用户和标准执行监督方的妥协。国家标准由多行业专家制定，解释权归政府有关部门。

10.1　GB 29743—2013《车辆发动机冷却液》标准

标准 2013 年 9 月 18 日发布，2014 年 5 月 1 日执行。新标准适用于轻负荷发动机用二元醇型和其他类型冷却液，以及重负荷发动机用含亚硝酸盐、钼酸盐组分的二元醇型冷却液。标准共 8 章，规定了机动车发动机冷却液的术语和定义，产品分类，技术要求和试验方法，检验规则，标志和包装，运输和储存等。标准的第 4、第 5、第 6 章为强制性，其余为推荐性，即新国标主要条款为强制性标准。

新标准参考了美国 ASTM D3306—11《轿车及轻负荷发动机

用二元醇型冷却液规范》和ASTM D6210—10《重负荷发动机用全配方二元醇型冷却液规范》编制。

新标准由交通部提出，归口于全国汽车维修标准化技术委员会。新标准制定单位包括汽车公司、交通运输部、产品质量监督检测技术单位、高等院校、生产企业等。

10.1.1 国标GB 29743关于二元醇型冷却液的定义与分类

机动车发动机冷却液的定义：以防冻剂、缓蚀剂等原料复配而成，用于机动车发动机冷却系统，具有冷却、防腐、防冻等作用。

(1)根据额定功率与运转条件分为：

①轻负荷：长期在比额定功率低得多的条件下运转；

②重负荷：长期在接近额定功率条件下运转，大多采用湿式缸套。

(2)根据防冻剂类型分为：乙二醇型、丙二醇型和其他类型。

(3)乙二醇质量要求有：纯度>85%；其他二元醇含量的质量分数≤15%；其他二元醇包括二乙二醇、三乙二醇、四乙二醇、丙二醇、二丙二醇、三丙二醇和1，3-丙二醇等。

(4)丙二醇质量要求有：丙二醇含量 >99%；其他二元醇含量的质量分数≤1%；其他二元醇包括乙二醇、二乙二醇、三乙二醇、四乙二醇、二丙二醇、三丙二醇和1，3-丙二醇等。

10.1.2 GB 29743对于冷却液的分类

10.1.2.1 轻负荷发动机冷却液的分类

轻负荷发动机冷却液的分类见表10-1。

表10-1 轻负荷发动机冷却液分类

冷却液类型	名称	型号
LEC-Ⅰ	轻负荷乙二醇型发动机冷却液浓缩液	—

续表

冷却液类型	名　称	型　号
LEC－Ⅱ	轻负荷乙二醇型发动机冷却液稀释液	LEC－Ⅱ－15、LEC－Ⅱ－20、LEC－Ⅱ－25、LEC－Ⅱ－30、LEC－Ⅱ－35、LEC－Ⅱ－40、LEC－Ⅱ－45、LEC－Ⅱ－50
LPC－Ⅰ	轻负荷丙二醇型发动机冷却液浓缩液	—
LPC－Ⅱ	轻负荷丙二醇型发动机冷却液稀释液	LPC－Ⅱ－15、LPC－Ⅱ－20、LPC－Ⅱ－25、LPC－Ⅱ－30、LPC－Ⅱ－35、LPC－Ⅱ－40、LPC－Ⅱ－45、LPC－Ⅱ－50
LOC	轻负荷其他类型发动机冷却液	依据冰点标注值

注：(1)表中L、E、P、O、C五个大写字母分别为“轻负荷”、“乙二醇型”，“丙二醇型”，“其他类型”、“冷却液”的英文首字母。

(2)Ⅰ、Ⅱ分别代表发动机冷却液的浓缩液和稀释液。

(3)15、20、25、30、35、40、45、50几个数字分别代表发动机冷却液稀释液的型号。

10.1.2.2　重负荷发动机冷却液的分类见表10－2。

表10－2　重负荷发动机冷却液分类

冷却液类型	名　称	型　号
HEC－Ⅰ	重负荷乙二醇型发动机冷却液浓缩液	—
HEC－Ⅱ	重负荷乙二醇型发动机冷却液稀释液	50%稀释液(体积分数)
HPC－Ⅰ	重负荷丙二醇型发动机冷却液浓缩液	—
HPC－Ⅱ	重负荷丙二醇型发动机冷却液稀释液	50%稀释液(体积分数)

注：(1)表中H、E、P、C四个大写字母分别为“重负荷”、“乙二醇型”，“丙二醇型”，“冷却液”的英文首字母。

(2)Ⅰ、Ⅱ分别代表发动机冷却液的浓缩液和稀释液。

10.1.3 GB 29743 关于重负荷发动机冷却液化学组分要求

10.1.3.1 只含亚硝酸盐单组分

重负荷冷却液只含亚硝酸盐浓度要求见表 10 – 3。

表 10 – 3 重负荷冷却液只含亚硝酸盐浓度要求

项　目	技术要求	试验方法
亚硝酸盐（以 NO^{2-} 计）含量/(mg/kg)	1200	HJ/T 84

10.1.3.2 含有亚硝酸盐和钼酸盐双组分

重负荷冷却液双组分浓度要求见表 10 – 4。

表 10 – 4 重负荷冷却液双组分浓度要求

项　目	技术要求	试验方法
亚硝酸盐（以 NO^{2-} 计）		
和钼酸盐（以 MoO^{4-} 计）	780	HJ/T 84
总量/(μg/g)　不小于	300	NB/SH/T 0828
其中单组分/(μg/g)　不小于		

GB 29743 规定重负荷发动机冷却液中，化学组分要求满足上面一种即可。单组分或者双组分的浓度含量，浓缩液应稀释成冰点 – 15℃的溶液进行测试。对于不同冰点的浓度要求，没有准确说明化学组分浓度要求，对于标准的理解存在歧义的可能。如果采用稀释到 – 15℃的溶液进行测试，对于低冰点的冷却液，单组分为亚硝酸盐，亚硝酸根浓度将会很高，对于冷却液的配方平衡影响很大。

10.1.4 GB 29743 的理化性能要求

10.1.4.1 乙二醇和丙二醇冷却液浓缩液

GB 29743—2013 规定了乙二醇和丙二醇冷却液浓缩液和预稀释液的性能。乙二醇基冷却液，允许含有其他二元醇，浓缩液中其他二元醇含量不大于 15%；丙二醇基浓缩液中允许其他二元醇含量不大于 1%。这些和国际上的趋势一致。乙二醇和丙二醇基冷却液浓缩液理化性能见表10－5。

表10－5　发动机冷却液浓缩液理化性能要求

项　目	技　术　要　求		试验方法
	LEC－I HEC－I	LPC－I HPC－I	
其他二元醇含量/%（质量分数）　不大于	15	1	GB/T 14571.2
密度（20.0℃）/（g/cm^3）	1.108～1.144	1.028～1.063	SH/T 0068
冰点，50%水溶液（体积分数）/℃　不高于	－37.0	－32.0	SH/T 0090
沸点[①]/℃ 浓缩液　不低于 50%水溶液（体积分数）　不低于	 163.0 108.0	 152.0 104.0	SH/T 0089
灰分/%（质量分数）　不大于	5.0		SH/T 0067
pH值（50%水溶液）（体积分数）	7.5～11.0		SH/T 0069
氯含量/（μg/g）　不大于	40		SH/T 0621
水分/%（质量分数）　不大于	5.0		SH/T 0086
储备碱度/mL	报告值[②]		SH/T 0091
对汽车有机涂料的影响	无影响		SH/T 0084

注：①试验后期可能产生沉淀，但不影响试验结果。

②指标由供需双方协商决定。

GB 29743—2013对浓缩液中氯含量规定不大于40μg/g，与ASTM 3306－11一致，比NB/SH/T 0521—2010规定的25μg/g略有放宽。

10.1.4.2　乙二醇型轻负荷和重负荷预稀释液

乙二醇基冷却液预稀释液设定－15、－20、－25等高冰点的冷却液，方便冬季没有严格低温要求的地区使用。但是，这种设定与ASTM D3306、ASTM D6210、SAE J814，以及很多OEM的浓度要求40%～70%的范围不同，是否合理，有待检验。乙二醇型轻负荷和重负荷预稀释液的理化性能见表10－6。

表10－6 乙二醇型轻负荷和重负荷预稀释液的理化性能要求

项 目	技 术 要 求								试验方法
	LEC－Ⅱ－15 HEC－Ⅱ－15	LEC－Ⅱ－20 HEC－Ⅱ－20	LEC－Ⅱ－25 HEC－Ⅱ－25	LEC－Ⅱ－30 HEC－Ⅱ－30	LEC－Ⅱ－35 HEC－Ⅱ－35	LEC－Ⅱ－40 HEC－Ⅱ－40	LEC－Ⅱ－45 HEC－Ⅱ－45	LEC－Ⅱ－50 HEC－Ⅱ－50	
密度(20.0℃)/(g/cm^3)不小于	1.036	1.044	1.050	1.055	1.060	1.065	1.070	1.076	SH/T 0068
冰点/℃不高于	－15.0	－20.0	－25.0	－30.0	－35.0	－40.0	－45.0	－50.0	SH/T 0090
沸点/℃不低于	105.5	106.0	106.5	107.0	107.5	108.0	108.5	109.0	SH/T 0089
灰分/%(质量分数)不大于	2.5								SH/T 0067
pH值	7.5～11.0								SH/T 0069
氯含量/(μg/g)不大于	40								SH/T 0621
储备碱度/mL	报告值①								SH/T 0091
对汽车有机涂料的影响	无影响								SH/T 0084

注：①指标由供需双方协商决定。

对于－15℃冰点产品，要求的沸点范围不低于105.5℃。这个标准定得过高，单独乙二醇基冷却液难以达到。因此，生产LEC－Ⅱ－15和HEC－Ⅱ－15时，要特别注意提高沸点。

10.1.4.3 丙二醇型发动机冷却液稀释液

GB 29743—2013定义丙二醇基冷却液，使用的丙二醇是1,

2－丙二醇。国外有使用1，3－丙二醇的，并发现1，3－丙二醇的稳定性更好，但是1，3－丙二醇市场供应少，而且价格偏高。丙二醇型轻负荷和重负荷预稀释液的理化性能要求见表10－7。

表10－7　丙二醇型发动机冷却液理化性能要求

项目	技术要求								试验方法
	LPC－Ⅱ－15 HPC－Ⅱ－15	LPC－Ⅱ－20 HPC－Ⅱ－20	LPC－Ⅱ－25 HPC－Ⅱ－25	LPC－Ⅱ－30 HPC－Ⅱ－30	LPC－Ⅱ－35 HPC－Ⅱ－35	LPC－Ⅱ－40 HPC－Ⅱ－40	LPC－Ⅱ－45 HPC－Ⅱ－45	LPC－Ⅱ－50 HPC－Ⅱ－50	
密度(20.0℃)/(g/cm^3)不小于	1.015	1.018	1.020	1.022	1.024	1.025	1.027	1.028	SH/T 0068
冰点/℃不高于	－15.0	－20.0	－25.0	－30.0	－35.0	－40.0	－45.0	－50.0	SH/T 0090
沸点/℃不低于	102.0	102.5	103.0	103.5	104.0	104.5	105.0	105.5	SH/T 0089
灰分/%(质量分数)不大于		2.5							SH/T 0067
pH值		7.5～11.0							SH/T 0069
氯含量/(μg/g)不大于		40							SH/T 0621
储备碱度/mL		报告值①							SH/T 0091
对汽车有机涂料的影响		无影响							SH/T 0084

注：①指标由供需双方协商决定。

由于丙二醇价格偏高，国内丙二醇基冷却液的市场一直低迷，除了一些企业推出的丙二醇基无水冷却液。作为低毒更环保更长效的冷却液，随着汽车OEM的市场推广，丙二醇基冷却液用量会逐渐增加。

10.1.4.4 其他类型轻负荷发动机冷却液

GB 29743—2013 定义的其他类型轻负荷发动机冷却液，指不是采用乙二醇或者丙二醇为防冻剂，具有特定冰点的机动车冷却液，或者冰点高于 -15℃ 的机动车冷却液，直接用于发动机。其他类型轻负荷发动机冷却液的理化性能要求见表 10-8。

表 10-8 其他类型发动机冷却液理化性能

项 目	技 术 要 求	试验方法
密度(20.0℃)/(g/cm^3)不小于	1.000	SH/T 0068
冰点/℃不高于	标注值①	SH/T 0090
沸点/℃不低于	102.0	SH/T 0089
灰分/%(质量分数)不大于	2.5	SH/T 0067
pH 值	7.5~11.0	SH/T 0069
氯含量/(μg/g)不大于	40	SH/T 0621
储备碱度/mL	报告值②	SH/T 0091
对汽车有机涂料的影响	无影响	SH/T 0084

注：①试验后期可能产生沉淀，但不影响试验结果。

②指标由供需双方协商决定。

LOC 类冷却液，不对冰点做具体要求，只要求沸点高于 102℃。如果是乙二醇基冷却液，乙二醇的质量浓度也要在 15% 以上，对于丙二醇基冷却液，丙二醇的质量浓度要到 30%。如果采用二乙二醇、甘油或者聚乙二醇，则提升沸点的能力会强一些。设定 LOC 类产品，基于减少乙二醇等二元醇的使用，降低使用成本。但是在标准质量监控上，存在很大困难。根据 GB 29743 要求，LOC 产品应该也要满足使用性能要求，实际上，如此低的二元醇含量的冷却液，很难通过要求的四个性能试验。

中国南方地区存在高冰点的“水箱宝”冷却液，含有较低的二元醇含量或者是纯水基防锈液。根据 GB 29743，低二元醇含量的冷却液，如果沸点高于 102℃，归属于 LOC 类型冷却液。

而沸点低于102℃，或者纯水基防锈液类型的水箱宝产品，则不能归入LOC型冷却液。

从国际市场上看，由于纯水基防锈液沸点低，已经不能满足车辆高沸点的要求，使用量也逐渐减少。国内市场上销售的纯水基防锈液，只进行100%样品的玻璃器皿腐蚀试验。由于其沸点低，无法做铸铝传热腐蚀试验(温度135℃)。铝泵气穴腐蚀试验(113℃)，而且挥发性大，也难于通过模拟腐蚀试验(1064小时)。发动机冷却液需要通过的4个腐蚀试验，这种纯水基防锈液产品有三个无法通过。因此，纯水基防锈液在使用中，导致发动机冷却系统腐蚀的风险性是很大的。

10.1.5 发动机冷却液的使用性能

GB 29743－2013完全参考了ASTM D3306关于冷却液使用性能的所有项目，技术要求也完全一致，见表10－9。

表10－9 使用性能要求

<table>
<tr><th colspan="3">项　目</th><th>技术要求</th><th>试验方法</th></tr>
<tr><td rowspan="6">玻璃器皿腐蚀
[(88±2)℃，(336±2)h]</td><td rowspan="6">质量变化/
(mg/试片)</td><td>紫铜</td><td>±10</td><td rowspan="6">SH/T 0085a</td></tr>
<tr><td>黄铜</td><td>±10</td></tr>
<tr><td>钢</td><td>±10</td></tr>
<tr><td>铸铁</td><td>±10</td></tr>
<tr><td>焊锡</td><td>±30</td></tr>
<tr><td>铸铝</td><td>±30</td></tr>
<tr><td rowspan="6">模拟使用腐蚀
[(88±3)℃，(1064±2)h]</td><td rowspan="6">质量变化/
(mg/试片)</td><td>紫铜</td><td>±20</td><td rowspan="6">SH/T 0088a</td></tr>
<tr><td>黄铜</td><td>±20</td></tr>
<tr><td>钢</td><td>±20</td></tr>
<tr><td>铸铁</td><td>±20</td></tr>
<tr><td>焊锡</td><td>±60</td></tr>
<tr><td>铸铝</td><td>±60</td></tr>
<tr><td rowspan="2">泡沫倾向</td><td colspan="2">泡沫体积/mL</td><td>不大于150</td><td rowspan="2">SH/T 0066a</td></tr>
<tr><td colspan="2">泡沫消失时间/s</td><td>不大于5</td></tr>
</table>

续表

项　目		技术要求	试验方法
铸铝合金传热腐蚀 [(135 ±1)℃，(168 ±2)h]	质量变化/ (mg/cm^2)	±1.0	SH/T 0620a
铝泵气穴腐蚀[(113 ±1)℃， (103 ±3)kPa，100h]，级		不小于 8	SH/T 0087a

中国国家标准 GB 29743—2013 作为国家强制执行标准，2013 年 9 月 18 日颁布后，国内很多试验室和标准检测单位并没有及时得到通知。2014 年 5 月 1 日执行，如果没有很多试验室和检测机构得到资质认可，标准的实施就势必难以按期开展。

另外，标准制定结构在制定国家标准时，对于试验方法的时效性、重复性以及试验结果争议的最终判定等，也需要给与规定。不能简单地认定只要标准制定颁布就算完成，需要设立试验方法制订、修订和管理的专门部门或者协会，制定标准的跟踪监控程序，完善试验检测方法，建立仪器设备和标准件的校准体系，做好国家认证试验室和地方质检部门的检测数据的再现性和精密度，并及时修订标准检测方法自身和执行中的错误，避免执法乱象，确保公平、公正的市场环境。

10.1.6　发动机冷却液试验溶液配制方法

发动机冷却液性能试验，要求确定冷却液中腐蚀水的配比。ASTM D3306 标准由于只有浓缩液和 50% 预稀释液，浓缩液的稀释比例也只有 40% ~70% 范围，因此，按照这样浓度配制试验溶液，配方钠盐浓度较好确定。而 GB 29743 中，存在 -15℃ 以上冰点的冷却液规格，冷却液性能试验的试验溶液要求的钠盐浓度确定就存在困难。因此，GB 29743 规定的试验溶液钠盐浓度规定以及泡沫倾向测定的二元醇浓度范围，都做了较大调整。

配制试验溶液的试验用水符合 GB 6682 规定的三级水要求。在实验室中，GB 6682 三级水是比较容易得到的。

配制试验溶液总体要求见表 10 -10，以二元醇体积浓度来确定钠盐浓度，与 ASTM D3306 相同。对于二元醇浓度大于 44% 的发动机冷却液，这个要求比较容易达到。

表 10－10 配制试验溶液的总体要求

项目	要求	
	二元醇浓度/%（体积分数）	钠盐浓度
玻璃器皿腐蚀	33	余量水中含硫酸根离子、氯离子和碳酸氢根离子各 100μg/g
模拟使用腐蚀	44	余量水中含硫酸根离子、氯离子和碳酸氢根离子各 100μg/g
泡沫倾向	33	—
铸铝合金传热腐蚀	25	余量水中含氯化钠 220μg/g
铝泵气穴腐蚀	17	余量水中含硫酸根离子、氯离子和碳酸氢根离子各 100μg/g

冷却液浓缩液的试验溶液配制，配制比例遵照了试验方法要求浓度，不考虑浓缩液中水含量，直接以样品体积浓度来试验。

稀释液的试验溶液配制配置依据表 10－10。对于二元醇浓度达不到配置要求的产品，以及轻负荷发动机用其他类型冷却液，采用 100% 进行试验，钠盐加入量参见表 10－11。这一规定使得冷却液性能试验的苛刻度比国外产品增加很多。原因在于，－15℃以上冷却液，使用性能试验要求采用 100% 进行试验，由于乙二醇含量很少，冷却液的抗腐蚀能力、抗泡能力以及黏度、表面张力等性能都变化较大，添加剂浓度需要提高很多，才能满足性能试验。然而添加剂用量增加，必将影响溶解性、相容性以及稳定性。因此，对于－15℃以上冷却液，需要重新考察相关特性。

表 10－11 发动机冷却液浓缩液的试验溶液配制要求

试验项目	配制比例（体积分数）	钠盐加入量（每升试验溶液中）
玻璃器皿腐蚀	33% 样品 +67% 水	Na_2SO_4 = 99mg NaCl = 110mg $NaHCO_3$ = 92 mg

续表

试验项目	配制比例(体积分数)	钠盐加入量(每升试验溶液中)
模拟使用腐蚀	44%样品+56%水	Na_2SO_4 = 83mg NaCl = 92mg $NaHCO_3$ = 77mg
泡沫倾向	33%样品+67%水	—
铸铝合金传热腐蚀	25%样品+75%水	NaCl = 165mg
铝泵气穴腐蚀	17%样品+83%水	Na_2SO_4 = 123mg NaCl = 137mg $NaHCO_3$ = 115mg

10.2 NB/SH/T 0521—2010《乙二醇和丙二醇型发动机冷却液》

NB/SH/T 0521—2010 行业标准是由国家能源局颁布、中国石化销售有限公司技术研究所起草，是典型的销售企业标准。不过标准没有按照生产商单方面的能力制定，而是参照了国际标准 ASTM D3306—2009 和 ASTM D6210—2008，得到了汽车行业和市场的认可。

10.2.1 与 ASTM D3306—2009 的差异

在轻负荷发动机冷却液的要求上，参考了 ASTM D3306—2009，但是做了一些改动：①取消了浓缩液使用规定，增加了-25、-30、-35、-40、-45、-50 等预稀释液；②密度标准定为-20℃时限值；③玻璃器皿腐蚀试验的金属试片失重限值缩小了一半；④氯离子含量降低到不大于 25μg/g。

10.2.2 与 ASTM D6210—2008 的差异

重负荷发动机冷却液的要求，参考了 ASTM D6210—2008，在以下方面做了改变：增加了亚硝酸根离子、硫酸根离子和钼含量的测定方法；没有采用除垢要求。

10.3 GB 29743—2013 和 NB/SH/T 0521—2010 的比较

GB 29743—2013 和 NB/SH/T 0521—2010 颁布执行的年份

相差 3 年，在理化要求和使用要求，都参考了 ASTM D3306 和 ASTM D6210，有很多相似之处。不过，NB/SH/T 0521 的部分使用性能要求参考了日本 JISK 2234 的一些要求，更加严苛。详细比较见表 10-12。

表 10-12　GB 29743—2013 和 NB/SH/T 0521—2010 的比较

项　目		GB 29743—2013	NB/SH/T 0521—2010
轻负荷冷却液参照标准		ASTM D3306—11	ASTM D3306—09
重负荷冷却液参照标准		ASTM D6210—10	ASTM D6210—08
稀释液型号		-15，-20，-25，-30，-35，-40，-45，-50	-25，-30，-35，-40，-45，-50
乙二醇基冷却液	50%稀释液沸点/℃不低于	108	107.8
	浓缩液密度/(kg/m^3)	1.108~1.144	1.107~1.142
	稀释液沸点/℃		
	-25　不低于	106.5	106
	-30　不低于	107	106.5
	-35　不低于	107.5	107
	-40　不低于	108	107.5
	-45　不低于	108.5	108
	-50　不低于	109	108.5
	稀释液密度/(kg/m^3)		
	-25　不低于	1.050	1.053
	-30　不低于	1.055	1.059
	-35　不低于	1.060	1.064
	-40　不低于	1.065	1.068
	-45　不低于	1.070	1.073
	-50　不低于	1.076	1.075
	稀释液灰分/%		
	-25　不高于	2.5	2.0
	-30　不高于	2.5	2.3
	-35　不高于	2.5	2.5
	-40　不高于	3.0	2.8
	-45　不高于	3.0	3.0
	-50　不高于	3.0	3.3
	氯含量/(mg/kg)　不大于	60	25

续表

项目			GB 29743—2013	NB/SH/T 0521—2010
丙二醇基冷却液	浓缩液密度		1.028～1.063	1.027～1.062
	稀释液密度/(kg/m³)			
	-25	不低于	1.020	1.018
	-30	不低于	1.022	1.020
	-35	不低于	1.024	1.022
	-40	不低于	1.025	1.024
	-45	不低于	1.027	1.026
	-50	不低于	1.028	1.027
	稀释液沸点/℃			
	-25	不低于	103	103.5
	-30	不低于	103.5	104
	-35	不低于	104	104.5
	-40	不低于	104.5	105.5
	-45	不低于	105	106
	-50	不低于	105.5	106.5
	稀释液灰分/%			
	-25	不高于	2.5	2.0
	-30	不高于	2.5	2.3
	-35	不高于	2.5	2.5
	-40	不高于	3.0	2.8
	-45	不高于	3.0	3.0
	-50	不高于	3.0	3.3
	氯含量/(mg/kg)	不大于	60	25
玻璃器皿腐蚀试验失重/(mg/片)				
紫铜			±10	±5
黄铜			±10	±5
模拟腐蚀试验失重/(mg/片)				
紫铜			±20	±10
黄铜			±20	±10

续表

项　目	GB 29743—2013	NB/SH/T 0521—2010
重负荷冷却液化学组分要求	浓缩液稀释到 -15℃满足单组分和双组分要求	分为浓缩液和预稀释液，按照单组分和双组分给出详细的浓度要求

10.4 补充化学添加剂 SCA

美国 ASTM D4985 规定了需要补加 SCA 的重负荷发动机冷却液标准。SCA 有两个用途：一是降低预稀释液中硅酸盐浓度，增加冷却液稳定性；二是冷却液初次使用或者使用中，根据化学组分亚硝酸根和(或)钼酸根浓度补加 SCA，延长冷却液使用寿命。但这种做法，在中国市场中没有得到推广。

GB 29743—2013 给出了其他冷却液 LOC，但没有对 SCA 做任何规定。NB/SH/T 0521—2010 对于全配方重负荷冷却液和补充化学添加剂 SCA 的使用做了说明：使用全配方重负荷发动机冷却液，在发动机冷却系统第一个保养周期前，不用使用 SCA，在第一个保养周期及以后，应补加一定量的 SCA，已达到持续维持重负荷发动机，尤其是有湿式缸套的重负荷发动机冷却系统的要求，SCA 加入量和使用周期应该遵循发动机制造商或者汽车制造商的要求，如果没有明确规定，应遵循 SCA 制造商的建议。

10.5 含甘油的二元醇冷却液

尽管国标参考了 ASTM D3306—11，对于 ASTM D3306—11 中规定的Ⅴ类、Ⅵ类含甘油的乙二醇基冷却液，新国标却没有涵盖。事实上，国内冷却液厂家很早已在乙二醇基冷却液中使用甘油，并且在市场应用中，也获得了很多经验。另外，国内甘油供应量大，而且价格优势明显。欧洲的意大利等国家标准中也加入了含甘油的冷却液。

根据 GB 29743—2013 的定义，含有甘油的乙二醇基冷却液并不能归为其他类型冷却液。希望标准归口单位能够给出解释，或者下次修订时，能够加入含甘油的乙二醇冷却液，并对可以使用的甘油和乙二醇的质量做出明确规定。

第 11 章　发动机冷却液的生产与管理

发动机冷却液是由水、防冻剂和各种添加剂组成，其中防冻剂主要是乙二醇、丙二醇、甘油、二甲基亚砜。本章主要介绍水 - 二元醇型冷却液的生产过程管理、质量控制、设备要求、产品的储存与运输等内容。

11.1　原材料的质量要求

生产发动机冷却液用到的原材料很多，每种材料的生产工艺、产地、运输储存条件等都会影响到原料的质量。为了保证能够获得质量稳定的产品，必须对各种原材料建立严格的质量标准。

11.1.1　水

自然界中水是最普通的原料。但是，由于水的来源、储存、输送等环节引起水质变化的因素非常多，而冷却液系统的腐蚀及冷却液的稳定性受到水质的影响最大。中国国家标准体系对水的标准包括地下水标准、饮用天然矿泉水标准、地表水标准、安全饮用水标准、纯净水标准等都有相应的规范，但没有可用于冷却液生产管理的水质标准。

相对而言，蒸馏水只是先气化再冷凝的水，其纯度如电导率一般不如纯度高的去离子水(deionized water)，工业中用的大多数是高纯度的去离子水。GB 29743“发动机冷却液”标准规定，配制腐蚀水的水质要求是：满足 GB/T 6682—2008“分析实验室用水规格和试验方法”三级水，质量规格见表 11 - 1。

表 11-1　GB 6682 三级水质量规格

项　目	指　标
pH 值范围(25℃)	5.0~7.5
电导率/(mS/m)	≤0.5
可氧化物含量(以 O 计)/(mg/L)	≤0.4
蒸发残渣[(105±2)℃]含量/(mg/L)	≤2.0

去离子水是指除去了呈离子形式杂质后的纯水。国际标准化组织 ISO/TC 147 规定的“去离子”定义为：“去离子水完全或不完全地去除离子物质，主要指采用离子交换树脂处理方法。”现在的工艺主要采用 RO 反渗透的方法制取。应用离子交换树脂去除水中的阴离子和阳离子，但水中仍然存在可溶性的有机物，可以污染离子交换柱从而降低其功效，去离子水存放后也容易引起细菌的繁殖。在半导体行业中，去离子水被称为“超纯水”或是“18 兆欧水”。

电导率小于 0.5mS/m 是很苛刻的指标。工业上，去离子水一般是由离子交换、反渗透、电去离子(EDI)等一种或几种工艺制取而成。去离子水通常以电导率出水标准来衡量。电导率是以数字表示的溶液传导电流的能力。电导率越大则导电性能越强，反之越小。电导率是电阻率的倒数，电导率通常以 μS/cm 为单位，相当于 0.1mS/m，电阻率以 MΩ · cm 为单位。根据电导率可以推算出电阻率，同理根据电阻率可以推算出电导率。

(1)从自来水到去离子水一般要经过几步处理：①先通过石英砂过滤颗粒较粗的杂质；②然后高压通过反渗透膜；③最后一般还需要进行紫外杀菌以去除水中的微生物；④如果此时电阻率还没有达到要求，可以再进行一次离子交换过程。最高电阻率可达到 18MΩ · cm。

(2)去离子水与其他水的区别：

①蒸馏水。就是将水蒸馏、冷凝的水，蒸二次的叫重蒸水，蒸三次的叫三蒸水。有时候为了特殊目的，在蒸前会加入适当

试剂，如为了得到无氨水，会在水中加酸；低耗氧量的水，加入高锰酸钾与酸等。工业蒸馏水是采用蒸馏水方法取得的纯水，一般普通蒸馏取得的水纯度不高，经过多级蒸馏，出水才可达到很纯，因此成本相对比较高。

②去离子水就是将水通过阳离子交换树脂(常用的为苯乙烯型强酸性阳离子交换树脂)，则水中的阳离子被树脂所吸收，树脂上的阳离子 H^+ 被置换到水中，并和水中的阳离子组成相应的无机酸；含此种无机酸的水再通过阴离子交换树脂(常用的为苯乙烯型强碱性阴离子)，OH^- 被置换到水中，并和水中的 H^+ 结合成水，此即去离子水。去离子水在现代工业中有着非常广泛的用途，使用去离子水，是我国很多行业提高产品质量、赶超世界先进水平的重要手段之一。由于去离子水中的离子数可以被人为的控制，从而，使它的电阻率、溶解度、腐蚀性、病毒细菌等指标均得到良好的控制。在工业生产及实验室的实验中，如果涉及到使用水的工艺大多使用去离子水，因此，许多参数会更接近设计或理想数据，产品质量将变得易于控制。

③高纯水。是指化学纯度极高的水，其主要应用在生物、化学化工、冶金、宇航、电力等领域，但其对水质纯度要求相当高，所以一般应用最普遍的还是电子工业。例如电力系统所用的纯水，要求各杂质含量低至“微克/升”级。在纯水的制作中，水质标准所规定的各项指标应该根据电子(微电子)元器件(或材料)的生产工艺而定(如普遍认为造成电路性能破坏的颗粒物质的尺寸为其线宽的 1/5 ~ 1/10)，但由于微电子技术的复杂性和影响产品质量的因素繁多，至今尚无一份由工艺试验得到的适用于某种电路生产的完整的水质标准。不过近年来电子级水标准也在不断地修订，而且高纯水分析领域的许多突破和发展，新的仪器和新分析方法的不断应用都为制水工艺的发展创造了条件。高纯水的国家标准为：GB 1146.1—89 ~ GB 1146.11—89，目前我国高纯水的标准将电子级水分为 5 个级别：Ⅰ级、Ⅱ级、Ⅲ级、Ⅳ级和Ⅴ级，该标准是参照 ASTM 电子级

标准而制定的。

④超纯水。是一般工艺很难达到的，如水的电阻率大于18MΩ·cm(没有明显界线)，则称为超纯水。关键是水的纯度及各项征性指标，如电导率或电阻率、pH 值、钠、重金属、二氧化硅、溶解有机物、微粒子、以及微生物指标等。

(3)去离子水的一般工艺和质量水平：

①离子交换法(一级复床)。原水→原水加压泵→多介质过滤器→活性炭过滤器→精密过滤器→阳树脂过滤床→阴树脂过滤床→用水点

当原水电导率≥40mS/m 时，产品水稳定电导率≤2mS/m；

当原水电导率≥20～40mS/m 时，产品水稳定电导率≤1mS/m。

②一级反渗透法。原水→原水加压泵→多介质过滤器→活性炭过滤器→软水器→精密过滤器→一级反渗透→用水点

当原水电导率≥40mS/m 时，产品水稳定电导率≤2mS/m；

当原水电导率≥20～40mS/m 时，产品水稳定电导率≤1mS/m。

③两级反渗透法。原水→原水加压泵→多介质过滤器→活性炭过滤器→软水器→精密过滤器→第一级反渗透→pH 调节→中间水箱→第二级反渗透(反渗透膜表面带正电荷)→纯化水箱→纯水泵→微孔过滤器→用水点

当原水电导率≤20～40mS/m 时，产品水稳定电导率≤0.2mS/m。

④二级 EDI 法。原水→原水加压泵→多介质过滤器→活性炭过滤器→软水器→精密过滤器→一级反渗透机→中间水箱→中间水泵→二级 EDI→微孔过滤器→用水点

当进水电导率 0.6～1.2mS/m 时，产品水稳定电导率≤0.01mS/m；

当进水电导率 1.2～2.0mS/m 时，产品水稳定电导率≤0.02mS/m。

美国 ASTM D3306，D6210 和 SAE J814 对于生产 50% 预稀

释液的水质要求如下：

- 总硬度小于 20
- 无固溶物
- 氯化物小于 25μg/g
- 硫酸盐小于 50μg/g
- pH 值 5.5 ~ 8.5
- 钠离子小于 50μg/g
- 可氧化物浓度小于 0.4mg/L

多数冷却液生产厂没有很多检测设备，大多使用水电导仪。水电导仪要做温度补偿，最好使用带自动温度补偿的电导仪。目前，水质电导值与离子浓度对应关系研究少，企业可以按照 GB 6683 三级水标准，设定水质为电导率不大于 5μS/cm (0.5mS/m)。

11.1.2 乙二醇

市场上的乙二醇主要是石化厂出品的，为化纤级。煤制乙二醇在发动机冷却液中的应用越来越多，也有冷却液生产厂使用化纤厂回收乙二醇。中国国家执行的工业乙二醇的质量标准为 GB/T 4649—2008，乙二醇分为三种级别：优等品、一等品和合格品。乙二醇的技术指标见表 11 - 2。

表 11 - 2　乙二醇技术指标

项　目		优等品	一等品	合格品
外观		无色透明 无机械杂质	无色透明 无机械杂质	无色或微黄色 无机械杂质
乙二醇/%（质量分数）	≥	99.8	99	
色度（铂 - 钴）/号 加热前 加盐酸加热后	 ≤ ≤	 5 20	10	40

续表

项　目	优等品	一等品	合格品
密度(20℃)/(g/cm³)	1.1128～1.1138	1.1125～1.1140	1.1120～1.1150
沸程(0℃，0.101MPa)/℃ 初馏点　≥ 终馏点　≤	 196 199	 195 200	 193 204
水分/%(质量分数)　≤	0.10	0.20	
酸度(以乙酸计)/(mg KOH/g)　≤	0.001	0.003	0.01
铁/%(质量分数)　≤	0.00001	0.00005	
灰分/%(质量分数)　≤	0.001	0.002	
二乙二醇/%(质量分数)　≤	0.1	0.8	
醛(以甲醛计)/%　≤	0.0008		
紫外透光率/% 220nm　≥ 275nm　≥ 350nm　≥	 75 92 95		

煤制乙二醇质量已经能够达到优等品水平，但是质量稳定性有待改善。在发动机冷却液中可以使用一等品和优等品级的煤制乙二醇。而使用回收乙二醇的冷却液，由于杂质的品种多，因此很多达不到一等品要求，使用中腐蚀、泡沫、变色、气味等问题较多。美国 ASTM E1177－06 对于发动机冷却液中使用的新产乙二醇和回收乙二醇质量做了规定，见表 11－3。

表 11－3　ASTM E1177－06 发动机冷却液用乙二醇质量指标

项　目	新产乙二醇	回收乙二醇
外观	清澈、无悬浮物	清澈、无悬浮物
乙二醇/%(质量分数)　≥	94.5	94.5

续表

项　目	新产乙二醇	回收乙二醇
色度（铂－钴）/号　<	25	100
密度(20℃)/(kg/m^3)	1113～1116	1113～1116
pH 值	6.5～9.0	6.5～9.0
水分/%（质量分数）　≤	0.5	2
酸度(以乙酸计)/(mg KOH/g)　≤	0.01	0.01
其余醇/%（质量分数）　≤	5	5
硝酸盐、亚硝酸盐、磷酸盐/(mg/kg)　≤	10	100
二元醇/%（质量分数）　≥	98	98
硅/(mg/kg)　≤	10	10
氯/(mg/kg)　≤	5	25
硫酸盐/(mg/kg)　≤	10	100
硼/(mg/kg)　≤	10	50
铁/(mg/kg)　≤	1.0	1.0
铝钙铜铁铅锌总质量/(mg/kg)　≤	5.0	5.0

ASTM E1177 定义的乙二醇的质量指标，无论新产还是回收的乙二醇，都达不到 GB 4649 一等品的水平。由于 ASTM E1177 对乙二醇中的离子含量规定较多，而这一点是目前中国标准所没有的。

根据冷却液浓缩液对于腐蚀性离子氯离子、硫酸根离子要求，在原材料进厂指标中，除了 GB 4649 要求检测项目之外，增加硫酸根离子和氯离子的含量检测是必要的。

11.1.3　丙二醇

食品添加剂丙二醇的国家标准 GB 29216—2012。见表 11－4。

表 11－4　食品添加剂丙二醇质量标准

项　目		优等品
外观		无色透明，无机械杂质和沉淀
丙二醇/%（质量分数）	≥	99.5
密度(25℃)/(g/cm³)		1.035～1.037
沸程(0℃，0.101MPa)/℃		
初馏点	≥	185
终馏点	≤	189
水分/%（质量分数）	≤	0.20
酸度		通过
铅/(mg/kg)	≤	1
烧灼残渣/%（质量分数）	≤	0.007

国内用于发动机冷却液的丙二醇多来自环氧丙烷水解法制取，出厂标准分为医药级、工业级等，质量指标没有统一。

美国 ASTM E1177 规定了用于发动机冷却液的新产丙二醇和回收丙二醇的质量标准，见表 11－5。

表 11－5　ASTM E1177 发动机冷却液用丙二醇质量标准

项　目		新产丙二醇	回收丙二醇
外观		清澈、无悬浮物	清澈、无悬浮物
丙二醇/%（质量分数）	≥	98.5	98.5
色度(铂－钴)/号	<	25	100
密度(20℃)/(kg/m³)		1037.5～1039.0	1037.5～1039.0
pH 值		6.5～9.0	6.5～9.0
水分(质量分数)	≤	0.5	0.5
酸度(以乙酸计)/(mg KOH/g)	≤	0.01	0.01
二丙二醇/%（质量分数）	≤	1.0	1.0
其余醇/%（质量分数）	≤	0.2	0.2

续表

项　目		新产丙二醇	回收丙二醇
硝酸盐、亚硝酸盐、磷酸盐/(mg/kg)	≤	10	50
二元醇/%(质量分数)	≥	99.5	99.5
硅/(mg/kg)	≤	10	10
氯/(mg/kg)	≤	5	25
硫酸盐/(mg/kg)	≤	10	100
硼/(mg/kg)	≤	10	50
铁/(mg/kg)	≤	1.0	1.0
铝钙铜铁铅锌总质量/(mg/kg)	≤	5.0	5.0

由于成本原因，现在市场上丙二醇型冷却液还很少见到。但是，作为一种发展趋势，很多冷却液厂家在推广。丙二醇的标准，建议参考 ASTM E1177。

11.1.4 甘油

甘油在发动机冷却液中的使用越来越普遍。甘油毒性低，随着生物柴油的产量增加，副产物甘油的用途受到关注。美国 ASTM D 3306 - 11 特别规定了Ⅴ类、Ⅵ类含有甘油的乙二醇基冷却液；意大利等欧洲国家，也在标准中定义了含甘油的冷却液。ASTM D 3306 - 11 没有规定冷却液中甘油含量，只是要求浓缩液密度不大于 1.160g/cm^3。

根据 ASTM D7640 - 11，可以用于发动机冷却液的甘油质量标准见表 10 - 6。

表 10 - 6　ASTM D7640 - 11 发动机冷却液用甘油标准

项　目		甘油
丙三醇/%(质量分数)	≥	99.5
甲醇/%(质量分数)	<	0.1

续表

项　目		甘油
密度(25℃)/(kg/m^3)	≥	1.261
pH 值(50% 溶液)		6 - 8
水分/%(质量分数)	≤	0.5
脂肪酸和酯，50g 样品消耗的 0.5mol/LNaOH 体积/mL	≤	1.0
灰分/%(质量分数)	≤	0.01
硝酸盐、亚硝酸盐、磷酸盐/(μg/g)	≤	10
硅/(μg/g)	≤	10
氯离子/(μg/g)	≤	5
硫酸盐/(μg/g)	≤	10
硼/(μg/g)	≤	10
铁/(μg/g)	≤	2.0
铝钙铜镁铁铅锌总质量/(μg/g)	≤	5.0

11.1.5　亚硝酸钠

国家标准 GB 29743 和石化行业标准 NB/SH/T 0521 都对重负荷冷却液做了化学成分要求：使用亚硝酸和钼酸钠。现行国家标准体系中存在工业亚硝酸钠的国家标准 GB 2367—2006 。依照不同质量标准分为优等品、一等品和合格品三种。见表 11 -7。ASTM D6210 中也没有给定用于发动机冷却液的亚硝酸钠标准，因此，选用工业亚硝酸钠的质量标准，需要依照最终产品冷却液的质量标准来确定。

表 11 -7　工业亚硝酸钠的质量标准

项　目		优等品	一等品	合格品
亚硝酸钠/%(质量分数)	≥	99	98.5	98
硝酸钠(干基)/%(质量分数)	≤	0.8	1.0	1.9

续表

项　目		优等品	一等品	合格品
氯化物/%（质量分数）	≤	0.10	0.17	
水不溶物（干基）/%（质量分数）	≤	0.05	0.06	0.1
水分/%（质量分数）	≤	1.4	2.0	2.5
松散度（不结块）/%（质量分数）	≥	85		

从表11－7中可以看出，优等品的氯化物含量0.1%，一等品0.17%，合格品没有限制。由于发动机冷却液成品对氯离子含量要求低于25μg/g（NB/SH/T 0521），所以必须选用一等品或者优等品亚硝酸钠调制冷却液。

11.1.6　其他添加剂

生产发动机冷却液还要用到很多种添加剂，因此要与供应商对接好质量标准，而且做好入厂质量检验和接收工作。不同添加剂的质量项目不同，需要的检测设备很多。对于中小型企业，具备很多专业设备来控制原料质量是不现实的。因此，很多中小企业选用复合添加剂，以保证产品质量稳定性。

现在提供发动机冷却液复合剂的企业不多，主要有意大利Tecnofluid、德国BASF、美国Dober和比利时Arteco。BASF和Arteco是全球主要的发动机冷却液供应商，Tecnofluid是发动机冷却液复合剂的主要供应商。

汽车OEM对于冷却液的要求，从非环保向低毒、环保、长效，从无机向有机趋势发展。因此，选用发动机冷却液复合剂，要选用无胺、低磷或者无磷、耐硬水的低毒环保配方。由于发动机铝、镁等轻金属合金使用比例大，选用的配方尽量选用所调冷却液pH值在7.5～9.5。为了保证长效使用寿命，OEM规格要求无机盐（IAT）配方冷却液的储备碱度要大于10，有机酸（OAT）配方冷却液储备碱度要大于5 。

使用复合剂调制冷却液时，要注意复合剂的质量指标。复合剂质量指标包括外观、密度、调和产品的 pH 值、RA 等指标，在接收货物时应复检，结果与复合剂质量检验报告单(COA)一致时方可接收。

11.2 冷却液的生产

使用单剂生产冷却液，要形成严格的操作规范。对不同添加剂的溶解要求不同，对工人的个人防护要求也有差别。制成成品后，要保证足够的沉降时间，以保证冷却液灌装后的储存稳定性。冷却液灌装前，要经过 1μm 滤布过滤。冷却液中的颗粒在发动机冷却系统中高速流动时，会导致发动机冲蚀。

冷却液的生产设备材质尽量选用不锈钢或者塑胶材质。由于冷却液的清洗性强，使用普通材质的设备，有液体覆盖部分，防锈能力强，但是，无液体覆盖部分，容易出现锈蚀。每年要对设备做检修，除锈、除尘。

11.2.1 冷却液的质量检验

根据 GB 29743—2013 要求，发动机冷却液出厂检验包括：

(1)批次检验。外观、颜色、气味、冰点、沸点、pH 值、储备碱度、泡沫倾向等项目。

(2)出厂周期检验。所有批次检验项目、灰分、氯含量、对汽车有机涂料的影响、水分、玻璃器皿腐蚀试验。

除了要保证产品出厂检验之外，要做好产品取样与留样工作。一般产品的留样保留期 2 年，已备需要产品质量的复查。

11.2.2 标志与包装

按照 GB 29743—2013 要求，产品的标志和包装要求具备如下项目：产品名称及分类代号、冰点、生产企业名称及地址、生产日期及批号、产品使用方法、包装上应有“不可饮用”的醒目标记及相关的使用注意事项。

11.3 冷却液的储存与运输

发动机冷却液的储存条件要求：通风、阴凉、避免阳光直晒。即使是重负荷冷却液，亚硝酸盐含量也很低，不属于有毒产品，可以作为普通商品运输。

在通风阴凉的储存条件下，冷却液的储存有效期可以达到5年以上。但是，根据精细化工类产品的使用要求，对于储存超过2年的产品，每年要做一次产品检验，包括外观和出厂批次检验项目。

11.4 发动机冷却液的回收和循环使用

乙二醇基和丙二醇基冷却液排放后，会污染地下水资源。为了提高资源利用效率，欧、美、日都建立有发动机冷却液的回收系统。在美国，约有一半以上的废冷却液得到回收。回收的冷却液，经过加工处理后，重新调入到冷却液中，循环使用。美国市场上销售的发动机冷却液，多数都标有循环使用的冷却液的含量，大致在5%～10%。美国ASTM D6471—10"再生二元醇制成的发动机冷却液预稀释液(体积浓度不小于50%)在汽车和轻负荷发动机循环使用标准"，和ASTM D6472—10"再生二元醇制成的发动机冷却液浓缩液在汽车和轻负荷发动机循环使用标准"，两个标准给出了采用合成的用后冷却液评估回收的冷却液再生工艺的评估程序，以及由此工艺再生得到的冷却液的理化性能和使用性能。

ASTM D6471和ASTM D6472两个标准中规定的再生二元醇制成冷却液，是指回收的发动机冷却液再生得到的，或者再生冷却液与新的冷却液的调和物。不包括以下原料制成的再生产物：医疗垃圾、釜底残夜、机场和机翼除冰剂、聚酯产品废料。

再生二元醇制成的发动机冷却液浓缩液和预稀释液的理化性能参照ASTM D3306规定，使用性能比ASTM D3306多了ASTM D6208铝及合金电化学点蚀电位测定，要求不低于-0.40V。并根据ASTM D2847行车试验标准，通过50000km的行车试验。

第 12 章　发动机冷却液的选择与使用

12.1　发动机冷却液的颜色

为了方便检修时快速判断发动机冷却液的渗漏点，发动机冷却液中一般会加入荧光色。现在，各个发动机冷却液厂家也从商务角度，给自己的发动机冷却液加注特别的色素，以求成为产品亮点。一些汽车 OEM 在公司规范中对发动机冷却液的颜色给出了明确规定：通用 GM 1825M 和 GM 1899M 规定颜色为绿色，克莱斯勒(Chrylser)的常规冷却液规范 MS 7170 规定颜色为绿色，OAT 型规范 MS 9769 规定为橙黄色。见表 12 - 1。

表 12 - 1　市场上常见冷却液的颜色

品名	传统 NAP - free	传统/SCA/磷酸盐	HOAT	OAT(含 2 - 异辛酸)	其他 OAT
Texaco and Shell	绿				
Prestone	黄				
Honda					深绿
VW G11		蓝			
VW G12					紫罗兰
GM Prestone Dex - Cool				桔黄	
Toyota			紫罗兰		

续表

品名	传统 NAP - free	传统/SCA/磷酸盐	HOAT	OAT(含2 - 异辛酸)	其他 OAT
Mercedes G - 05			黄		
chrysler≥2001			红		
Ford G - 05≥2002			黄		
BMW			蓝		
Zerex G - 05			黄		
PEAK LongLife					琥珀色
Truck/Diesel Coolants					
Zerex, shell ... Truck ELC				红	
Fleetgard Fleetcool		紫罗兰	紫罗兰		紫罗兰

发动机冷却液颜色并不表明质量优劣，但是不同 OEM 的规范，规定了颜色代表发动机冷却液的类型，同一车厂的传统型、OAT、HOAT 和通用型的发动机冷却液颜色分开，以方便客户选用。

12.2 发动机冷却液的使用与维护(SAE J814 发动机冷却液标准)

美国汽车工程师协会 SAE J814 对于发动机冷却液的使用与维护做出了详细的要求。

12.2.1　标准范围

(1)发动机冷却液，指满足内燃机使用要求的冷却液的基本性能。发动机冷却液浓缩液(发动机冷却液)必须提供足够的防腐蚀性能，降低冰点，提高沸点。

(2)标准给定的指标只是基本要求，试验室得出的数据不具有决定性，只有在车辆上通过系列性能试验，才能最终选择合适的冷却液。

(3)本标准的主体给定了车辆冷却系统养护的一般原则，以确保冷却液的性能发挥，对于重负荷冷却液的要求在附录 A 给出。

(4)本标准不对发动机冷却系统的各个配件的养护给予规定，相关规范见 SAE HS40。

12.2.2　冷却液类型

12.2.2.1　水

水最易得到，导热效果好，因而被用于内燃机冷却液中。

水的缺点如下：

(1)冰点高；

(2)沸点低；

(3)对某些金属有腐蚀性；

(4)水中含有氯离子、硫酸根离子、碳酸氢根离子、腐蚀性更强；

(5)水中钙、镁离子，会在热点形成水垢，阻止导热；

(6)如果补充硬水，会增加水垢，阻塞换热器。

可用做冷却液的水有：干净的饮用水；低氯离子、硫酸根离子、低硬度的水；软化水、去离子水、蒸馏水。

水结冰，体积膨胀 9%，如果在冷却系统内结冰，将会严重破坏系统。

水或者水加腐蚀抑制剂，通常不推荐作为冷却液。

提高冷却液沸点，也是满足冷却系统设计参数的一项必备条件。

表 12－2 为冷却液用水的性质要求。

表 12－2　冷却液用水的性质要求

性　质		性质要求
总固溶物/(μg/g)	不大于	340
硬度/(μg/L)	不大于	170
氯离子(以 NaCl 计)/(μg/g)	不大于	40
硫酸根离子(以 Na_2SO_4 计)/(μg/g)	不大于	100
pH 值		5.5～9.0

12.2.2.2　浓缩液

美国汽车工程师协会 SAE 对发动机冷却液的基本要求定义为：

- 保护冷却系统防止腐蚀
- 热交换损失低
- 对冷却系统非金属材料影响小
- 热稳定性好
- 降低冰点至冬季运转要求的最低温度
- 能够提高沸点
- 无异味
- 对汽车涂料无影响
- 低温黏度好
- 较低的膨胀系数
- 至少一年有效
- 能够快速检测出浓度
- 低毒性
- 低泡沫
- 不易燃
- 蒸发损失小

12.2.2.3　预稀释液

是指冷却液生产厂直接稀释好后在市场上销售的冷却液。工厂稀释用水满足规格见表 12－3。

表 12－3　预稀释液的稀释用水满足规格

性　质	要求	ASTM 试验方法
氯离子/(μg/g)	最大 25	D5827，D512，D4327
硫酸根/(μg/g)	最大 50	D5827，D516，D4327
硬度(as $CaCO_3$)/(mg/L)	最大 20	D6130，D1126
pH 值	5.5～8.5	D1287，D1293
铁/(μg/g)	最大 1.0	D6130，E394

美国市场上预稀释液标签要求标识；①标明预稀释液；②开瓶即用，不用加水；③最终冷却系统中冷却液的冰点，由冷却系统中残留液体和加入的冷却液混合后确定。

12.2.2.4　现场用浓缩液调配的冷却液

现场充装用浓缩液调配的冷却液时，需要做如下工作：

(1)装冷却液之前，应该检查冷却系统，作必要的养护。

(2)装入的冷却液应该是浓缩液和水，或者(不低于 50% 体积的)预稀释液。

(3)现场使用浓缩液配制冷却液时，如果没有车厂的详细指导，使用的水质应达到表 12－4 要求，请咨询当地自来水公司或者水务部门了解水质，或者送样品到相关检测中心检测。

(4)冷却液浓缩液的使用浓度应该在 40%～70%(体积分数)，稀释后冰点和沸点见表 12－5 。

表 12－4　现场调配浓缩液用水的要求

性 质	要 求	ASTM 试验方法
总固溶物/(μg/g)	最大 340	D1888
总硬度/(μg/g)	最大 170	D6130，D1126
氯离子/(μg/g)	最大 40	D5827，D512，D4327
硫酸根离子/(μg/g)	最大 100	D5827，D516，D4327
pH 值	5.5～9.0	D1287，D1293

表 12－5　浓缩液稀释后的冰点和沸点

体积浓度/%	乙二醇基 冰点/℃	乙二醇基 沸点/℃	丙二醇基 冰点/℃	丙二醇 沸点/℃
40	－24	106	－21	104
50	－37	108	－33	106
60	－52	111	－49	109
70	－64	114	－61	112

12.2.3　冷却液的传热性能

表 12－6 给出了乙二醇基和丙二醇基冷却液 99℃时的黏度和传热性能。可以看到随着浓度增加，黏度增加很快，比热容下降不多，但是导热性能下降很多。因此，不是浓度越大越好。冷却液浓度越大，黏度越大，流动阻力增加，加上导热系数小，比热容降低，势必会降低冷却液传热性能，使得发动机温度上升。发动机长期处于高温状态，会缩短寿命。

表 12－6　乙二醇基和丙二醇基冷却液 99℃时的黏度和传热性能

防冻液/%（体积分数）	乙二醇基冷却液黏度/mPa·s	比热容/{J/(kg·k)[Btu/(lb·℉)]}	热导率/{W/(m·k)[Btu/(ft·h·℉)]}	丙二醇基冷却液黏度/mPa·s	比热容/{J/(kg·k)[Btu/(lb·℉)]}	热导率/{W/(m·k)[Btu/(ft·h·℉)]}
0	0.29	4.23 (1.01)	0.67 (0.39)	0.29	1.90 (1.10)	0.67 (0.39)
40	0.59	3.77 (0.90)	0.45 (0.26)	0.62	1.64 (0.95)	0.45 (0.26)
60	0.81	3.47 (0.83)	0.36 (0.21)	0.95	0.88	0.33 (0.19)

12.2.4　冷却系统压力和压力下的冷却液沸点

散热器上还有一个很容易被忽略的小零件，就是散热器盖。

它的工作原理和家用压力锅相似，目的是增加容器内的压力来达到高效率和高温的冷却效果。当汽车在运行时，冷却液温度升高，水箱内压力增加，当压力到达一定程度时，压力阀门被压力顶开，那么冲出来的冷却液就会流入旁边的储液罐，当汽车停止工作后，真空的冷却系统又会把储液罐里的水吸回水箱。

现代发动机的冷却系统多是压力系统，压力一般在28～138kPa（4～20lbf/in^2）之间。目前市场上有些发动机冷却液标识沸点很高，但是实际测定与普通冷却液相当。这种沸点标识参照了SAE J814给出的标定值。表12－7给出了压力下冷却液的沸点。在使用62N压力盖时，50%（体积分数）的乙二醇基发动机冷却液的预稀释液，沸点在128.3℃ 。

表12－7　压力下冷却液的沸点

体积/%	沸点（常温）	沸点（62N压力下）
乙二醇		
40	105.5（222）	126.1（259）
50	107.8（226）	128.3（263）
60	111.1（232）	131.1（268）
70	114.4（238）	134.4（274）
丙二醇		
40	103.9（219）	123.3（254）
50	105.5（222）	125.0（257）
60	107.2（225）	127.2（261）
70	110.0（230）	130.0（266）

12.2.4.1　沸点与浓度推荐

（1）发动机装车冷却液一般使用50%浓度，可以基本实现不同地区全天候使用。

（2）二元醇水冷却液的沸点越高，越适合于高温区域和高海拔区域的场合。

（3）二元醇水冷却液适合于节温器在82℃或者更高温度打开

的发动机。

(4)对于轿车或者轻型卡车，二元醇水冷却液的全天候使用浓度推荐为50% ~70%，以保证足够的防腐蚀性能和足够高的沸点。

(5)对于重负荷发动机，推荐浓度为40% ~60%。

(6)浓度高于70%时，乙二醇水冷却液的冰点反而上升，黏度上升，导热能力下降。

(7)对于使用SCA补充化学添加剂的冷却液，浓度大于60%时，可能会出现腐蚀抑制剂沉淀析出。

12.2.4.2 其他类型的冷却液的使用

(1)预稀释液。使用去离子水预先稀释好的商品冷却液，使用时不用再稀释。

(2)方便使用。

(3)乙醇。甲醇基冷却液，已经废止，不得使用。

(4)乙二醇。水、乙二醇醚的混合液，用于超低气候条件，冰点低于 -68℃。

(5)乙二醇醚加腐蚀抑制剂，尤其是乙二醇二甲醚，可以用于重负荷车辆，但是大多数重负荷发动机OEM不推荐使用，原因是对氟橡胶的影响，而且降冰点也不如乙二醇有效。

(6)不同类型的冷却液不能混用。

(7)严格遵照发动机OEM的推荐要求选用冷却液。

12.2.5 冷却液性质

(1)灰分。灰分指冷却液燃烧后的残留物，质量一般低于5%。灰分由腐蚀抑制剂带来，但不是腐蚀抑制剂浓度的指标。

(2)沸点。指在大气压下，冷却液在冷却系统中沸腾的温度。对于环境温度高、热负荷条件高和节温器打开温度高时，高沸点性质非常重要。

(3)储备碱度。储备碱度是表征发动机冷却液和防锈剂中碱性腐蚀抑制剂含量的指标。储备碱度通过滴定10mL冷却液，到pH值为5.5时消耗的浓度为0.100mol/L的盐酸的毫升数。中等碱度溶液不像强酸或者强碱的腐蚀性强，储备碱度和 pH 值都不能作为判定腐蚀抑制剂质量和性能的指标，不同的腐蚀抑制剂具备不同的 pH 值范围，很多有效的腐蚀抑制剂的储备碱度不大。储备碱度对于判定一个样品与原来的样品的相似性有利。用后冷却液的储备碱度，不足以单独表征冷却液的持续有效性，或者溶液的寿命，只表征溶液对系统产生的酸的中和能力。

(4)相对密度。是指一种液体与蒸馏水在某个温度下的密度比。测定的方法提供了一种简便的测定冷却液稀释程度的方法，因此可以测定冷却液的冰点。乙二醇在 20℃ 时相对密度是 1.115，随着加水量、腐蚀抑制剂的品种和含量，以及其他杂二元醇含量的不同，相对密度对应改变。丙二醇的相对密度与水接近，因此不推荐使用测定相对密度的方法测定冷却液的冰点。

(5)冰点。冰点是在没有过冷条件下，冷却液出现结晶的最初温度，或者在过冷情况下，出现结晶迅速回升达到的最高温度。现场测定冰点可以使用分光光度计法、液体比重计法或者试纸法等，只有在要求准确判定时，才使用低温冰阱的冰点测定方法。如果乙二醇冷却液中的二乙二醇、丙二醇的含量偏高时，使用液体比重计法会得到错误的结果。

(6)pH 值。pH 值表征了溶液中氢离子的浓度，判定溶液是酸性、中性或者碱性的指标。pH 值通常用来作为产品的质量指标，pH 值不能作为使用寿命的指标。但是，如果冷却液的 pH 值接近中性，或者低于 7，就必须更换冷却液。日本冷却液标准规定，pH 值不小于 6.5，否则必须更换。

(7)泡沫。泡沫倾向是指在控制条件下通气产生的泡沫量和泡沫消失的时间。如果泡沫倾向严重，在敞开的环境中，泡沫就会通过换热器的溢流管流失。泡沫也会导致冷却液的换热性能变差。泡沫特性指泡沫发生量和消失时间，两者共同决定冷却液的泡沫性能。

(8)有机涂料的影响。发动机冷却液不能对汽车有机涂料有不良影响。对于汽车制造商组装车辆和维修养护车辆冷却液偶尔溅出时，不对有机涂料造成伤害尤其重要。

(9)颜色。所有的冷却液都应该具有特殊的标志颜色。冷却液有多种颜色，ASTM D3306 和 ASTM D4985 推荐绿色和蓝绿色，大众规定有机酸配方为荧光红色和紫罗兰色。

(10)对非金属材料的影响。冷却液不能加速换热器胶管、密封垫、金属垫片涂层等非金属材料的老化。很多测试包括试验等，用于对非金属材料的影响评估。每个供应商和用户都有自己的试验程序，最终的测试是应用试验，在模拟腐蚀试验和发动机测功实验中，可以初评这一性能。

(11)储存稳定性。冷却液浓缩液的储存稳定性不能由加速试验来绝对确定。包装的浓缩液，必须能够在各种气候条件下稳定储存 2 年以上。

12.2.6 冷却液的维护

发动机冷却液的性能发挥取决于冷却液的正确使用，需按照要求周期及时更换，以便维持冷却液在发动机内的体积，保持冷却液的洁净度和系统的密闭性。

12.2.6.1 发动机冷却液的体积

保持发动机内冷却液的体积在制造商要求的水位范围内是很重要的。现代发动机冷却液的溢水箱都有冷却液水位标尺，冷却液膨胀时会从换热器流回到溢水箱。冷却水箱的标识为“热”和“冷”，或者“全热”和“全冷”，这样标识在于冷却液的液位与冷却液的温度有关系。对于没有冷却液回收装置的小轿车，液位标识在换热器的水箱上。要定期检查冷却液的液位是否在要求液位范围内。对于重负荷车辆的司机，应该按照车辆厂商的指导来检查冷却液的液位，很多重负荷车辆没有冷却液的溢水箱。

即使发动机冷却液的量足够，发动机也可能出现过热，这时，一定要等冷却系统完全冷下来后，才能打开冷却系统。汽车灌入冷却液后，要及时检查换热器中冷却液，是否夹带气泡，并要按照说明书排空气泡，以保证有效的冷却。

发动机冷却液泄露的原因，主要有以下几方面：

(1)过量装液、驻车沸腾和冷却液过热

①过量装液是指在冷车状态，灌装的冷却液的量高过车厂要求的量，行驶中冷却液温度升高，体积膨胀，从溢水箱中或者老式车辆、重负荷车辆的换热器中泄露流失。保证正确的冷却液加装量，可以减少此类事故的发生。

②驻车沸腾，是指车辆高速或者重载运行后，停车时发动机中的冷却液不再循环流动和冷却，发动机的余热导致发动机冷却温度高过沸点而发生沸腾。

③过热是指发动机冷却液温度高过车厂设定的发动机冷却液温度范围或者仪表温度限值。发动机冷却液过热时，建议把变速箱放到空档，关闭空调，提高怠速转速，从而加大风扇风量，提高冷却水泵转速，提高冷却液流量，有助于降低冷却液温度。节温器、换热器压力盖、风扇皮带等配件故障，换热器堵塞、冷却液沉积物和结垢，都会减少散热量，此外，使用低于推荐冷却液沸点要求的冷却液稀释液，也会导致驻车沸腾和过热。

(2)冷却液渗漏。由于连接件松动、腐蚀导致的裂缝或者针孔以及配件破裂等，都会导致冷却液泄露。易发生泄露的位置包括：软管接头、缸盖和节温器、换热器和加热器、水泵等的密封圈。发现冷却液渗漏，首先要确定渗漏点和渗漏量然后再堵漏。堵漏时要拧紧接口的卡子或者螺栓。对于微量渗漏，可以使用市场上出售的冷却系统堵漏剂。但是，使用堵漏剂只是权宜之计，不能代替器件维修。过多使用堵漏剂会增加冷却液中的固溶物含量，影响换热，并可能堵塞换热器。大多数重负荷车厂不推荐使用堵漏剂。

(3)冷却液中漏入汽车尾气、空气，冷却液泡沫严重。透过管接头和水泵密封面，空气会侵入冷却液，如果气缸垫片或者铸件裂缝，汽车尾气会从燃烧室和冷却夹套侵入冷却液中。侵入冷却系统的气体会夹带在冷却液中，占有一定空间，增加了冷却液的体积。这些气体也会升到水箱的顶部形成气泡。冷却液中含有抗泡剂，但在使用中，抗泡剂会不断消耗，引起冷却系统中泡沫增多，且不能消失。

冷却系统夹带气量多时，发生泡沫过多，热膨胀量大，导致冷却液从水箱压力盖冒出。同时，传热效果变差，引起发动机过热。

汽车尾气都是酸性的，侵入冷却液后，不仅导致冷却液传热变差，泡沫增多，而且会消耗冷却液中的腐蚀抑制剂，加速系统金属腐蚀，加速醇溶液的劣化。因此，一旦发现气体侵入冷却系统，要马上维修发动机。

12.2.6.2 冷却液的浓度

所有水冷发动机都是要求使用水乙二醇冷却液，单用水来冷却是不行的。大多数轿车、重负荷车辆的初装冷却液都是50%浓度的预稀释液，其冰点范围几乎可以涵盖所有气候条件。乙二醇在水溶液中浓度大于68%后，溶液冰点反而上升，在高海拔区域，重负荷发动机可以使用乙二醇浓度大于70%的冷却液，这样沸点更高。但是，使用SCA的重负荷冷却液，浓度大于60%时，可能出现添加剂沉淀析出。每次更换冷却液时，一定要注意冷却液的浓度。

一旦发动机冷却系统冰冻，一定不要启动车辆，要采取正确的热车程序，等冷却液能够循环流动后，才能发动车辆。冷却系统冰冻后，发动机冷却液中会产生胶冻，堵塞换热器，造成局部过热，冷却液流失，甚至导致燃烧室缸盖破裂。

12.2.6.3 冷却液的更换

要遵照车厂和发动机冷却液的制造商的建议，定时更换冷却液。发动机冷却液是有使用期限的，原因是发动机冷却液在使用中，冷却液内部会发生化学反应，或者受到污染以及添加剂的消耗，使得冷却液变得有腐蚀性；使用SCA的重负荷发动机，冷却液中的固溶物含量会过高，影响换热。

12.2.6.4 冷却液的选用

要审慎选用冷却液，以保证足够的腐蚀抑制性能。尽量选择满足ASTM、SAE以及OEM相关规格要求的冷却液。

12.2.6.5 延长冷却液使用寿命以及冷却液的回收

尽量选用长寿命或者终身寿命的冷却液，减少冷却液的排放。对于重负荷车辆，可以使用SCA延长冷却液寿命。

冷却液的回收利用在近些年来受到关注。一些冷却液制造商在冷却液中加入部分回收乙二醇，保持相当的冷却液使用性能。

12.2.6.6 冷却系统的清洗

正常情况下，冷却系统是不需要化学清洗的。只有在冷却系统中发现了锈迹、沉淀和过热时，才需要使用化学清洗剂清洗冷却系统。要根据冷却系统的状况和金属材质选用适当类型的清洗剂。

对于使用黄铜、铜、铁零件的老式冷却系统，可以用冲洗液冲去油性沉积物，而酸性或者螯合型清洗剂可以除掉锈垢。但是，对于以铝合金为主的冷却系统，只能使用对铝安全的清洗剂，既不能是酸性的，也不能是强碱性的。

残留的清洗剂，即使是中性的，都要从系统中冲洗干净，否则，清洗剂会腐蚀配件，消耗冷却液中的添加剂，缩短冷却液的寿命。

换热器堵塞，是不能用化学清洗剂清洗的，必须维修或者更换。

12.3 重负荷发动机冷却液的使用指导

(1)遵从发动机或车辆厂商的建议选择使用冷却液；

(2)按照发动机或者车辆厂商的建议，放空和冲洗冷却系统；

(3)要使用满足标准要求的稀释水；

(4)使用精密的，可靠的设备，比如分光光度计测量浓缩液浓度，以提高防冻能力；

(5)请使用SCA供应商推荐的试纸测试冷却液中添加剂浓度；

(6)当冷却液和水预混合后，要测两个阶段的冰点，以确保冷却液混合均匀；

(7)按要求比例补充调和好的冷却液；

(8)要按照推荐的 SCA 补加浓度和时间间隔补加，以控制腐蚀、沉积、水泵损害和缸瓦点蚀；

(9)经常检查存储的冷却液是否有化学品分层和沉淀析出；

(10)不要直接补加乙二醇和丙二醇基浓缩液；

(11)不要直接补加纯水；

(12)冷却液浓缩液浓度不要超过60%，超过60% 的浓缩液冰点反而降低；

(13)不要使用浓度过高的 SCA 和浓缩液，以避免堵塞换热器、暖风器，损坏水泵，增压器冷却器；

(14)不要使用车辆放出的废冷却液；

(15)使用全配方冷却液，首次不要预加 SCA；

(16)不要使用油溶性添加剂；

(17)不要使用甲醇类、甲氧基丙醇类和乙醇类低沸点发动机冷却液；

(18)不要使用堵漏添加剂，冷却系统如果配有冷却液过滤器，会堵塞过滤器。

12.4 OAT 冷却液的使用指导

OAT 冷却液的使用和维护比较简单，对于重负荷发动机而言，也不需要 SCA 缓释型过滤器。OAT 冷却液不要和传统无机盐冷却液混用，尽管混用不一定必然会导致腐蚀，但是，混用后，冷却液不能再保证 OAT 的长寿命，只能达到传统无机盐冷却液的使用寿命。

12.5 丙二醇冷却液的使用指导

丙二醇基冷却液的浓缩液和预稀释液的使用与乙二醇基冷却液一样。如果使用丙二醇基冷却液，应在发动机上作出标识，提醒人们使用的是丙二醇冷却液。尽量不要混用乙二醇基冷却液和丙二醇基冷却液，如果丙二醇冷却液和乙二醇冷却液混用，会带来冰点判定的难题。如果不得不混用乙二醇基冷却液和丙二醇基冷却液，只要冷却液的缓蚀剂都是相同类型的，混用也不一定会有不良影响。如果缓蚀剂类型不同，就要缩短使用周期，以短寿命的缓蚀剂使用周期为依据。

丙二醇基冷却液的密度与水比较接近，北美使用液体比重计，丙二醇基冷却液测得的数据偏高，从而导致冷却液的浓度太高(80/20)，造成发动机故障。应选用丙二醇基冷却液专用的液体比重计或者采用分光光度计法、试纸来检测，如表 12－8 所示。

表 12－8　推荐的冷却液浓度(冰点)检测方法

方　法	二元醇类型		
	乙二醇	丙二醇	混合二元醇
折光仪法	可以	可以①	可以②
比重法	可以③	可以④	不可以
试纸法	可以	可以	可以

注：①折光仪须是具有丙二醇冰点标尺或是丙二醇和乙二醇冰点双标尺的；

②对于乙二醇和丙二醇的混合二元醇冷却液的冰点，可以读出的丙二醇冰点和乙二醇冰点的平均值估算，误差 ±4℃(7 ℉)；

③比重计法一般用于乙二醇基冷却液；

④比重计用于丙二醇基冷却液时要按丙二醇重新校准。

12.6　发动机冷却液的使用过程维护

(1)定期检查冷却液浓度、冰点，检测方法参见表 12－8。

(2)定期检查冷却液液位和状态，遵照发动机厂商、汽车厂推荐的更换周期更换冷却液。

(3)定期进行压力试漏，尤其是温度低的时候。

(4)定期测试压力水箱盖和换热器接嘴管。

(5)定期检查软管和接头。

(6)如果系统过冷或者过热，更换满足厂家要求的节温器。

参 考 文 献

1. H J Hannigan. A Review Of Automotive Engine Coolant Technology[C]. Engine Coolant Testing, Volume 3. 1993
2. Kelly F A. Heavy Duty Diesel Engine Coolants[C]. Engine Coolant Testing, Volume 3. 1993
3. Hiroshi Egawa etc. CoolantDevelopment in Asia[C]. Engine Coolant Technology, Fifth Volume, 2008
4. D. E. Turcotte etc. , Engine Coolant Technology, Perfomance, and Life for Light Duty Applications, Engine Coolant Technology: Fourth Volume, 1999
5. Heather J DeBaun , Fred C Alverson. Heavy Duty diesel Engine Coolant Technology: Past, Present and Future[C]. Engine Coolant Technology, Fifth Volume, 2008
6. Glen Devis, Mark Sarlo. Heavy Duty Engine Coolant Cavitation Test [C]. Engine Coolant Technology, Fifth Volume, 2008
7. Washington D A, etal. Performance of Organic Acid Based Coolants in Heavy Duty Applications; SAE SP116. 960644.
8. Donald Mcbride. Coolant – Antifreeze Sabaru and VW specifications, www. geocities. com/dtmcbride
9. 中林修著，徐洁译．内燃机冷却液的动向，石油炼制译丛，1991 年第 3 期
10. Kouji lijima etc. Development of non – amine type engine coolant[J]. Kamatsu Technical Report, 2002(48)
11. Scotte A McCracken, Roy E Beal. Methods and Equipments for Engine Coolant Testing[C]. Engine Coolant Technology, Fourth Volume, 1999
12. Richard D Hercamp. An Overview on Cavitation Corrosion of Diesel Cylinder Liners[C]. Engine Coolant Testing, Volume 3. 1993
13. Weir T W. Testing of Organic Acids in Engine Coolants[C]. Engine Coolant Tesing, Fourth Volume, 1999.
14. Pourbaix M. Atlas of Electrochemical Equilibrium in Aqueous Solutions[C]. National Corrosion Engineers, 1974
15. Beal R E. Corrosion and Testing of Engine Coolants[C]. Engine Coolant

Tesing, Fourth Volume, 1999

16. Yasuaki Mori etc. Cavitation Protection Performance of Nitrite Free Organic Based Coolant for Heavy Duty Engine[C]. Engine Coolant Technology: Fifth Volume, 2008
17. Sandra Claeys and Serge Lievens. Coolants at Elevated Temperatures [C]. Engine Coolant Technology, Fifth Volume, 2008
18. YuSen Chen etc. Comparation of Bench Test Methods to Elevated Heavy Duty Coolant Thermal Stability[C]. Engine Coolant Technology, Fifth Volume, 2008
19. Markus Brösel. Overview of Engine Coolant Testing in Europe with Particular Regard to Its Development in Germany[C]. Engine Coolant Technology: Fourth Volume, 1999
20. Thermsa W Weir. Testing of Organic Acid in Engine Coolants[C]. Engine Coolant Technology: Fourth Volume, 1999
21. 崔婷婷．汽车发动机冷却液劣化特征指标研究[D]．东北林业大学硕士论文，2011
22. 田洪祥．内燃机冷却液缓蚀剂的应用研究[D]．武汉理工大学博士论文，2005
23. 汪宇．全有机型车用发动机冷却液缓蚀剂配方的研究[D]．华中科技大学硕士论文，2007
24. 于翔．环保型汽车发动机冷却液的研制[D]．山东大学硕士论文，2006
25. 周建军等．汽车冷却液[M]．北京：化学工业出版社，2003
26. 唐俊杰。发动机冷却液组成与性能[J]．石油商技，2009(1)
27. 包华辉等．硅酸盐型汽车冷却液的研制[J]．润滑油，2009 年(3)
28. 吴良彪等．多功能环保型发动机冷却液对多金属腐蚀性的研究[J]．，兰州石化职业技术学院学报，8(1)
29. 中国专利：CN200410009364.2
30. Jess Starkey , Margaret Couch. Antifreeze: From Glycol to A Bottle on the Shelf – Manufacturing and Quality Contral Considerations[C]. Engine Coolant Technology, Fourth Volume, 1999